Stefan Katowiec

Karatedō in Deutschland

Stefan Katowiec

Karatedō in Deutschland

Kampfkunst, Buddhismusrezeption und
religiöse Gegenwartskultur

Tectum Verlag

Stefan Katowiec

Karatedō in Deutschland.
Kampfkunst, Buddhismusrezeption und religiöse Gegenwartskultur
ISBN: 978-3-8288-2472-0
Umschlagabbildung: Karate Gi © Jonathan Lynn
© Tectum Verlag Marburg, 2010

Besuchen Sie uns im Internet
www.tectum-verlag.de

Bibliografische Informationen der Deutschen Nationalbibliothek
Die Deutsche Nationalbibliothek verzeichnet diese Publikation in der
Deutschen Nationalbibliografie; detaillierte bibliografische Angaben sind
im Internet über http://dnb.ddb.de abrufbar.

Inhaltsverzeichnis

1 Einleitung 11

1.1 Karatedō – Import und Rezeption:
Einleitende Überlegungen und Fragestellungen 14
1.2 Forschungsstand und Quellenlage 18
1.3 Aufbau und Vorgehen 25

Teil I: Karatedō in Asien und im Westen

2 Karatedō – Geschichte, Tradition und Wandel 29

2.1 Klärung der Begrifflichkeiten:
Karate – Karatedō – Karate-Dō: Was ist Karate (-Dō)? 29
2.2 Hauptlinien der historischen Entwicklung des Karatedō 34
    2.2.1 Die chinesischen Wurzeln – Fragmentarische Einblicke in Legende und Geschichte 34
    2.2.2 Aspekte der Verbreitung und des Wandels von Karatedō in Ostasien 40
    2.2.2.1 Okinawa 40
    2.2.2.2 Japan 45
    2.2.3 Der Weg nach Westen 50
    2.2.3.1 USA und Hawaii 50
    2.2.3.2 Die Rolle von (Karate-) Filmen bei der Verbreitung und Popularisierung 51
    2.2.3.3 Europa 53
2.3 Karate als Sport, Selbstverteidigung, Kunst und Weg – Überlegungen zum Wandel der Funktion und Rolle des Karatedō 55

3 Karate (-Dō) in Deutschland – Rezeptionsgeschichte, Entwicklung und heutige Verbreitung 59

3.1	Deutsche Karatepioniere	60
3.2	Verbände und Vereine als Keimzelle des Karatedō	65
	3.2.1 Karatedō in der DDR	66
3.3	Stile und heutige Verbreitung	68
	3.3.1 Vielfalt am Beispiel Marburg	69
3.4	Die Rekonstruktion des traditionellen Karatedō – Das Beispiel Werner Lind und der Budō Studien Kreis (BSK)	72
3.5	Die Verbreitung und die Vernetzung des traditionellen Karatedō in Deutschland anhand eines Beispiels	76
3.6	Die drei Ebenen der Karatedō-Rezeption in Deutschland	80

Teil II: Religionen und religiöse Elemente im Rezeptionsprozess des Karatedō

4 Elemente der Praxis des Karatedō und ihre Rezeption als religiöse Wegkomponenten 87

4.1	Die drei bzw. fünf Säulen des Karatedō	87
	4.1.1 Kihon	88
	4.1.2 Kata	88
	4.1.3 Bunkai	92
	4.1.4 Makiwara	93
	4.1.5 Kumite	94
4.2	Der Lehrer (*sensei*) und das Lehrer-Schüler-Verhältnis (*shitei*)	96
4.3	Gleichheit und Hierarchie – Einheitliche Kleidung (*gi*) und Graduierungssystem (*kyūdan*)	99
4.4	Die Verortung des Karatedō: Das traditionelle *dōjō*	102
4.5	Die Ethik des Karatedō: *dōjōkun*	104
4.6	Rituelle Handlungen im Karatedō	109

5 Die Einbeziehung von Religionen und religiöser Elemente in der Karatedō-Rezeption 113

5.1 Die Rezeption ostasiatischer Religionen als geistesgeschichtlicher Hintergrund des Karatedō 114

    5.1.1 Konfuzianismus 117

    5.1.2 Daoismus 118

    5.1.3 Hinduismus und Buddhismus 121

    5.1.4 Shintō 124

5.2 Die Rezeption einzelner religiöser Elemente im Karatedō .. 125

    5.2.1 Wege: *bunbu-ryōdō – bushidō – budō* 125

    5.2.2 Der Weg: Dō 135

    5.2.3 Meditation: „Meditation in Bewegung" und Zen im Sitzen (*zazen*) 139

    5.2.4 Ethik: *Dōjōkun*, die Achtung des Lebens und universeller Frieden 141

    5.2.5 Vitale Kraft: Ki, Hara, Vitalpunkte und Gesundheit/Heilung 145

    5.2.6 Esoterische Elemente: Die fünf Elemente, Mandala, Mudra, Mantra, Jinzū und Kiai 147

Teil III: Analyse und Schlussbetrachtung

6 Die Rezeption des Karatedō in Deutschland im Spiegel religionswissenschaftlicher Theorien 157

6.1 Import und Rezeption des Karatedō in Deutschland – Zusammenfassung der gewonnenen Erkenntnisse 157

6.2 Karatedō als buddhistisch-religiöse Übung oder als alternative Spiritualität und „New Age-Karatedō"? 160

    6.2.1 Innenperspektive: Karatedō und die Zuordnung zu den Religionen 160

    6.2.2 Karatedō und Aspekte der Buddhismusrezeption in Deutschland 163

	6.2.3	Außenperspektive: Die Karatedō-Rezeption als Facette des „New Age"	168
	6.2.4	Karatedō als buddhistisch-religiöse Übung und Form alternativer „Spiritualität" und Religiosität: Eine Frage der Authentizität und Werbung?	173
6.3		Außenperspektive: Die Rezeption des Karatedō im Spiegel von Theorien zur religiösen Gegenwartskultur: Religion oder Spiritualität?	180

7 Schlussbetrachtung und Ausblick 187

8 Literaturverzeichnis 197

8.1	Übersetzungen klassischer Texte	197
8.2	Übersetzungen japanischer Quellentexte	197
8.3	Literatur	198
8.4	Verzeichnis der verwendeten Internetseiten	214

9 Anhang 219

9.1	Zeichenliste zentraler Begriffe und Stile des Karatedō	219
9.2	„Zwanzig Paragraphen der Leeren Hand" von Funakoshi Gichin (Shōtōkan)	221
9.3	Idealisierter Stammbaum des „Karate" und der Religionen	224
9.4	Übersicht über die wichtigsten behandelten in Deutschland vertretenen Lehrerpersönlichkeiten und ihre Stilrichtungen des Karatedō	225
9.5	Internetquellen: Innenperspektive und Selbstdarstellungen des Karatedō-Verständnisses – zwei Beispiele (Pflüger und Laupp)	226
	9.5.1 Albrecht Pflüger, 7. DAN Karate	226
	9.5.2 BUDO – Von der Bezwingung des Gegners zur Bezwingung des Selbst (Laupp)	231
9.6	Impressionen und beispielhafte Einblicke in ein deutsches Karate-dōjō (vgl. Kap. 4.4)	234

空手道

1 Einleitung

> *Karate ist nicht nur eine Sportart, bei der man Schlag-, Stoß- und Tritttechniken anwendet, sondern – wie auch andere fernöstliche Kampfsportarten – eine religiöse Übung.*
>
> Udo Tworuschka: *Lexikon: Die Religionen der Welt*, 1999:165; Karate.

Zen-Meditation, Yoga, Reiki, Ayurveda, Traditionelle Chinesische Medizin, Karatedō, Aikidō, Kung Fu, Taijiquan (Tai Chi) und Qigong sind nur einige populäre Schlagwörter und Beispiele für die große Vielfalt der Angebote an als asiatisch gekennzeichneten und rezipierten Lehren, „spirituelle Techniken, Gesundheits- und Lebenshilfepraktiken" (Höllinger 2001:173) auf dem „Markt der Religionen" (Zinser 1997) bzw. dem Markt der „Körperpraktiken" (Wedemeyer 2002:249) in Deutschland: „'Asiatische Spiritualität', Buddhismus und esoterische und okkulte Lehren und Praktiken aus Asien haben zur Zeit in Deutschland Hochkonjunktur" (Prohl/Zinser 2002:13).

In Folge dieser großen Popularität und Anziehungskraft stellt sich für die Religionswissenschaft die Frage nach dem Platz dieser Lehren und Praktiken in der gegenwärtigen religiösen Landschaft in Deutschland. Bei dieser Art „religiöser Importe" (Prohl/Zinser 2002:13) scheinen Faktoren wie große Faszination für das Exotische, der Wunsch nach Gesundheit, Erfüllung, Glück, Selbsterkenntnis, Selbstverwirklichung und einer spirituellen Individualität eine große Rolle zu spielen (vgl. Prohl/Zinser 2002:20). Gerade der Wunsch nach eigener Erfahrung, einem individuellen Zugang zu transzendenten Sphären und der Ausprägung eines „Spirituellen Selbst" (Prohl/Zinser 2002:20), einer „individuellen Religiosität" (vgl. Luckmann 1991:108) und somit einer alternativen Religiosität und „Spiritualität" jenseits der institutionalisierten Form der Religionen scheinen wichtige Aspekte bei der Popularität und Rezeption dieser Lehren und Praktiken im Westen zu sein, was sich auch in der religionskritischen westlichen Rezeption asiatischer Religionen und religiöser Lehren und Praktiken als „östliche Philosophie" (vgl. Wedemeyer 2002:251) widerspiegelt.

Da diese Lehren und Praktiken in ihrer Verbreitung erfolgreicher zu sein scheinen als asiatische Religionen in institutionalisierter Form, bezeichnen Inken Prohl und Hartmut Zinser diese Lehren und Praktiken in Abgrenzung zu japanischer institutionalisierter Religion auch als ein „vielseitiges einsetzbares Instrument zur Bekräftigung einer alternativ präsentierten Form der Religiosität von der Lebensreformbewegung der Jahrhundertwende bis ins New Age der Gegenwart" (2002:19)

Im Rezeptions- und Importprozess stellt sich bei all diesen oft als asiatische Religiosität, Spiritualität oder Philosophie gestempelten Importen auch die Frage nach ihrem tatsächlichen Verhältnis zu asiatischen Religionen, ihre Veränderung durch den Import und Rezeptionsprozess und ihre Einbettung in die abendländische Religionsgeschichte und der Verknüpfung zu westlichen Inhalten und Konzepten einer individualisierten und privatisierten Religiosität, wie z.B. dem „New Age" (s. Kap. 6.2.3).

Bereits in dem von Inken Prohl und Hartmut Zinser herausgegebenem Buch *Zen, Reiki, Karate – Japanische Religiosität in Europa* wurde durch die einzelnen Beiträge eine „partielle Bestandsaufnahme" (Prohl/Zinser 2002:15) eines Teils der gegenwärtigen populären religiösen Importe aus Japan vorgenommen. Auch wenn bei der Popularisierung und Rezeption dieser „religiösen Importe" (Prohl/Zinser 2002:13) in Deutschland vergleichbare Mechanismen, wie zu Beginn skizziert, zugrunde zu liegen scheinen (vgl. Prohl/Zinser 2002:13-21), müssen all diese Lehren und Praktiken für sich betrachtet werden. Aufgrund dieser Notwendigkeit einer differenzierten Betrachtung soll mit dieser Arbeit eine spezielle Facette aus dem vielfältigen Angebot an asiatischen Lehren und Praktiken in Form der Rezeption eines religiös geprägten, oft als spirituell oder als „östliche Philosophie" bezeichneten Kampfkunst-Weges, dem Karatedō, dem „Weg der leeren Hand" (s. Kap. 2.1), näher untersucht werden, um so einen kleinen Teil zu einem differenzierteren Bild der gegenwärtigen religiösen Landschaft in Deutschland beizutragen.

Dabei wird einleitend die Entwicklung und Rezeptionsgeschichte des Karatedō von China über Okinawa nach Japan bis in den Westen und speziell in Deutschland vorgestellt, wo Karatedō als „Karate" ab den 1950ern zunächst offiziell als exotischer „Sport" Fuß gefasst und einen großen Bekanntheitsgrad erreicht hat. In der folgenden Entwicklung des Karatedō in Deutschland werden vor allem die weniger bekannten inoffiziellen Ausprägungen untersucht, in denen Karatedō nicht als „Sport-„ oder „Wettkampfkarate" betrieben wird, sondern als religiöser Weg für den ganzen Menschen verstanden wird. Dabei werden im Laufe der Arbeit die religiösen Inhalte und rekonstruierten Bezüge zu den ostasiatischen Religionen in der Rezeption dieses „traditionellen" bzw. „klassischen Karatedō" in Deutschland vorgestellt. Abschließend wird anhand verschiedener religionswissenschaftlicher Theorien darüber diskutiert, inwieweit Karatedō wie im einleitenden Zitat von Tworuschka ähnlich wie buddhistische Meditation als eine religiöse Übung, d.h. als Teil einer primär buddhistisch verstandenen Praxis einer „Meditation in Bewegung" (Hutter 2001a:210-215), oder einer weniger religionsgebundenen, mehr individuell verstandenen und geprägten Form der westlich geprägten Sinnsuche nach alternativer „Spiritualität" jenseits der großen religiösen Institutionen, im Sinne von Prohl und Zinser (2002) als Facette des „New Age" eingeordnet werden kann.

Aufgrund der Schwierigkeit und Unklarheit der verwendeten Begriffe „Spiritualität" und „New Age" im Zusammenhang mit dem Phänomen der „religiösen Importe" aus Asien werden die Begriffe in ihrer vielfältigen Verwendung kurz vorgestellt:

Der Begriff „Spiritualität" ist ein gutes Beispiel für die unterschiedliche Verwendung und auch des Missverständnisses zwischen Angehörigen kirchlicher und alternativer Religiosität (vgl. Bochinger 1995:525). „Spiritualität" wird z.B. als eine Art individueller geprägter Gegenbegriff zu „Religion" (oft als Institution, Dogma, sinnentlehrte Rituale, christliche Kirchen etc. verstanden), oder auch als religiöse Apologetik in Form einer polemisierten Überlegenheit gegenüber der institutionalisierten, als festgefahren verstandenen Religion verwendet. Außerdem findet der Begriff auch noch Verwendung als eine Variante der Religion mit persönlicher Erfahrung im Mittelpunkt, als eine innewohnende religiöse Kraft im Menschen oder als eine Form der „Frömmigkeit".[1]

„New Age" ist ein nicht ganz eindeutiger und vielfältig verwendeter Sammelbegriff für die Veränderung von gegenwärtiger Religion in hochindustriellen Ländern, ein „Reflex ungeklärter Verhältnisbestimmung zwischen Religion und Moderne" (Bochinger 1995:76) im Sinne einer vielfältigen Bewegung mit ebenso vielfältigen Inhalten,

---

[1] Zur Problematik, Undeutlichkeit, Vieldeutigkeit und Vielfalt in der Verwendung des Begriffs "Spiritualität" als ein „Begriff in der Schwebe" zwischen angeblicher Weltanschauungsfreiheit und Religiosität (vgl. Dehn 2002:119) s. neben Prohl/Zinser 2001:14f auch Bochinger 1994:385-393, Bochinger 1995:525f u. Heelas 2002.

u.a. Rezeption von Esoterik, Okkultismus, Spiritualismus, nichtchristlichen Religionen und Lehren aus der Psychotherapie- und Selbsterfahrungsszene. Dabei ist zu beachten, dass laut Bochinger der Begriff „New Age" in Insiderkreisen in Deutschland eher nicht verwendet wird, und zumindest in Deutschland eher ein Begriff der Theoriebildung sei, um ein großes, nicht immer einheitliches Phänomen der abendländischen Religionsgeschichte einer „säkularisierten und wiederverzauberten Zeitalterlehre" und „Chiffre für nichtkirchliche Religiosität" (Bochinger 1995:516) zu umschreiben (vgl. Bochinger 1995).[2]

Wegen der Unklarheiten der Begriffe werden „Spiritualität" und „New Age" in Anführungsstrichen geschrieben und vor allem im sechsten Kapitel im Zusammenhang mit der Karatedō-Rezeption weiter ausgeführt und diskutiert.

1.1 Karatedō – Import und Rezeption: Einleitende Überlegungen und Fragestellungen

Karatedō oder auch einfach Karate (s. Kap. 2.1) reiht sich nahtlos in den reichhaltigen Strom der Angebote an asiatischen Importen ein. Aber weder Karatedō, noch die Kampfkünste im Ganzen sind dabei ein monolithisches Gebilde. Die Anzahl und die Bezeichnung der unterschiedlichen importierten Kampfkünste oder auch Kampfsportarten in Deutschland ist gewaltig und für den Laien zunächst unübersichtlich und verwirrend. Neben den zahlreichen Kampfsportvereinen und Verbänden existieren eine Vielzahl von Schulen und Einrichtungen, in denen die unterschiedlichsten Lehren und Praktiken mit unterschiedlichen Zielsetzungen praktiziert werden, wie das folgende innerperspektivische Zitat zeigt:

> Karate, T'ai Chi, Judo, Aikido – das ist Körperbeherrschung, Kampfkraft, Selbstverteidigung. Doch damit erfasst man nicht den Inhalt, den Geist, der jede dieser Kampfkünste erst zu dem macht, was sie eigentlich sind: Möglichkeiten der Selbstfindung, der wahren Erkenntnis, der Vervollkommnung der geistig-seelischen Fähigkeiten (Lind 2007, Klappentext).

So gibt es neben den sich selbst als klassisch oder traditionell bezeichnenden Schulen, welche großen Wert auf den oft als philosophisch bezeichneten religiösen Hintergrund und die Möglichkeit

---

[2]   Zu "New Age" vgl. Bochinger 1995 u. Heelas 1996.

der menschlichen Entwicklung und Vervollkommnung legen, auch reine Wettkampf-Kampfsportarten oder Angebote mit einem bestimmten Nutzen, wie zur Selbstverteidigung, zur Steigerung der körperlichen Fitness in Fitnessstudios oder Kurse zur Leistungssteigerung von Managern.[3] Oft gelten Kampfkünste auch als eine Art von Therapieform oder als ein Programm zur Gewaltprävention und werden dazu an Schulen oder sogar Kindergärten eingesetzt.[4] Neben all diesen Angeboten gibt es auch noch die Angebote an Kampfkünsten, welche von vornherein mit einer Religion offen werben oder mit dieser institutionell verknüpft sind. So gibt es z.b. buddhistische Zentren, die neben ihrem normalen Programm auch Kampfkünste anbieten, wie z.b. den „Weg des Bogenschießens" (*kyudō*).[5] In den beiden monastischen Shaolin-Tempeln in Deutschland (Berlin, Kaiserslautern)[6] und in zahlreichen weltlichen Shaolin-Zentren wird die Kampfkunst der buddhistischen Shaolin-Mönche

---

[3] Beispielsweise ganzheitliche Fitness: Sifu Shi Yan: *The Shaolin Workout: 28 Days to Transforming Your Body, Mind and Spirit with Kung Fu*, Rodale 2006. Fitness: Billy Blanks: *The Tae-Bo Way*, 1999. Fitness und Selbstverteidigung: Studio *Fit and Fight* in Marburg (http://www.fit-und-fight.de, 22.08.2007). Leistungssteigerung für Manager: „Ich biete außer Jugendarbeit auch spezielle Kurse für Manager und Führungskräfte an. Dabei geht es zum einen darum, die Konfliktfähigkeit zu verbessern, zum anderen soll aber das strategische Denken und Handeln und das Vermitteln zwischen unterschiedlichen Anforderungen im Berufsalltag gefördert werden" (Dr. Jörg Wolters, Erziehungswissenschaftler, Therapeut und Karatemeister; http://www.shoto-kempo-kai.de/mondo20.html, 22.08.2007, s. auch Wolters 1992). Neben diesen Angeboten gibt es auch noch verwandte sportliche Wege, die sich aus Wegen der Kampfkünste ableiten, wie z.B.: Thomas Bossert: *Triathlon-Do: Der Weg zum Triathlon Manager*, Feldhaus 2005.

[4] Tai Chi (*taìjíquán*), Qigong (*qìgōng*) an Kindergärten (Prohl/Zinser 2001:13), Karatedō als Therapie in der Jugendarbeit und der Arbeit mit Straftätern (Dr. Jörg Wolters, Erziehungswissenschaftler, Therapeut und Karatemeister; http://www.shoto-kempo-kai.de/mondo20.html, 22.08.2007), Karate an der Schule (Oehsen 1988), Karatedō als Gewaltprävention (Gerntke 2002).

[5] *kyudō* („Weg des Bogenschießens") als ständiges Angebot am v.a. der tibetischen Tradition verpflichteten Shambhala-Zentrum Marburg (http://www.marburg.shambhala.info/index.php?id=2300, 22.08.2007). Ansonsten gibt es Angebote von *kyudō* eher in Zentren der Zen-Schule.

[6] Shaolin Tempel Deutschland e.V. (Berlin): http://www.shaolin-Tempel.eu (22.08.2007). Kaiserslautern: http://www.shaolintempel.de (22.08.2007).

als Teil der buddhistischen Praxis praktiziert, in dem Bestreben an die Lehre des als legendär verstandenen Shaolin-Klosters in China anzuknüpfen (das Shaolin-Kloster gilt auch als legendärer Ursprungsort des Karatedō; s. Kap. 2.2).

Im Falle von Karatedō ist diese Vielfalt ebenso anzutreffen. Karate wird in Deutschland sowohl als religiös-spiritueller Erfahrungs- und Lebensweg, als Weg- oder Kampfkunst im Sinne des Zen-Buddhismus, als auch als Kampfsport oder Fitnesstraining und Gesundheitsprogramm im Sinne einer Wellness-Spiritualität[7] betrieben. Die Spannweite von einem traditionellen Karatedō als religiöse Übung, also als buddhistische „Meditationsform" (Hutter 2001a:210) einer „Meditation in Bewegung" (Hutter 2001a:215) oder auch einer Form alternativer Spiritualität oder einer „Philosophie in Bewegung" (Binhack/Karamitsos 1992), und Karate als reiner Wettkampfsport oder einem sportlichen Spaßkarate für Kinder, wie dem in jüngster Zeit populär gewordenen „Sound-Karate", bei dem spielerische Elemente mit Musik eingebaut werden, ist enorm. Auch in der innerperspektivischen Karate-Literatur wird viel um das „richtige bzw. ursprüngliche Karate" gestritten, was oft mit polemischen Äußerungen und Ablehnung des einen oder anderen Umgangs mit Karate verbunden ist. Der Fokus dieser Arbeit liegt jedenfalls auf der Untersuchung der speziellen Rezeption des Karatedō als primär religiös-spiritueller Kampfkunst-Weg, wohingegen auf das breite Phänomen des Sport-Karate nur, solange es für die Untersuchung relevant ist, eingegangen werden kann.

Bei einer religionswissenschaftlichen Untersuchung über Karatedō in Deutschland stellen sich eine ganze Reihe von wichtigen Ausgangsfragen, denen in unterschiedlicher Gewichtung in dieser Arbeit nachgegangen wird, während einige in diesem Rahmen offen bleiben müssen (s. Kap. 7 Schlussbetrachtung und Ausblick).

Meine Hauptfrage in dieser Arbeit ist: Wie passt Karatedō in das gegenwärtige Bild der deutschen Religionslandschaft? Mit dieser Frage ist auch die Einordnung der Rezeption des Karatedō in das Phänomen der Welle an „asiatischer Spiritualität" (Prohl/Zinser 2002:13) in Deutschland und die Verbindung mit westlichen Konzepten wie einer spirituellen Reformbewegung oder dem sogenannten „New Age" verknüpft (s. Kap. 6).

---

[7] Zum Zusammenhang von Fitness, Spiritualität und Wellness s. Jäger 2005.

Dabei stellt sich auch die Frage, inwieweit die Tradition des Karatedō auf ihrem Weg von Ost nach West transformiert wurde und wird. Inwieweit wird also diese ost-asiatische Lehre im Westen von wem rezipiert und inwieweit unterliegt sie dabei einem Transformationsprozess oder einer Neukonstruktion/-interpretation von Inhalten (Kap. 3 u. 6)? In diesem Zusammenhang ist es auch von Interesse zu untersuchen, wie die religiösen Aspekte und Elemente des Karatedō in Veröffentlichungen über Karatedō von bekannten Karate-Lehrern in Deutschland dargestellt werden (Kap. 4 u. 5).

Eine damit verknüpfte grundsätzliche Frage ist auch, wie „religiös" bzw. spirituell" Karatedō überhaupt verstanden wird, sei es in Asien[8] oder im Westen? Dabei ist es auch von Interesse, welche Religionen Asiens Karatedō mitgeprägt haben, oder welche Verbindungen zu welchen Religionen im Rezeptionsprozess gesehen bzw. (re-) konstruiert werden, und inwieweit diese Zuordnung einen bestimmten Zweck erfüllt (Kap. 5 u. 6).

Interessant ist dann auch die Untersuchung über eine mögliche Rezeption und Verbreitung ostasiatischer Religionen, besonders des (Zen-)Buddhismus, durch die Rezeption des Karatedō in Deutschland: Wird Karatedō zu einem Instrument oder Gefäß, ein „geschicktes Mittel"[9] zur Verbreitung des Buddhismus oder auch anderer ostasiatischer Religionen (Kap. 6)?

Eine weitere Frage ist der Umgang von Praktizierenden des Karatedō mit anderen Religionen. Schließlich gibt es gerade in Deutschland viele Karateka[10], die eigentlich keiner ostasiatischen Religion offen angehören. Wie wird dabei die Brücke zu ostasiatischen Religionen geschlagen oder inwieweit wird die eigene Religion, wie z.B. das Christentum oder der Islam mit in die Interpretation des Karatedō einbezogen (Kap. 7)?

Eine Frage der Institutionsergonomie und der Rückbindung an ostasiatische Ausgangslehren wäre dann noch, wie sich Karatedō

---

[8] Vgl. die Fragebogenstudie des Japanologen Bittmann über die Rezeption von Lehrauffassungen des Karatedo bei Praktizierenden in Japan, s. Bittmann 1999:255-300.

[9] Ein Konzept im Mahāyāna-Buddhismus, um die nicht einfach und direkt zu begreifende Lehre des Buddha über Umwege wie z.B. Parabeln (z.B. die *Parabel vom brennendem Haus* im *Lotus-Sūtra*) leichter zugänglich und verständlich zu machen (vgl. Keown 2001:80 u. Pye 1978/2003). Näheres s. Kap. 6.2.2.

[10] Bezeichnung für Leute, die Karate betreiben, parallel zu *judō* und Judoka.

institutionell in Deutschland konstituiert und wie das Verhältnis zu Institutionen in Japan bzw. Okinawa ist (Kap. 3 u. 7). Wichtig dabei ist auch die Bedeutung des Zen-Buddhismus und die Verbindung mit Karatedō: Warum wird Karatedō so vorherrschend mit Zen-Buddhismus in Verbindung gebracht, obwohl es auch andere, teils ältere Einflüsse z.B. des esoterischen Buddhismus, des Daoismus und des Konfuzianismus gibt (Kap. 5)? Und welche Rolle spielt die Verbindung von Zen-Buddhismus und japanischer Nationalität und Identität bei der regelrecht japanisch forcierten und motivierten Missionswelle von Karatedō in westliche Länder nach dem zweiten Weltkrieg (Kap. 2 u. 5)?

Nach der nun folgenden Darstellung des Forschungsstandes und der Vorstellung wichtiger Quellen über Karatedō, wird der Aufbau der Arbeit und das methodische Vorgehen vorgestellt.

1.2 Forschungsstand und Quellenlage

Gegenüber der Anzahl an populären Veröffentlichungen, Biographien und Erfahrungberichten, technischer und inhaltlicher Anleitungen und innerperspektivischer Darstellungen zum Karatedō, auf die vor allem im vierten und fünften Kapitel dieser Arbeit näher eingegangen wird, gibt es nur eine vergleichsweise geringe Anzahl von wissenschaftlichen Arbeiten über Karatedō im deutschen Sprachraum. Speziell über die Rezeption des Karatedō in Deutschland als Fokus unter religionswissenschaftlichen Gesichtspunkten gibt es keinerlei mir bekannter Arbeiten. Es gibt allerdings Arbeiten, die sich mit dem Gesamtphänomen der religiösen Importe aus Asien beschäftigen, bei denen das spezielle Phänomen Karatedō allerdings nur sehr vage am Rande erwähnt wird.

Das von der Religionswissenschaftlerin und Japanologin Inken Prohl und des Religionswissenschaftlers und Ethnologen Hartmut Zinser herausgegebene Buch *Zen, Reiki, Karate – Japanische Religiosität in Europa* (2002) ist hierfür ein gutes Beispiel. In einigen der Beiträge werden viele der grundsätzlichen Fragen aufgeworfen, es fehlt jedoch ein genauer Blick auf Karatedō sowie weiterführende Analysen, dennoch ist das Buch in gewisser Weise der Quell des Interesses an dem Thema und der Ausgangspunkt dieser Arbeit. Gerade der Beitrag von Bernd Wedemeyer *Von Asien nach Europa: Aspekte zur Rezeptionsgeschichte fernöstlicher Körperpraktiken* (In: Prohl/Zinser 2002:249-266) war für allgemeine grundsätzliche Ausgangsfragen der Rezeptionsgeschichte ein guter Startpunkt. Im Laufe der Arbeit wird auch darauf eingegangen, inwieweit die

Theorien von Prohl und Zinser, wie die westliche individuelle Sinnsuche und der Bezug zum „New Age" auf die Karatedō-Rezeption in Deutschland anzuwenden sind oder nicht (Kap. 6 u. 7).

Wenn es auch an wissenschaftlichen Arbeiten über den religiösen Aspekt des Karatedō speziell in Deutschland mangelt, so gibt es doch eine Vielzahl an wissenschaftlicher Literatur über den Zusammenhang von Religionen und Kampfkünsten allgemein und Karatedō speziell. Dabei ist zu beachten, dass ein Großteil der Literatur von einem Personenkreis verfasst wurde, der selbst Karatedō oder eine andere asiatische Kampfkunst oder spirituelle Praktik betreibt, oder zumindest einer gewissen Faszination des Themas erliegt, was wohl oft auch Motivationsgrund und Motor für eine wissenschaftliche Beschäftigung mit der Thematik ist.[11] So gesehen spiegelt auch die wissenschaftliche Literatur einen Teil der Rezeption im Westen wider. Ein kurzer Überblick über die verschiedenen Forschungsansätze über Karatedō wird im Folgenden geliefert. Auch das Literaturverzeichnis im Anhang liefert einen guten weiterführenden Überblick:

Einen kurzen informativen einleitenden Beitrag über die Einordnung von Kampfkünsten inklusive des Karatedō in den buddhistischen Kontext liefert der Religions-wissenschaftler Manfred Hutter[12] in *Das ewige Rad – Religion und Kultur des Buddhismus* im Kapitel 4.1.3 *Kampfkunst als Meditationsform* (2001:210-215). Über religiöse Inhalte in den Kampfkünsten Chinas und Japans allgemein disku-

---

[11] Beispielsweise ist der Japanologe Bittmann Dan-Träger („Schwarzgurt"; s. Kap. 4.3) im Karatedō und auch der Japanologe Braun hat nicht nur ein rein wissenschaftliches Interesse: „Der Autor Julian Braun beschäftigt sich seit seiner Kindheit intensiv mit der Theorie und Praxis östlicher Gesundheitslehren und Kampfkünste sowie westlicher und östlicher religiöser und philosophischer Systeme. Er promovierte im Sommer 2006 an der Universität Tübingen mit einer Dissertation zum Thema' Der gemeinsame Weg von Schwert und Pinsel – Philosophie und Ethik japanischer Kriegskunst der Tokugawa-Zeit (1603-1868)'" (Braun 2007:*Über den Autor*). Braun betreibt z.B. *wadō* (jap. „Wege zur Harmonie"), ein System unterschiedlicher Lehren und Methoden (inkl. verschiedener Kampfkünste), deren gemeinsames Ziel darin bestehe, die körperliche, seelisch-emotionale und geistig-spirituelle Entwicklung des Menschen zu fördern (vgl. http://www.tengukai.de; 10.12.07). Über die Faszination des Buddhismus, östlicher Religionen und exotischer asiatischer „spiritueller Techniken, Gesundheits- und Lebenshilfepraktiken" (wie Yoga, Taijiquan, Qigong etc.) unter Studierenden s. Höllinger 2001.

[12] Prof. für vergleichende Religionswissenschaft in Bonn.

tieren der christliche Theologe und buddhistische Gelehrte John P. Keenan[13] und der kampfkunst-praktizierende Asienwissenschaftler Stewart McFarlane[14] in einer Reihe von Artikeln (s. Kap. 6.2.4). Von dem Psychologen (Univ. Chicago) und praktizierenden Kampfkünstler Michael Maliszewski gibt es neben dem Lexikonartikel *Martial Arts: An Overview* (1987) in der *Encyclopedia of Religion - Second Edition* (Jones 2005) noch weitere Arbeiten über Kampfkünste und Religion.

Einen Zusammenhang des „New Age" und den Kampfkünsten im Westen als militärisches Trainingsprogramm skizziert der ehemalige Soldat und Kampfkunstexperte Joseph R. Svinth mit *Martial Arts Meet The New Age: Combatives in Early 21 Century American Military* (2003). Dies ist nur ein Beitrag aus dem zusammen mit dem Ethnologieprofessor und ebenfalls kampfkunstpraktizierenden Thomas A. Green herausgegebenen Buch *Martial Arts in the Modern World* (Green/Svinth 2004) in dem die verschiedenen Kampfkünste und ihr Anpassungsprozess im Kontext der modernen Welt behandelt werden. Weitere Beiträge finden sich in dem vom Ethnologen D.E. Jones herausgegebenen Buch *Combat, Ritual and Performance: Anthropology of the Martial Arts* (2002). Vor allem der Beitrag des Ethnologen Michael Ashkenazi *Ritual and the Ideal of Society in Karate* (2002:99-119) entwickelt einen interessanten Blick auf Karate als eine in die soziale Matrix eingebettete Ritualisierung von Tradition (s. Kap. 6.2.4).

In *Meditation and the Martial Arts* (2003) untersucht der Religionsgelehrte Michael L. Raposa[15] die Beziehung von Meditation und den Kampfkünsten unter dem Aspekt der universalen Verbindung von Kampfkünsten mit anderen religiösen Lehren wie indischem und daoistischem Yoga, Zen-Meditation, christlicher Askese und islamischem *jihād* mit dem Ziel ein verbindendes, einheitliches Prinzip herauszuarbeiten. Dieses Prinzip sei laut Raposa der innere, spirituelle Kampf gegen sich selbst und der damit verbundenen spirituellen Entwicklung und Erfahrung mit dem Ziel von spiritueller Harmonie und universellem Frieden. Ebenso religiös motiviert ist die

---

[13]   Prof. Em. für "Religion", Priester der episkopalen Kirche, Gelehrter am *Nanzan Institute for Religion and Culture* in Japan, Vertreter eines Dialogs zwischen Christentum und Buddhismus.
[14]   Direktor für „Asian Studies", Liverpool Hope University College; Spezialgebiete: Chinesische Religion und „Buddhist Studies".
[15]   Professor für "Religion Studies", Lehigh University, Virginia.

Arbeit *The Bodhisattva Warriors – The Origin, Inner Philosophie, History and Symbolism of the Buddhist Martial Art within India and China* (Dukes 1994) von Shifu Nagaboshi Tomio alias Terrence Dukes[16], der den Leser tiefschürfend weit zurückgehend zu den Wurzeln scheinbar unverfälschten esoterischen Wissens führen möchte. Mit dem Fundus des esoterischen Buddhismus versucht Dukes zu den Quellen des Buddhismus vorzustoßen, um so auch die Kampfkünste auf diesem festen Fundament aufzubauen. Für Duke bedeutet *kempō* („Methode der Faust")[17] nichts anderes als die Lehre des Buddha (Dukes 200:184).

Eine informative Arbeit über den geistesgeschichtlichen Hintergrund ostasiatischer Kampfkünste unter besonderer Berücksichtigung der grundlegenden Entwicklung in Japan der Tokugawa Zeit liefert der Japanologe Julian Braun in *Der ‚gemeinsame Weg von Schwert und Pinsel' – Philosophie und Ethik japanischer Kriegskunst der Tokugawa-Zeit (1603-1868)* (2006). Braun untersucht dabei die Entwicklung der japanischen Kriegskünste (*bujutzu*), ihre Einbettung in ethische und philosophisch-religiöse Hintergründe bis hin zu ihrer Einordnung in einen spirituell-religiösen Weg (*budō*) in der Meiji-Zeit (1868-1912) und liefert auch weitere Ausblicke der Entwicklung. Interessant ist die Arbeit auch wegen der Rückbindung an japanische Quellen aus der Tokugawa-Zeit, die teilweise in deutscher Übersetzung im Anhang der Arbeit zu finden sind.

Neben der wissenschaftlichen Literatur mit dem Fokus auf den religiös-philosophischen Aspekt von Kampfkünsten und Karatedō gibt es zahlreiche wissenschaftliche Veröffentlichungen, die sich mit dem Thema Karatedō allgemein unter anderen Gesichtspunkten und aus verschiedenen wissenschaftlichen Ansätzen und Sichtweisen heraus auseinandersetzen. So gibt es z.B. neben japanologischen Arbeiten auch zahlreiche Forschungen aus der Sportwissenschaft (Sportmedizinisch oder -motorisch), der Psychologie und der Pädagogik.

---

[16] Dukes gehört der *Mushin Kempo Association* (MKA) an, die 1950 von dem Mönch Otomo Ryoshu gegründet wurde (vgl. Lind 2001:424; *mushindō ryū*) Dukes praktiziert selbst Mushindōryū Kempō Karatedō, und im Internet kursieren Anschuldigungen, er sei Anführer einer Art „Kult" oder „Sekte" (vgl. http://website.lineone.net/~mushindo/, 13.10.2007).

[17] *kempō* chin. *quánfǎ* 拳法: („Methode der Faust"); ein möglicher chin. Überbegriff für die Kampf-künste; s. Kap. 2.1 Fußn. 4.

Die Arbeit des Karate-Praktizierenden Japanologen Heiko Bittmann *Karatedō – Der Weg der Leeren Hand – Meister der vier großen Stilrichtungen und ihre Lehre* (1999) z.B. liefert eine gute und kritische Übersicht über die japanische Geschichte des Karatedō unter Einbeziehung der geistesgeschichtlichen Entwicklungen. Des Weiteren werden die Biographien wichtiger historischer Meister und ihre Lehrschriften und die von ihnen gegründeten Schulrichtungen untersucht. Auch eine interessante, in Japan durchgeführte empirische Fragebogenstudie über die Rezeption der Lehrauffassungen des Karatedō und der behandelten Meister und Lehrschriften ist in der Arbeit enthalten.

Im sportwissenschaftlichen Bereich gibt es eine Vielzahl von Arbeiten über Kampfsportarten unter verschiedenen Gesichtspunkten. Neben Untersuchungen der reinen Mechanik und Motorik der Techniken und medizinischen Aspekte in *Modernes Karate* (1998) von T. Okazaki und Dr. med. M.V. Stricevic und der biologischen Anthropologie in *Sportanthropologische Untersuchung zur Konstitutionstypologie von Kampfkünstlern der Sportart Karate (Elitekarateka)* (2006) von Jürgen Fritsche gibt es auch Arbeiten, die neben den rein körperlichen Aspekten verstärkt auch noch kulturelle und geistige Komponenten berücksichtigen, wie z.B. die Arbeit von Hyosong Gu *Kampf und Bewegung. Eine kulturhistorische-bewegungstheoretische Analyse am Beispiel des ostasiatischen Kampfsports* (2000). Eine stellenweise idealisierende, quellennachweisarme, aber dennoch gute Übersicht, in der auch Bezüge zum esoterischen Buddhismus dargestellt werden (s. Kap. 5.2.6), liefert Gerhard Schönberger mit der Arbeit *Karate – Ursprünge, geschichtliche Entwicklung und Tradition einer fernöstlichen Kampfkunst* (1992).

Ein Aspekt, der oft untersucht wird, ist das Verhältnis von Karatedō und Gewalt bzw. Gewaltvermeidung (s. Kap. 5.2.4). Ein Beitrag aus der Psychologie liefert z.B. Karsten-Ingo Grabert mit *Karate-Do und Gewaltverhalten – Eine empirische Untersuchung über die Auswirkungen des Trainierens der Kampfkunst Karate-Do auf die Gewalt-bereitschaft und das Gewaltverhalten des Trainierenden* (1996). Eine Vielzahl von pädagogischen Arbeiten thematisiert die mögliche Rolle des Karatedō in Programmen zur Gewaltprävention. Ein gutes Beispiel dafür ist z.B. die Arbeit von Andrea Gerntke *Karatedo als Sozialpädagogische Interventionsform für desintegrierte, gewalttätige Jugendliche? Eine sozialpädagogische Perspektive auf gewaltmindernde Elemente einer japanischen Kampfkunst* (2002).

Über das Phänomen der ostasiatischen Kampfkünste allgemein und über Karate speziell gibt es weiterhin eine Vielzahl von wissenschaftlichen Arbeiten aus verschiedenen Wissenschaftsgebieten: Eine gute Übersicht und Einführung in die Thematik der Kampfkünste aus kultur- und geistesgeschichtlicher Sicht liefert der russische Japanologe Alexander Dolin unter Mithilfe von German Popow und Wladimir Tolstikow in *Kempo – Die Kunst des Kampfes* (1999, dt. Übers. Lothar Pickenhain, 1986). Obwohl in dieser Arbeit (zumindest in der deutschen Übersetzung) die Zitate nicht direkt belegt sind, die Darstellung oft leicht idealisierend, zweckgerichtet und eigenwillig wirkt, bietet sie kritisch gelesen doch einen interessanten und informativen Blick auf Entwicklung, religiöse Inhalte und mögliche Zusammenhänge und gleiche Ursprünge und Wurzeln der verschiedenen Kampfkünste Ostasiens. In den Kapiteln *Karate auf Okinawa* und *Karate in Japan* (Dolin 1999:337-362) wird speziell auf die Entwicklung des Karate eingegangen, wobei einige Passagen nicht ganz ohne Fehler, falscher historischer Tatsachen oder frei übersetzter Zitate zu sein scheinen.[18] Im Schlusskapitel *Ost und West* (Dolin 1999:363-373) finden sich einige anregende Überlegungen zum synthetischen Bestreben der Kampfkünste in der Einbeziehung von Religion, Philosophie, Medizin, Psychologie etc., die weitere Entwicklung und Rolle der ostasiatischen Kampfkünste im Westen und der verzweifelten Suche nach Anknüpfungspunkten an alte, evtl. verlorene geistige ostasiatische Wurzeln und Traditionen und deren mögliche Wiederbelebungsversuche und Neuerschaffung.

Eine kultur- und sozialwissenschaftliche Untersuchung über das Gesamtphänomen des Kämpfens als Komponente im Prozess der Kulturschaffung liefert Axel Binhack, der Religionswissenschaft, Sport und Philosophie in Frankfurt studiert hat und als Pädagoge und Karate-Lehrer tätig ist (vgl. Binhack/Karamitsos 1992:III) in *Über das Kämpfen – Zum Phänomen des Kampfes in Sport und Gesellschaft* (1998). In seinem Buch befindet sich auch ein Kapitel über Karatedō. Von Axel Binhack gibt es zusammen mit dem Bundestrainer für Shōtōkanryū-Karatedō im DKV (Deutscher Karate Verband; s. Kap. 3.2 u. 3.3) Efthimios Karamitsos auch noch ein weiteres sehr interessantes Buch *Karate-Do – Philosophie in der Bewegung* (1992), in welchem verstärkt auf die Einflüsse „philosophisch-religiöser Lehren" auf Karatedō eingegangen wird (s. Kap. 5).

---

[18]   vgl. Braun 2006, 24 und Bittmann 1999:16.

Erwähnenswert sind auch die Arbeiten weiterer (selbsterklärter) Experten und Historiker der Kampfkünste, die trotz oft fehlender ausgefeilter wissenschaftlicher Form ihrer Veröffentlichungen dennoch relevante Informationen vorrangig aus einem innenperspektivisch motivierten Ansatz heraus liefern können. Zu diesem Kreis gehören neben Donn F. Draeger[19] im Spezialfalle des Karate z.B. der kanadische Kampfkunstlehrer, Übersetzer klassischer Texte und Gründer der International *Ryūkyū Karate Research Society* (IRKRS)[20] Patrick McCarthy, der französische Geschichts-professor, Karate-Pionier und Gründer des *Centre de Recherche Budō* (CRB)[21] Roland Habersetzer und der deutsche Karate-Lehrer und Gründer des *Budō Studien Kreises* (BSK, s. Kap. 3.4)[22] Werner Lind. Gerade das von Werner Lind und dem Budō Studien Kreis herausgegebene *Lexikon der Kampfkünste* (2001) bietet trotz oft fehlender Quellenangaben und manchmal idealisierender Darstellungen ein in dieser Form und in deutscher Sprache einzigartiges Nachschlagewerk und Orientierungshilfe im Kampfkunst Dschungel. Gerade auf die Darstellung vor allem der religiösen Inhalte des Karatedō in den Büchern von Werner Lind wird im dritten bis fünften Kapitel dieser Arbeit näher eingegangen.

---

[19] Kampfkunstexperte aus den USA (+1985), U.S. Marineoffizier, lebte lange Zeit in Korea, China, Japan, Malaysia, und Indonesien, durchlief als erster Nichtjapaner die Ausbildung im traditionellem Tenshin-shōden Katori-Shintō-ryū, einer alten und traditionellen japanischen Schule der Kampftechniken (*bujutzu*) und veröffentlichte viele Bücher über Kampfkünste, die bei der westlichen Rezeption eine große Rolle spielen (vgl. Braun 2006:23).

[20] 1987 in Japan gegründete Forschungsgemeinschaft zur Erforschung klassischer Kampfkünste. Heutiger Sitz Brisbane (Queensland / Australien). Ryūkyū = Inselkönigreich (Hauptinsel: Okinawa), gilt als Geburtsstätte des Karatedō (s. Kap. 2). Vgl. *McCarthy* in Lind 2001:398, 704.

[21] 1974 gegründete internationale Organisation „deren Ziel darin besteht, freundschaftliche Verbindungen zwischen allen Budōka (Praktizierende der verschiedenen „Wege der Kampfkünste" *budō*) zu knüpfen, denen vorrangig der Erhalt der geistigen Werte der japanischen und chinesischen Kampfkünste am Herzen liegen" (Habersetzer 2004, *Der Autor*).

[22] 1984 gegründete Vereinigung von *budō*-Lehrern (Kampfkunst-Weg-Lehrer) verschiedener Disziplinen zu Studienzwecken der klassischen Kampfkünste. Organisieren Lehrgänge, veröffentlichen Bücher etc.

1.3 Aufbau und Vorgehen

Die vorangehend gestellten Ausgangsfragen (Kap. 1.1) können natürlich im Rahmen dieser Arbeit nur in unterschiedlicher Gewichtung beantwortet werden, da sowohl der Arbeitsrahmen als auch die Arbeitsmethode in einigen Forschungsbereichen Grenzen setzt.

Der Fokus dieser Arbeit ist die Rezeption des Karatedō in Deutschland im Spiegel von Theorien zu religiöser Gegenwartskultur zu betrachten, um Karatedō in die deutsche Religionslandschaft einordnen zu können. Dabei wird untersucht, inwieweit Karatedō als eine religiöse Übung, d.h. als Teil einer primär buddhistisch verstandenen Praxis oder einer weniger religionsgebundenen, mehr individuell verstandenen und geprägten Form alternativer Spiritualität als Facette des „New-Age" verstanden werden kann. Grundlegend soll die Arbeit auch eine Einführung in das Phänomen des Karatedō und der geschichtlichen Entwicklung und der rezipierten Inhalte und deren „Religionsgehalt" liefern.

Anhand von Untersuchungen von in Karatedō-Kreisen populären Veröffentlichungen ausgesuchter, bekannter Karate-Lehrer in Deutschland (s. Anhang Kap. 9.4) wird versucht, das vorgefundene Bild des Karatedō mit religionswissenschaftlichen Theorien zur religiösen Gegenwartskultur zu vergleichen, um das Phänomen Karatedō in das Bild der deutschen Religionslandschaft einordnen zu können. Neben dieser Textarbeit fließen an einigen Stellen nur zur Verdeutlichung oder Ausführung auch einige gemachte Beobachtungen und Gespräche mit deutschen Karateka ein.

Die Arbeit gliedert sich in drei Teile: Neben einem einleitenden und grundlegenden Geschichtsteil der Entwicklung des Karatedō in Asien und im Westen und speziell in Deutschland (Teil I: Kap. 2 u. 3), in dem auch die wichtigsten Begriffe erklärt werden, werden im zweiten Teil die Inhalte der Rezeption wie Übungsmethoden und religiöse Elemente und „Weg-Komponenten" des „Weges der leeren Hand" (Karatedō) und deren „Religionsgehalt" und Bezug zu asiatischen Religionen behandelt (Teil II: Kap. 4 u. 5). Im letzten Teil werden die Erkenntnisse der ersten beiden Teile im Spiegel der religionswissenschaftlichen Theorien zusammengefügt und diskutiert (Teil III: Kap.6).

Im zweiten Kapitel dieser Arbeit wird die Entwicklung und der Wandel des Karatedō in Ostasien und die Verbreitung im Westen mit den wichtigsten Stationen kurz dargestellt, um zu zeigen, wo Karatedō herkommt, welche Wandlungen und welche Vielfalt es gibt. Die vorgestellte Geschichte des Karatedō ist vor allem in Bezug auf die Rezeption der Geschichte des Karatedō im Westen und der Interpretation und Konstruktion bei der Rezeption des Karatedō als japanische Religiosität oder auch „Spiritualität" in Deutschland grundlegend. Anschließend wird im dritten Kapitel die Rezeptionsgeschichte, Entwicklung und die Verbreitung des Karatedō speziell in Deutschland thematisiert.

Nach diesem, für das Verständnis der folgenden Kapitel grundlegenden Fundament der Geschichte und Verbreitung werden im vierten Kapitel die wichtigsten Elemente der Praxis des Karatedō und der Bezug zu ostasiatischen Religionen, religiösen Lehren und Praktiken und der Kosmologie dargestellt. Im fünften Kapitel wird dann diese Einbettung dieser Elemente in ostasiatische Religionen, religiöse Lehren, Praktiken und Kosmologien, und die Rezeption dieser Elemente im deutschsprachigen Raum anhand inner- wie auch außenperspektivischer Darstellungen untersucht.

Auf der Grundlage der vorhergehenden Kapitel werden im sechsten Kapitel verschiedene Aspekte der Rezeption des Karatedō in Deutschland untersucht und diskutiert. Neben dem Versuch der Einordnung des Karatedō in die deutsche Religionslandschaft mit zur Hilfenahme von religionswissenschaftlichen Theorien zur religiösen Gegenwartskultur wird auch der mögliche Zusammenhang der Rezeption des Karatedō mit der Rezeptionsgeschichte des Buddhismus, vor allem des Zen-Buddhismus in Deutschland behandelt. Dabei wird auch die Problematik der Zuordnung des Karatedō als religiöse Übung oder alternative Spiritualität im Sinne eines „New Age-Karatedō" diskutiert und auf die Schwierigkeiten der Begriffe und der Zuordnung eingegangen.

Teil I:
Karatedō in Asien und im Westen

2 Karatedō – Geschichte, Tradition und Wandel

2.1 Klärung der Begrifflichkeiten: Karate – Karatedō – Karate-Dō: Was ist Karate (-Dō)?

Karatedō 空手道 wird heute meist mit „Weg der leeren Hand" übersetzt[1] und bezeichnet einen ostasiatischen Kampfkunst-Weg mit Ursprung auf Okinawa[2], der Hauptinsel des Ryūkyū-Inselarchipels, gelegen im ostchinesischen Meer (Pazifik), zwischen Taiwan im Süden und der japanischen Insel Kyūshū im Norden.

Nach der allgemein vertretenen Hauptthese entstand Karatedō aus einer Synthese der einheimischen okinawanischen Kampftechnik *te* 手 („Hand/Technik")[3] und des chinesischen *quánfǎ*[4] (z.B. Bittmann 1999:41, Dolin 1999:338). So bedeuten die bis ins 20. Jahrhundert gebräuchlichen ursprünglichen Schriftzeichen 唐手, welche japan-

---

[1] *karatedō* 空手道: „Weg der leeren Hand": *kara* 空 = „Leer", *te* 手 = „Hand", *dō* 道 = „Weg"; alternative Schreibweisen s. Fußn. 5

[2] Okinawa 沖縄: „Tau im offenem Meer", eigenständiges Königreich Ryūkyū, ab 1879 offiziell japanische Präfektur.

[3] *te* 手: „Hand", im sino-japanischen Dialekt Okinawas auch *di, tî* oder *de* gesprochen. Im Zuge der Beeinflussung durch chinesische Kampfkunstmethoden wurde das *te* auch *tōde* (唐手) (auch *tōdi, tōte, tōti*) genannt, wobei das Schriftzeichen *tō* (唐) soviel wie Tang-Dynastie (chinesische Epoche: 618-907) bedeutet, und auf Okinawa bezeichnete *tō* alles, was aus China kam. Somit bedeutet *tōde* soviel wie „Technik (Hand) der Tang" oder „Chinesische Technik (Hand)". Um den einheimischen Charakter zu betonen, wurde das *tōde* im 17. Jh. während der Besetzung Okinawas durch den japanischen Satsuma-Clan auch als Okinawa Te (沖縄手) „Technik (Hand) aus Okinawa" bezeichnet (vgl. Lind 2001:599, *Te*; 609, *Tode*); Dolin 1999:339, Bittmann 1999:44). Siehe dazu Kap. 2.2.2.1.

[4] *quánfǎ* 拳法: „Methode/Gesetz der Faust", „Kampfmethode", jap. *kempō*, oft auch als Überbegriff der Kampfkünste oder für okinawanisches Karate gebraucht (vgl. Lind 2001:312; *kempō*). In China gibt es noch weitere Oberbegriffe für die Kampfkünste, wie das im Westen v.a. durch Filme sehr bekannte, in China weniger gebräuchliche *gōngfu* 功夫 (auch Kung Fu, „harte Arbeit", s. Fußn. 40), *wǔshù* 武術 / 武术 („militärische Künste, Kriegskünste", jap. *bujutsu*) und *gúoshù* 國術 / 国术 („nationale Künste").

isch auch *karate* gesprochen werden, auch nichts anderes als „chinesische Hand/Technik"[5].

Die waffenlosen Techniken des Karatedō beinhalten neben Abwehrtechniken (*uke*), Schlag- (*uchi*), Stoß- (*tsuki*) und Tritttechniken (*geri*) auch Würfe (*nage*), Hebel (*kansetsu*) und Fesselgriffe (*katame*). Ebenso enthalten sind Techniken der Vitalpunktstimulation sowohl für Kampfzwecke als auch für Gesunderhaltung und Heilung (*kyūshojutsu*)[6]. Auch die Handhabung von klassischen okinawanischen Waffen, die oft Gebrauchsgegenständen des Alltags entlehnt sind, wie z.B. dem Langstock (okin. *kon* bzw. jap. *bō*), dem Fischerruder (*eiku*) oder der Holzkurbel für den Mühlstein (*tonfa*) wird gelehrt, ist aber für sich genommen auch eine eigene Kampfkunst (*kobudō*)[7]. Charakteristisch ist auch die Verschlüsselung und Weitergabe von Kampfmethoden in einer idealisierten, genau festgelegten Abfolge von Bewegungen (*kata*)[8].

Weiterhin zeichnet sich Karate/Karatedō durch eine große Vielfalt der Entwicklung von Richtungen, Konzepten, Stilen und Schulen (*ryū*)[9] aus und ist daher keineswegs ein monolithisches Gebilde,

---

[5] *karate* ist auch die japanische Aussprache für die ursprüngliche Schreibweise 唐手 („chinesische Hand"), welche im sino-japanischem Dialekt Okinawas *tōde* gesprochen wird (vgl. Fußn. 3). Auch 唐手道 (*karatedō*, „Weg der chinesischen Hand") wurde benutzt (s. Fußn. 23). Das Schriftzeichen 唐 (okin. *tō*, jap. *kara*; „Tang/China") wird offiziell erst in den 30er Jahren des 20. Jh. vor allem aus Gründen des japanischem Nationalismus und der möglichen Assoziation mit dem Konzept der „Leere" (*sunyata*) des Zen-Buddhismus mit dem aufgrund der Waffenlosigkeit der „leeren Hände" des Karate passenden ebenfalls *kara* gesprochenem 空 (leer, nackt, Leere) ersetzt. Aus 唐手 (*karate/tōde*, „chinesische Hand") wurde 空手 (*karate*, „leere Hand"). Siehe Kap. 2.2.2.2 (Geschichte: Japan).

[6] „Bezeichnung für die negative Stimulation gegnerischer Vitalpunkte in den okinawanischen Kampfkünsten. Kyūshojutsu ist eine umfangreiche Wissenschaft, die sich aus den chinesischen Künsten herleitet (Dianxue)" (Lind 2001:372; *kyūshojutsu*). Siehe Kap. 5.2.5.

[7] *kobudō* 古武道 oder 子武道: „alte" (in Bezug auf mittelalterlich), bzw. „junge/kleine Kriegskunst", Ursprünglich: *kobujutsu* 古武術 (Analog zur Veränderung *bujutsu* zu *budō*, siehe Fußnote 12 u.14).

[8] *kata* 型: „Form, Muster, Modell, Typus, Stil" (vgl. Bittmann 1999:59). Siehe Kap. 4.1.2.

[9] *ryū* 流: „Schule, Stil"; z.B. 小林流 Shōrin-Ryū („Schule des kleinen Waldes"); für eine Übersicht über die verschiedenen Schulen (s. Lind 2001:294f; *karate dō*) s. Anhang u. s. Kap. 2 (Okinawa, Japan) u. 3.3 (Deutschland).

sondern vielfältig differenziert ausgeformt. Schon früh gab es auf Okinawa unterschiedliche (konkurrierende) Schulen, und im Zuge der Verbreitung nach Japan und in westliche Länder wurde daraus eine schier unüberschaubare Vielfalt an sich teils in der Technik wie auch den Inhalten stark unterscheidende Ausprägungen. Beispielsweise lehnen die klassischen okinawanischen Systeme den sportlichen Wettkampf ab, während viele in Japan und im Westen gegründete Stile Wettkämpfe betreiben und sich so auch als Sport verbreiten.

Im Zuge der Japanisierung des Zen-Buddhismus und des Karate, vor allem während des japanischen Nationalismus zu Beginn des 20. Jahrhunderts, wurde Karate als Karatedō in den von den Stand des Kriegers (*bushi*/Samurai)[10] geprägten Kanon japanischer Kampfkünste (z.B. *kendō, kyudō, judō, iaidō*)[11] aufgenommen (vgl. dazu Sharf 1993). Diese Einordnung der Kampfkünste von der rein militärischen Kampffertigkeit/-technik und Kriegskunst (*bujutsu*)[12] zu einem durch Buddhismus, Konfuzianismus und Shintō geprägten geistig-religiösen „Weg des Kriegers" (*bushidō*)[13] durch den Weg der Kampfkünste (*budō*)[14] hat wohl ihren Ursprung in der Tokugawa-Zeit (1600-1868) und ihre Ausformung in der Meiji-Zeit (1868-

---

10   *bushi* 武士: „Krieger", auch als Samurai 侍 („Diener" vom Verb *saburau* „Dienen") bezeichnet. *Samurai* war ursprünglich eine höhere Rangbezeichnung innerhalb der *bushi*. Nur ein Krieger ab dem Rang eines Samurai hatte das Recht, Lang- und Kurzschwert (*katana* u. *wakizashi*) zu tragen (*nihonzaschi*: „Zwei-Schwerter-Mann"), während z.B. die niederen Ashigaru („leichtfüßiger Soldat") nur Kurzschwert, Lanze und Bogen führen durften (vgl. Braun 2007:195f).

11   *kendō* 剣道 („Schwert-Weg"), *kyūdō* 弓道 („Weg des Bogenschießens"), *jūdō* 柔道 („Sanfter Weg"), *iaidō* 居合道 („Weg des Schwertziehens"). Ursprünglich militärische Kriegsmethoden: *kenjutsu, kyūjutsu, jūjutsu, iaijutsu* (Analog zur Veränderung *bujutsu* zu *budō*, s. Fußn. 12 u.14).

12   *bujutsu* 武術: "Martial Arts", Kampftechniken - „*bu* [武, SK], ‚military (martial) affairs'; *jutsu* [術, SK], ‚art' [Technik, SK]" (Maliszewski 1987:5732).

13   *bushidō* 武士道: „Weg des Kriegers"; Das Bild im Westen wurde maßgeblich durch Inazo Nitobe geprägt: *Bushidō - The Soul of Japan, an Exploration of Japanese Thought* (1899) (vgl. Baatz 2001:163); s. Kap. 5.2.1.

14   *budō* 武道: „Weg(e) der Kampfkünste" (Bittmann 1999:7); „Martial Ways" (Maliszewski 1987: 5732); „Kampfkunst-Weg"; s. Kap. 5.2.1.

1912).¹⁵ Aufgrund der (idealisierten) Herkunft der Kampfkünste und ihre Nähe zum Zen-Buddhismus spricht man auch von der „Religion der Samurai" (Deshimaru 1979:10) oder von „Samurai-Zen" (Baatz 2001). Der angehängte Begriff *dō* 道 („Weg")¹⁶ verweist dabei auf die Einordnung des Karatedō in die traditionellen japanischen „Weg-Künste"¹⁷ im Geiste des Zen-Buddhismus. Neben den Kampfkünsten, wie z.B. *aikidō, judō, kendō* gibt es auch noch andere Wegkünste, wie z.B. der Weg des Blumensteckens (*ikebanadō*), der Weg der Tuschemalerei (*sumiedō*) oder der Weg der Teezeremonie (*chadō*). In der Interpretation des Zen-Buddhismus werden die Weg-Künste dabei als ein nicht-intellektueller Erfahrungsweg der beständigen Übung zur Vervollkommnung des Geistes, des Charakters und eigentlich des ganzen Menschen betrachtet. Dabei können die einzelnen Weg-Künste auch eine Übung auf dem Weg der Erleuchtung und dem Erwecken der eigenen inneren Buddhanatur sein (s. z.B. Hammitzsch 1957). Beeinflusst wurde dieses „Weg-Bewußtsein" (Bittmann 1999:49) vor allem durch die absichtslosen

---

15   „'Koalition' zwischen Politik und Zen" (Hutter 2001a:212) in der Tokugawa-Zeit und neuer Umgang mit den Kriegskünsten durch die Verdrängung von Schwert und Bogen von den Schlachtfeldern sowie der Umorientierung des Kriegerstandes (*bushi*/Samurai) im Modernisierungsprozess der Meiji-Zeit (populäre, klischeebeladene, idealisiert, wenig historische Darstellung des Vorgangs im Film *Last Samurai*; USA 2003). Damit verbunden ist auch die Neu-Orientierung des Zen-Buddhismus als typisch japanische Religion und der Idealisierung des Kriegerstandes (vgl. Fußn. 13, 62 u. Kap. 5.2.1). Ausführliche Untersuchungen zu Entwicklung u. Inhalt von *budō* u. *bushidō* s. z.B. Blomberg 1994, Draeger/Smith 1969:81ff, Braun 2006: v.a. 294-298. Zu den geistigen Wurzeln im *bunbu ryōdō* 文武両道 („Wege der Literatur und der Kampfkünste", Bittmann 1999:389; „Der gemeinsame Weg von Schwert und Pinsel", Braun 2006) s. Braun 2006 u. Kap. 5.2.1.

16   *dō* 道: „Weg", chin. *dào*. Vielfältig übersetzbar und bedeutungsschwanger (s. Fußn. 19, 20 u. Kap. 5.2.2).

17   *geidō* 芸道: Künste (*gei* 芸) im ostasiatischen Sinne: „all das, was von Wert ist, um Charakter eines Menschen zu entwickeln, sein Selbst einer Vollendung nahezubringen. [...] Der WEG bedeutet für eine Kunst jeweils ihre Tradition, ohne welche sie nicht lebensfähig ist." „Weg zum Selbst" (Hammitzsch 1957:5, 14). In Abgrenzung zum chinesischem Festland: Zusatz *Weg* bei den einzelnen Künsten nicht nötig: „Die Chinesen haben *dō* oder *dào* nicht den Kampfkunstnamen hinzugefügt, weil für sie die geistige Entwicklung immer völlig klar war und auch nicht betont werden muss" (Nöpel 2004:11); siehe 6.2.2 (Rezeption der Weg-Künste in Deutschland).

Kunstvorstellungen[18] und dem „Weg"-Konzept 道 (chin. dào, jap. dō)[19] des Daoismus, der konfuzianischen Interpretation des dào[20] (chin. „Weg") und durch die Erleuchtungsvorstellung (*satori, kenshō*) und Selbstmeisterung durch „spiritual forging" (*seishin tanren*) des Zen-Buddhismus (vgl. Maliszewski 1987, 5732).[21] Generell finden sich im Karatedō und der westlichen Rezeption zahlreiche Einflüsse aus dem Fundus ostasiatischer Religionen, Philosophien, Lehren und Praktiken (s. Kap. 5).

In der westlichen Literatur trifft man sowohl auf die Bezeichnung Karate als auch auf Karatedō, Karate-Dō oder sogar auf Karate-DO, wobei eine unterschiedliche auch visuelle Gewichtung auf dem *dō* („Weg") zu erkennen ist. Die kurze Bezeichnung Karate ist dabei oft der Einfachheit halber vorherrschend. Die unterschiedlichen Schreibweisen gehen dabei entweder wild durcheinander und bezeichnen das gleiche Feld, oder werden in Abgrenzung zueinander benutzt, indem z.B. Sportkarate einfach als Karate und klassisches Karate als Weg-Kunst als Karatedō bezeichnet wird, um durch das Dō den geistig-philosophisch-religiösen Hintergrund und die Bedeutung als Lebensweg eines „Weg zum Selbst" (Hammitzsch 1957:14) zu betonen. Ich benutze in dieser Arbeit die für meine Begriffe neutralere Schreibweise Karatedō ohne besondere visuelle Betonung auf das *dō*, sofern ich nicht ausdrücklich etwas anderes ausdrücken möchte.

---

[18] Ideal einer in der Meisterschaft natürlichen und spontanen Kunst: *wuwei* 無爲: „ohne Tun" (s. Kap. 5.1.2). Zum Thema daoistische Kunst vgl. z.B. Little 2000 u. zur Rezeption des Daoismus in Japan vgl. Musuo 2000.

[19] chin. *dào*, jap. *dō* 道: „Weg". Leitbegriff und Namensgeber des Daoismus, ein grundlegender Begriff des traditionellen chinesischen Denkens (näheres s. Kap. 5.2.2). „Letzte Realität oder Wahrheit" (Figl 2003:563f). Für Keenan (1989) ist der Daoismus die Hauptquelle für die spätere Interpretation des Weges (*dō*) in den *budō*-Künsten. Siehe Kap. 5.1.2 (Daoismus) u. 5.2.2 (*dō*).

[20] *dào* 道: „Schließlich ist *dao* ebenso die Einheit von rechten Prinzipien des Verhaltens (auch im Sinne von Lehre, von ‚Wahrheit' in einem ethischen Sinne) und ihrer konkreten Einhaltung" (Moritz 2002, 182). Siehe Kap. 5.1.1 (Konfuzianismus) u. 5.2.2 (*dō*).

[21] Siehe Kap. 5.1.3 (Buddhismus), 5.2.1 (*budō*), 5.2.2 (*dō*).

2.2 Hauptlinien der historischen Entwicklung des Karatedō

Gerade weil die Darstellungen der Geschichte des Karatedō aufgrund der schwierigen Quellenlage durch fehlende alte Quellen und der oft idealisierenden innerperspektivischen Abhandlungen problematisch ist (vgl. Bittmann 1999:41), sind die verschiedenen Darstellungen der geschichtlichen Entwicklung selbst ein wichtiger Teil und Quell der Rezeption des Karatedō als (religiöser) Weg im Westen. Aus diesem Grund erhebt das folgende Kapitel auch nicht den Anspruch einer erschöpfenden Abhandlung der (tatsächlichen) Geschichte des Karatedō, sondern ist vielmehr, wenn auch eine kritische, Darstellung der in westlichen Büchern über Karatedō rezipierten, manchmal legendenhaften Geschichte des Karatedō. Eine umfassende Darstellung der Geschichte würde zum einen den Rahmen dieser Arbeit sprengen, zum anderen ist es für den Fokus dieser Arbeit eher von Interesse, was für eine Geschichte rezipiert wird. Dabei scheint das Ziel vieler westlicher Darstellungen in der Einordnung des Karatedō in einen Strom asiatischer Lehren vom indischen *yogā* bis zu den Praktiken der buddhistischen Shaolin-Mönche als ein „Weg zur Leere" (Braun 2006:298) und der Abgrenzung zum als degeneriert verstandenen Spross des modernen sportlichen Karate zu liegen. Neben der Darstellung aus Büchern über Karate (v.a. Lind) und der Darstellung von Historikern der Kampfkünste (Draeger, Dolin) verlasse ich mich im asiatischen Teil hauptsächlich auf die fundierte und kritische Arbeit des Japanologen Bittmann (1999).

2.2.1 Die chinesischen Wurzeln – Fragmentarische Einblicke in Legende und Geschichte

Der legendäre Ursprung des Karatedō liegt Überlieferungen zu Folge auf dem chinesischen Festland. Dabei wird Karatedō oft mit den chinesischen Kampfmethoden (*quánfǎ*) gleichgesetzt oder diese werden zumindest als Ursprungsquell des Karatedō gesehen. So schreibt Miyagi Chōjun (1888-1953, Begründer des okinawanischen Gōjūryū-Karate[22]) in dem Manuskript *Allgemeine Darlegungen zum Weg der Chinesischen Hand* [23] (1934):

---

22 Gōjūryū 剛柔流: „Schule des Harten und Weichen"; s. Fußn. 74.
23 *karatedō gaisetsu* 唐手道概説. Miyagi Chōjun benutzt noch das Schriftzeichen 唐 („Tang/China") für die Lesart *kara;* s Fußn. 5

Wenn man nach der Ursprungsquelle [der chinesischen Hand] [Karate 唐手, SK[24]] sucht, liegt diese in der chinesischen Methode der Faust früherer Zeiten. [...] [Zum Beispiel] wird gesagt, dass die chinesische Methode der Faust vor nunmehr fünftausend Jahren im Zeitalter des Gelben Kaisers, der im Stromgebiet des Gelben Flusses eine glanzvolle Kultur erschaffen hatte, bereits im Aufkeimen begriffen war (Übers. Bittmann 1999:151f).

Weiterhin werden zwei Namen eng mit der Legende der Herkunft und Entstehung des Karatedō verknüpft: Shaolin[25] und Bodhidharma[26] (vgl. Lind 1991:7):

Die buddhistischen (evtl. urspr. daoistischen, vgl. Hutter 2001a:211) Mönche des um 477 n. Chr. gegründeten Shaolin-Klosters[27] in China sollen dabei von dem indischen Mönch Bodhidharma (um 470-543)[28], welcher der Legende nach der Überbringer und Gründer (erster Patriarch) des Zen-/Chan-Buddhismus[29] in China sein soll, die Grundlagen der Kampfkunst als Teil der buddhistischen Praxis

---

[24] Siehe Fußn. 23.

[25] *xiàolín* 小林: „Kleiner Wald", Die Schreibweise Shaolin statt *xiàolín* (pinyin-Umschrift) wird im Weiteren wegen ihrer allgemeinen Gebräuchlichkeit zum besseren Verständnis benutzt.

[26] *putídámó* 菩提達摩, jap. *Bodai-Daruma* oder einfach *Daruma*.

[27] *xiàolínsì* 小林寺: „Shaolin-Tempel" – „Tempel (*sì*) des kleinen (*xiào*) Waldes (*lín*)". Der Name soll sich auf die Pflanzung junger Kiefern als Windschutz bei der Gründung des Klosters beziehen.

[28] Historische Person und Lebensdaten umstritten. Kann auch als legendenhaft ausgeschmücktes personifiziertes Bindeglied und Überbringer von Buddhas Lehre von Westen (Indien) nach Osten (China) gesehen werden, was historisch eher durch mehrere Mönche geschehen sein könnte. Legende beruht auf Hagiographien, wie z.B. der Sammlung *Jing De Chuan Deng Lu* („Aufzeichnungen über die Jahre der Jingde und die Übergabe der Lämpchen", 1004). Der Name taucht das erste mal 547 in einem Text von Yang Xuanzhi über buddhistische Klöster auf (vgl. Faure 1987:993ff). Nähere Informationen auch in Dumoulin 1985 u. 1990.

[29] jap. *zen*, chin. *chán* 禅: Von skt. *dhyāna* („Zustand meditativer Versenkung"), chin. als 禅那 (*chán nǎ*) übertragen. „Seine [Bodhidharmas, SK] Meditationspraxis war noch stark der indischen Tradition verpflichtet. Der Zen-Buddhismus entstand aus der Verbindung von Bodhidharmas Meditations-Buddhismus mit dem chinesischem Taoismus [Daoismus, SK]" (Tworuschka 1999, 69). Für eine frühe Auseinandersetzung mit dem Thema s. Dumoulin 1951:67-83. Der Chan-/Zen- Buddhismus im engeren Sinne beginnt erst mit Huineng, dem 6. Patriarch (628-713), vgl. dazu Dumoulin 1985.

erlernt haben. Der Legende nach stellte Bodhidharma fest, dass die körperliche Verfassung der Mönche für die lange andauernde Meditationsübung nicht ausreichte, und daher entwickelte er verschiedene Techniken, um diesen Zustand zu verbessern. Dabei soll er aus verschiedenen Yoga-Übungen und der ostindischen Kampfkunst der Brahmanenkaste *vajramushti*[30] die *18 Hände des Buddha*[31] und verschiedene Atemübungen zur Verbesserung der Ausdauer entwickelt haben, aus denen sich die spätere Shaolin-Kampfkunst entwickelte.[32] Auch die *wu-de*[33], „die Kampftugenden" wie Disziplin, Selbstbeherrschung, Bescheidenheit und Achtung vor dem Leben soll er begründet haben. So gilt das Shaolin-Kloster sowohl als Entstehungsort des Zen-Buddhismus, als auch als Entstehungsort des *shàolínquánfǎ*[34] und des *shàolínneìgōng*[35]. In den folgenden Jahrhunderten soll sich das Shaolin-Kloster als bedeutendes Zentrum des Zen-Buddhismus und der Kampfkunst, die als Teil der buddhistischen Praxis betrieben wurde, entwickelt haben. Während der Ming-Dynastie (1368-1644) soll die Blütezeit des Shaolin-Klosters gewesen sein, und erst durch die angebliche Zerstörung des Klosters durch den Qing Kaiser Kangxi (1654-1722), welcher die Kampfkraft der Mönche fürchtete, soll die Kampfkunst der Shaolin durch

---

30   *vajramushti* (skt. „Donnerkeilfaust"). Form des rituellen Kampfes, um 10. Jh. v. Chr. von der Brahmanenkaste in Ostindien (*jetti*) gegründet. Vermutlich wurde dabei auch ein *vajra* (sanskr. „Donnerkeil") rituell als Waffe benutzt. *vajra* ist dabei auch das wehrfähige Attribut und die Waffe des vedischen Gottes Indra und steht später im Buddhismus für die unzerstörbare Wahrheit, die alle bösen Einflüsse überwindet (vgl. Lind 2001:642; *vajramushti*).

31   *luó hàn shi ba shou* 罗汉十八手 (oft auch *shi ba luo han shou*): Eigentlich „Die 18 Hände des Würdigen/Buddhaschülers (Arhat)". Das „Arhat-Boxen" *luo han quan* 罗汉拳 (Arhat Faust) soll sich ebenfalls daraus ableiten.

32   Historisch plausibler sei die Annahme, dass die Mönche bereits daoistische Atem- und Bewegungsübungen kannten (Hutter 2001a:211).

33   Lind sieht die *wu-de* auch der Ursprung der späteren *dōjōkun*, der Verhaltensregeln im Karatedō. (vgl. Lind 1991, 16); *dōjōkun* „Unterweisungen (*kun*) des Übungsortes des Weges (*dōjō*)"; s. Kap. 4.5.

34   *shàolínquánfǎ* 小林拳法: „Methode/Gesetz der Faust der Shaolin", „Kampfmethode der Shaolin", auch kurz *shàolínquán* 小林拳: „Faust der Shaolin".

35   Die „inneren Übungen der Shaolin", eine Form des *qìgōng*: „Bearbeiten (kultivieren) der vitalen Energie" 氣 (*qì*, jap. *ki*). Beinhaltet Atemtechniken, Gymnastik, Diät und Heilmassage (vgl. Lind 2001:530, *shaolin neigong*; 484f, *qigong*).

fünf überlebende Mönche im Reich verbreitet worden, und schließlich auch bis nach Okinawa gelangt sein (vgl. z.B. Lind 1991:7-22).

Historisch gesehen gab es wahrscheinlich mehrere Shaolin-Klöster in China[36], und weder die Entwicklung der Kampfkünste[37], noch die Entwicklung des Zen-Buddhismus lässt sich auf die Legende von Shaolin und Bodhidharma vereinfachen. Dennoch ist diese Entstehungslegende des Karatedō wegen ihrer Verknüpfung von Kampfkunstlegende und legendären religiösen Gestalten und Entwicklungen interessant, gerade weil sich Karatedō gerne in die Tradition von Zen, Bodhidharma und den kämpfenden Mönchen von Shaolin einordnet. Ein gutes Beispiel für die Rezeption dieser Legende in deutschen Karatekreisen ist das Buch *Die Tradition des Karate* von Werner Lind (1991): Im ersten Kapitel *Ursprung in China – Die kämpfenden Mönche von Shaolin* wird diese Legende fast als historische Tatsache dargestellt: „In China kennt man ein altes Sprichwort, das

---

[36] Neben dem nördlichen Kloster am Berg Shaoshi (*shǎo shì shān* 少室山) im Song-Gebirge (*sōng shān* 嵩山) im Norden der Provinz Henan, welches heute beansprucht, das historische legendäre Kloster von Shaolin zu sein, soll noch ein weiteres südliches Kloster, dessen Ruinen 1990 angeblich in der südchinesischen Provinz Fujian (Fukien) gefunden wurden, existiert haben. Während die Existenz und die zeitliche Einordnung des nördlichen Klosters durch schriftliche Quellen und archäologische Funde bestätigt wurde, gilt die Existenz des südlichen Klosters als stark umstritten. Sicher ist jedoch, dass es in ganz China v.a. während der Ming Zeit (1368-1644) Klöster mit kämpfenden Mönchen und Mönchssoldaten gab (vgl. Filipiak 2001).

[37] „Heute sind mehr als 360 Stile bekannt, die ihren Ursprung im Shaolin-Kloster sehen." (Lind 2001: 530, *Shaolinquan*). In der Literatur findet man oft die Grobeinteilung in die inneren/weichen (*neìjiā*) und äußeren/harten (*waìjiā*) Kampfkünste, welche ab dem 17. Jh. Verwendung findet. Neben verschiedenen Theorien der Einordnung (vgl. Bittmann 1999:153, Fußn. 631 und *waijia* u. *neijia* in Lind 2001) ist die unterschiedliche religiöse Prägung ein Ordnungsfaktor: So wird die Keimzelle der äußeren Stile (*shàolínquánfǎ*) im buddhistisch geprägten Shaolin-Kloster (Provinz Henan) und Bodhidharma und die Keimzelle der inneren Schulen (z.B. *taìjíquán, bāguàquán, xíngyìquán*) bei den daoistischen Einsiedlern und Unsterblichen im Wudang-Gebirge (Provinz Hebei) gesehen. Erwähnenswert ist dabei allerdings, dass die Klassifizierung in äußere und innere Stile zwar in westlicher Literatur gerne aufgegriffen wird, aber in China selbst umstritten ist, da oft keine klaren Grenzen zu ziehen sind („Wie zwei Sterne am gleichen Himmel"). Die Vielfalt der chinesischen Kampfkünste kann hier nicht weiter thematisiert werden. Eine kritische und umfassende wissenschaftliche Darstellung der Entwicklung der chinesischen Kampfkünste findet sich bei dem Sinologen Filipiak (2001).

besagt: ‚Alle Kampfkünste unter der Sonne begannen in Shaolin.' Dies ist natürlich eine große Übertreibung, obwohl sie ein Stückchen Wahrheit enthält" (Lind 1991:19f).[38]

Auch der Name einer der beiden okinawanischen Hauptschulen des Karatedō, Shōrinryū[39] („Schule des kleinen Waldes"), ist eine Anspielung auf das legendäre Shaolin-Kloster („Tempel des kleinen Waldes"). Dennoch können Karatedō und *shàolínquánfǎ* nicht gleichgesetzt werden, wenn auch im Karate chinesische Elemente auch des *shàolínquánfǎ* nicht zu leugnen sind, speist sich Karatedō – je nach Schulrichtung – aus einer Vielzahl von Quellen, und auch das heutige, wie das historische, *shàolínquánfǎ* sind keinesfalls eine einheitliche Schule. Dennoch finden sich viele chinesische Konzepte, Lehren und Praktiken im Karatedō wieder. Neben den primär religiösen Einfluss des Daoismus, Buddhismus und Konfuzianismus sind auch andere Lehren, die wiederum mit den religiösen Lehren verknüpft sind im Karatedō rezipiert worden, wie z.B. die chinesische Kosmologie und die Traditionelle Chinesische Medizin (s. Kap. 4 u. 5).

In China selbst ist die Legende Shaolin besonders seit einschlägiger „Kung Fu"[40] Filme, wie z.B. *Die 36 Kammern der Shaolin* (HK 1978) oder *Shaolin Temple* (HK 1979) mit Jet Li wieder sehr populär und auch gut zu vermarkten. Nachdem im Zuge der Kulturrevolution das Shaolin-Kloster in Henan zwar weitgehend zerstört wurde, und nur noch wenige Mönche abgeschieden in den Bergen lebten, wurde, auch wegen dem wachsenden westlichen Interesse (vgl. Filipiak 2001) in den 1980er Jahren in China und im Westen eine Reihe von Tempeln und Klöstern wieder in Betrieb genommen bzw. neu gegründet, die sich alle auf die Legende Shaolin berufen. Auch der „Haupttempel" in China, das Shaolin-Klosters in Henan, welches

---

[38]   Ein weiteres gutes Beispiel findet sich bei Okazaki/Stricevic in *Modernes Karate*: „Seine Ursprünge [Karate] gehen zurück bis ins 6. Jahrhundert n. Chr., als der buddhistische Mönch Bodhidharma, [...], eine gefährliche Reise von Indien zu dem Shaolin-Tempel im südlichen Zentralchina unternahm, um die Lehren des Zen-Buddhismus zu verbreiten" (1998:11).

[39]   Shōrinryū 小林流: *shōrin* ist die jap. Aussprache von Shaolin (*xiàolín*); s. Fußn. 9, 25 u. 57.

[40]   Die Bezeichnung „Kung Fu" 功夫 (*gōngfu*, „harte Arbeit") als Oberbegriff für chinesische Kampfkünste (s. Fußn. 4) ist im Westen durch die zahlreichen kantonesischen Auswanderer bekannt und durch die zahlreichen Filme populär geworden. In China selbst (außer in Kanton) eher ungebräuchlich (s. Schmidt-Herzog 2003:3, bes. Fußn. 1-3).

heute beansprucht, das historische legendäre Kloster von Shaolin zu sein, wurde 1999 von der chinesischen Regierung nicht zuletzt aus touristischem und folkloristischem Interesse offiziell wiedereröffnet (Hutter 2001a:212), und die religiöse Praxis der Mönche wurde zumindest (auch wegen des Tourismus) wieder geduldet. Bekannt sind die Shaolin-Mönche aus Henan im Westen auch durch ihre mit Musik und akrobatischen Einlagen geschmückten Auftritte und Vorführungen geworden, wobei diese Vorführtruppen eventuell nicht aus Mönchen, sondern aus als Mönche verkleideten Showkämpfer bestehen sollen, die meist in den umliegenden weltlichen Schulen rund um das Shaolin-Kloster ausgebildet würden.[41] Bei diesen Shows wird eine in China sehr populäre Art des modernen *quánfǎ* präsentiert, welches Wert auf schönes Aussehen und öffentliche Vorführungen legt („Theater of Combat", Holcombe 2002), während die „echten" Shaolin-Mönche ein traditionelles *quánfǎ* als Teil der buddhistischen Praxis unter Ausschluss der Öffentlichkeit praktizieren, wo Wert auf die Entwicklung der inneren Kraft *qi* gelegt wird, und Meditation, Heilkunde und bildende Künste (z.B. Kalligraphie) wichtige Faktoren darstellen.

Auch in Japan gibt es monastische Institutionen, die sich auf die Legende der Shaolin berufen (Shōrinji Kempō[42]). Ebenso gibt es in Deutschland neben mehreren weltlichen „Shaolin-Zentren" (z.B. Berlin, Bielefeld, Velbert-Langenberg), in denen Laien in die Kampfkunst im Stil der Shaolin unterrichtet werden, auch zwei monastische Shaolin-Tempel, die sich in der buddhistischen Tradition des Songshan Shaolin-Klosters in Henan sehen. Das ist zum einen der vom Muttertempel in China offiziell legitimierte Shaolin-Tempel in Berlin, gegründet 2004 von dem Großmeister Shi Yong Chuan aus dem Shaolin-Kloster in China, und zum anderen der von

---

[41] „Kung Fu Valley": In der Umgebung des Hauptklosters in Henan gibt es eine Vielzahl von Kampf-kunstschulen, in denen über 15.000 Menschen in der Shaolin-Kampfkunst ausgebildet werden. Auch einige Ausländer sind unter ihnen; s. http://shaolin-wushu.de/main_fr.htm?training.htm (15.09.2007).

[42] „Neben der Kampfkunst studieren die Übenden auch den Zen-Buddhismus. Mit dem Rang eines Ausbilders in der Kampfkunst werden die Übenden gleichzeitig zu buddhistischen Priestern ernannt" (Lind 2001:554; *Shōrinji Kempō*).

einem deutschen Abt nach chinesischem Vorbild gegründete Shaolin-Tempel in Kaiserslautern.[43]

All diese unterschiedlichen Institutionen – in China wie auch im Westen – haben gemeinsam, dass sie sich als Schule des Chan-/Zen-Buddhismus verstehen, und die Kampfkunst als Teil der buddhistischen Lehre und Praxis verstanden wird.

2.2.2 Aspekte der Verbreitung und des Wandels von Karatedō in Ostasien

2.2.2.1 Okinawa

Der genaue historische Vorgang der Synthese von chinesischen Kampfmethoden und einheimischen okinawanischen Systemen aus denen dann das spätere Karatedō entsteht, ist aufgrund fehlender alter Quellen[44] schwierig zu fassen, aber es existieren einige Theorien: Schon der oben zitierte Gründer des Gōjūryū-Karate Miyagi Chōjun (1888-1953) unterscheidet in dem Manuskript *Allgemeine Darlegungen zum Weg der Chinesischen Hand*[45] (1939, Übers. Bittmann 1999:150ff) drei Theorien:

Die erste Theorie besagt, dass sechsunddreißig Familien aus der chinesischen Provinz Fujian (Fukien) im Jahre 1392 nach Okinawa übergesiedelt seien, und diese das chinesische *quánfǎ* („Methode der Faust") mitbrachten (vgl. Bittmann 1999:155).

Die zweite Theorie basiert auf einer quasi historischen Aufzeichnung mit dem Titel *Aufzeichnungen der Großen Insel* und besagt, dass im Jahre 1762 ein Ruderschiff aus Okinawa auf dem Weg nach Satsuma in einen Sturm geriet, an der chinesischen Küste strandete, und einen Meister der Methode der Faust mitbrachte: „,KŌSHAN-

---

[43] Shaolin Tempel Deutschland e.V. (Berlin): http://www.shaolin-Tempel.eu (22.08.2007). Kaiserslautern: http://www.shaolintempel.de (22.08.2007).

[44] Nicht zuletzt wurden viele Dokumente während der Schlacht um Okinawa 1945 durch die Vernichtung des Hofarchivs des ehemaligen Königreichs Ryūkyū vernichtet (vgl. Bittmann 1999:42 und Kerr 1958, xiv, Bittmann Fußn. 187). Weiterhin sind viele japanische Quellen aus den Anfängen des 20. Jh. von Idealisierung und japanischem Nationalismus (Karate als japanisches Nationalgut) geprägt, in denen die chinesische Herkunft abgelehnt bzw. verschwiegen oder abgeschwächt wird.

[45] Siehe Fußn. 23 und zur Bezeichnung „chinesische Hand" siehe Kap. 2.1.

KIN[46], ein Gewandter in der Methode der Faust kam mit mehreren seiner Schüler aus China herüber'" (Übers. Bittmann 1999:155).

Die dritte Theorie besagt, dass sich auf Okinawa bereits eigene Methoden des Kampfes (evtl. vorher von chinesischen Methoden beeinflusst) entwickelt hatten, und diese erst durch die Unterdrückung und dem Verbot des Waffenbesitzes zur Zeit der Besetzung durch den japanischen Satsuma-Clan im 17. Jahrhundert weiterentwickelt hätten (vgl. Bittmann 1999:156).[47]

In den meisten Büchern über die Geschichte des Karate findet man Aspekte dieser drei Theorien wieder. Wahrscheinlich ist dabei ein Zusammenspiel vieler Faktoren über viele Jahrhunderte hinweg:

Der in der ersten und zweiten Theorie durchscheinende Import chinesischer Kampfmethoden bzw. die Beeinflussung okinawanischer einheimischer Kampfmethoden könnte zumindest durch den intensiven Kontakt in Form von Handelsbeziehungen, Austausch von Gelehrten und Gesandten zwischen Okinawa und dem chinesischen Festland (v.a. Fujian) ermöglicht worden sein.[48] So ist belegt, dass der Herrscher eines von drei Machtgebieten (*chūzan*) des Königreichs Ryūkyū (Hauptinsel Okinawa) namens Satto (1321-1396) 1372 die chinesische Oberherrschaft anerkannt hat, was für einen regen Handel und Kulturaustausch auch vor und nach dieser Zeit spricht (Bittmann 1999:41,Fußn.184). Auch scheint es üblich gewesen zu sein, dass betuchte Okinawaner, meist aus der Adelsschicht regelrechte jahrelange Bildungsreisen auf das chinesische Festland unternahmen (Dolin 1999:338, Lind 1997:20,23-25). Ein weiterer praktischer Faktor der Entstehung bzw. Entwicklung einer effektiven[49] primär waffenlosen Kampfmethode ist in der dritten

---

[46] Kōshankin 公相君 oder Kūshankū/Kūsankū, chin. Kong-xiang-jun. Eine okinawanische *kata* trägt den Namen Kūsankū Kata (japanisiert durch Funakoshi, s. 2.2.2.2: *kankū*).

[47] Zur Bezeichnung der Kampfmethode zu der Zeit s. Fußn. 3.

[48] Eine Beeinflussung durch weitere Kampfsysteme, welche teilweise wiederum auch chinesisch beein-flusst worden sind, kann auch durch die Handelsbeziehungen mit Korea, Japan und dem südost-asiatischen Raum nicht ausgeschlossen werden (vgl. Bittmann 1999:41).

[49] *ikken hissatsu*: „Mit einem Schlag den Tod". Für die Selbstverteidigung und Wehrnotwendigkeit der Zeit gültige Maxime des Karate. Gegen gerüstete, gut ausgebildete und bewaffnete Samurai wurde dieses Prinzip wohl als einzige, wenn auch geringe Chance angesehen. Zu diesem Zweck sollen auch spezielle Techniken entwickelt worden sein, um Rüstungen zu durchschlagen (vgl. Dolin, 1999:339).

Theorie angesprochen: Dem Waffenverbot auf Okinawa bzw. dem Königreich Ryūkyū. Historisch gesichert gab es zwei Phasen der Waffenverbote auf Okinawa (Bittmann 1999:42): Zuerst während der Regierungszeit des Herrschers Shō Shin (1477-1526) und zur Zeit der Besetzung durch den japanischen Satsuma-Clan ab 1609. Beide Waffenverbote dienten dem Erhalt der Herrschaft und waren ein Instrument zur Unterdrückung der Bevölkerung und zur Kontrolle der okinawanischen Adligen[50]. Durch das Waffenverbot konnten sich einfache Leute und Adlige nur mit bloßen Händen und Füßen und mit improvisierten Waffen (*kobudō*) gegen Übergriffe der Samurai des Satsuma-Clans oder einfacher Banditen zur Wehr setzen[51]. Weiterhin könnte das Waffenverbot, was nach verschiedenen Darstellungen auch das Ausüben von waffenlosen Kampfkünsten mit einschloss (vgl. Draeger 1969:58), und die japanische Okkupation auch zum Teil die Geheimhaltung der Kampfmethoden bis zum Beginn des 20. Jahrhundert, erklären. Um zu verhindern, dass Außenstehende Einblick in die Kampfmethoden erhalten konnten, gab es so gut wie keine schriftlichen Aufzeichnungen, und die Weitergabe von Wissen und Techniken lief normalerweise nur direkt vom Lehrer zum ausgewählten Schüler.[52] Diese Weitergabe erfolgte primär durch verschlüsseltes Wissen in Form der *kata*[53],

---

[50] Gesellschaftsstruktur Königreich Ryūkyū (ca. 1477-1879): Hochadel (*kizoku*), Privilegierte (*shizoku*), einfaches Volk (*heimin*); ausführliche Informationen s. Bittmann 1999:96, Fußn. 447.

[51] In der Frage, ob primär Bauern und Fischer oder auch Adlige die waffenlosen Kampfmethoden lernten gibt es gespaltene Ansichten: „Keine unserer vielen Recherchen kann zum Beispiel die vielzitierte Theorie bestätigen, dass das okinawanische Karate von Bauern begründet und organisiert gegen die Satsuma-Samurai verwendet wurde. Vielmehr möchten wir die Existenz der alten okinawanischen Selbstverteidigung (Te) an der Tradition der Shizoku-Klasse (Adel) festmachen. [...] Als man 1724 den Shizoku aus Shuri erlaubte, die Hauptstadt zu verlassen, zogen viele in entlegene Gebiete und betrieben Landwirtschaft. Ihre Bräuche und ihre Kampfkünste nahmen sie mit, doch es ist nicht anzunehmen, dass ein Shizoku seinen versklavten Bauern Kampftechniken des Te beibrachte." (Lind 1997a:14). Gerade im Bezug auf die Handhabung einfacher Bauerngeräte als Waffe (*kobudō*) findet sich in der Literatur oft die Ansicht, dass diese Kampfkunst von Bauern und Fischern entwickelt bzw. angewendet wurde (z.B. Dolin 1999:343).

[52] Für ein chronologisches Verzeichnis früher Lehrschriften des Karatedō von 1877 bis 1938 s. Bittmann 1999:314ff.

[53] *kata* 型: „Form, Muster, Modell, Typus, Stil" (vgl. Bittmann 1999, 59). Siehe Kap. 4.1.2.

einem stilisierten, choreographisch ausgefeilten Ablauf von Bewegungen, der einen Kampf gegen imaginäre Gegner darstellt, welcher aber ohne intensives *kata*-Studium und Anleitung durch einen erfahrenen Meister nicht ohne weiteres dechiffriert – in wirkliche Kampfmethoden umgesetzt – werden kann (vgl. Habersetzer 2005:34). Noch bis heute kann man auch in den *kata* Elemente des traditionellen Stammestanzes (*odori*) wiederfinden, wie z.B. dem strengen Schrittdiagramm (*enbusen*) (Bittmann 1999:148,167f). Die Weitergabe in Form von *kata* war sicherlich neben Gründen der Geheimhaltung auch aufgrund der oft fehlenden Schreibkunst in der Bevölkerung angebracht. Dennoch gab es chinesische schriftliche Quellen über chinesische Kampfkünste, chinesische Medizin und Vitalpunktlehre wie z.B. dem *Bubishi*[54], welches in verschiedenen Formen unter den okinawanischen Meistern bekannt war (s. Bittmann 1999:108; Fußn. 502).

Des weiteren entwickelten sich auf Okinawa in den unterschiedlichen Städten schon früh verschiedene Schulrichtungen, welche unterschiedlichen Einfluss von unterschiedlichen chinesischen Kampfsystemen erkennen ließen.[55] Durch die Konzentration des Adels in der Hauptstadt des Ryūkyū-Königreichs Shuri (heute Stadtteil von Naha, der heutigen Hauptstadt) war dies lange Zeit ein Zentrum des Tōde/Karate. Aber auch um die Hauptstadt herum in den Hafenstädten und Handelszentren Naha und in Tomari entwickelten sich unterschiedliche Schulen. Nach ihrer Herkunft wurden die Schulrichtungen auch Shuri-Te, Naha-Te und Tomari-Te genannt.[56] Shuri-Te und Tomari-Te, gelten auch als Vorläufer des Shōrinryū[57], eine Art bis heute gebrauchter Oberbegriff für die

---

[54] „Aufzeichnungen über die Vorbereitung zum Kampf" – Es existieren zwei verschiedene Bücher mit dem Titel: 1. Ein monumentales Werk von Mao Yuan-Yi (1621, späte Ming Dynastie), 2. Ein kleines Buch, welches in verschiedenen Ausführungen unter okinawanischen Meistern bekannt war mit Informationen und Anleitungen zum Kampfstil des „Weißen Kranichs" (*baihequán*) aus der chinesischen Provinz Fujian (vgl. Habersetzer 2004:21f). Das Bubishi wird im Westen auch oft als „Die Bibel des Karate" (McCarthy 1995) bezeichnet.

[55] z.B. dem Weißen Kranich Stil (*baihequán*), dem Arhat-Boxen (*luohanquán*), dem *shàolínquánfǎ*, dem *taìjíquán, bāguàquán, xíngyìquán* u.a. (s. Lind 2001, *Shōrei ryū* u. *Shōrin ryū*).

[56] te 手: „Hand", z.B. Shuri-Te „Hand aus Shuri"; s. Kap. 2.1, bes. Fußn. 3.

[57] Shōrinryū 小林流: („Schule des jungen Waldes"). Oberbegriff für die okinawanischen Kampfsysteme mit primär erkennbaren Einflüssen aus den äußeren Stilen des chin. *quánfǎ* (vgl. Fußn. 37).

Schulen aus Shuri und Tomari. Die Schulen aus Naha-Te fasst man unter dem Oberbegriff Shōreiryū[58] zusammen.[59]

Nachdem Okinawa während der Meiji-Restauration (1868-1912), einer Zeit voller gesellschaftlicher und politischer Umbrüche, im Jahre 1879 offiziell zu einer japanischen Präfektur erklärt wurde, erfuhr das Karate, welches vormals im Geheimen auf Okinawa betrieben und von den Meistern nur an auserwählte Schüler weitergegeben wurde, eine weitgehende Öffnung und Veränderung. Bekannte Reformer des Karate waren vor allem Itosu „Anko" Yasutsune (1830-1915) und Gichin Funakoshi (1868-1957). Itosu wurde von der Lokalregierung, welche vorher bei der Musterung junger Männer für den Militärdienst auf die gute körperliche Verfassung von Karate-Schülern aufmerksam wurde, beauftragt, einen Karate-Lehrplan für Schulen zu erstellen, woraufhin er einige grundlegende Kata primär zur Leibesertüchtigung (*pinan kata*) zusammenstellte, woraufhin Karate 1902 offiziell Schulsport auf Okinawa wurde (Lind 1991:93f, Funakoshi 1993:59). Durch diese einschneidende Entwicklung gab es nicht nur Karate als eine Übung zur Selbstverteidigung, sondern auch als eine Art der Leibesertüchtigung, wenn auch in einer beschnittenen, gezähmten Form. Gichin Funakoshi, Sohn eines okinawanischen Privilegierten schreibt in seinem autobiographischen Buch *Karate-dō – Mein Weg*, wie er noch nachts im Hinterhof seines Meisters im Geheimen Karate geübt hat (Funakoshi 1993:21,46,59). Darum war es etwas Neues und vorher Undenkbares, als er in den Jahren 1906-1915 Initiator von öffentlichen Karate-Vorführungen auf Okinawa war (Funakoshi 1993:59ff). Den Weg nach Japan ebnete seine Vorführung 1916 in Kyōtō. Anlässlich eines Besuchs des Thronfolgers 1921 auf Okinawa wurde Funakoshi als Repräsentant Okinawas zu der vom japanischen Kultusministerium organisierten „ersten Ausstellung der Leibeserziehungen"[60] eingeladen, um dort 1922 sein Karate zu demonstrieren. Aufgrund des großen Erfolges dieser Demonstration und dem Interesse des Begründers des modernen *judō*, Jigorō Kanō (1860-1938), wurde Karate

---

[58] Shōreiryū 昭霊流: „Schule der leuchtenden Seele/Inspiration". Oberbegriff für die okinawanischen Kampfsysteme mit primär erkennbaren Einflüssen aus den inneren Stilen des chin. *quánfǎ* (vgl. Fußn. 37).

[59] Shōrinryū u. Shōreiryū v.a. zu Beginn des 20. Jh. durch Itosu und Funakoshi benutzt, um zwei Hauptrichtungen des Karatedō zu kennzeichnen; bis heute gebräuchlich (vgl. Bittmann 1999, 163).

[60] *Daiikai Taiiku Tenrankai* 第一回体育展覧会 (vgl. Bittmann 1999:99).

in ganz Japan bekannt, wo Funakoshi 1924 sein erstes *dōjō*[61] gründete. So war Karate auf dem besten Weg, Teil der japanischen „nationalen Künste" und eine Wettkampfsportart zu werden.

2.2.2.2   Japan

Durch den neu orientierten Zen-Buddhismus und die, durch den japanischen Nationalismus und Modernisierungsprozess der Meiji-Zeit (1868-1912) geprägte, Selbstdarstellung als „typisch japanische Religion"[62] (s. Kap. 6.2.2) etablierte sich Karatedō in den 1920er und 1930er schnell als Teil der nationalen Kampfkünste (*budō*) im Geiste der Samurai, dem „Weg des Kriegers" *bushidō* (s. Kap. 5.2.1 u. vgl. Sharf 1993), und wurde wie bereits *judō*, *kyūdō* und *kendō* zuvor als Zen-Weg Teil des japanischen Nationalguts und somit auch Teil der sportlichen Ertüchtigung und Charakterbildung an Schulen und Universitäten, welche nicht zuletzt auch der Vorbereitung für das Militär dienten.[63] Im Zuge der Vereinheitlichung und Japanisierung

---

61   *dōjō* 道場: „Übungsort des Weges". Ursprünglich die Bezeichnung für einen Ort der Meditation im Buddhismus. Im Zen-Buddhismus (*zendō* 禅道: „Zen-Weg") auch als *zendō* 禅堂 (Übungsort des Zen) bezeichnet; s. Kap. 4.4.

62   Die Image-Kampagne und Selbstdarstellung des Zen als „typisch japanische" Religion ist ein Produkt des Modernisierungsprozesses mit westlichen Elementen und Denkmustern (Kyotō-Schule, Nishida Kitaro, D.T. Suzuki, Inazo Nitobe). Im Zuge der Modernisierung der Meiji-Zeit (1868-1912) galt der Buddhismus als Bestandteil des alten Feudalsystems als abergläubisch, rückständisch, ausländisch, unjapanisch, korrupt und Modernisierungsfeindlich (vgl. Victoria 1999:20-31). Der „neue Buddhismus" (Scharf 1993) wurde durch Aufklärung, Antiklerikalismus, Rationalismus, Empirismus, Pragmatismus und dem deutschen Idealismus beeinflusst und zu einem Buddhismus stilisiert, der ohne Dogmen auskomme, der die persönliche Erfahrung ins Zentrum rücke, und der in Japan in reinster Form überliefert sei. Die ritterlichen Tugenden und spirituellen Einsichten der Samurai, als Träger der Japanischen Kultur und des Zen-Buddhismus stilisiert, wurden idealisiert und zu einem guten Nährboden für Militarismus und Nationalismus; Zen-Buddhismus, Nationaler-Shinto, Nationalismus, Militarismus verbindet sich mit der Idealfigur Samurai im Japan als Militär und Industriemacht in der ersten Hälfte des 20. Jh bis zum Ende des 2. WK (vgl. Baatz 2001:160-163). Zur Rolle des Zen-Buddhismus im Krieg siehe Victoria 1999/2004.

63   *kendō* 剣道 („Schwert-Weg"), *kyūdō* 弓道 („Weg des Bogenschießens"), *jūdō* 柔道 („Sanfter Weg") aus den kriegerischen Künsten jūjutsu, kyūjutsu, kenjutsu gemäß des budō (s. Kap. 5.2.1) entwickelt. Zu der Rolle der Kampfkünste im Geiste des Zen im 2. Weltkrieg s. Victoria 1999 u.

wurden auch die (militärischen) Lehrmethoden für größere Gruppen angepasst, und das Graduierungssystem mit farbigen Gürteln (*obi*) und den einheitlichen weißen Anzügen (*gi*) aus dem *jūdō* übernommen.[64] Für eine Vereinheitlichung der traditionellen Etikette (*reishiki*) verfasste Funakoshi die *dōjōkun*[65] und die 20 Leitsätze des Karate[66], welche in *dōjōs* bis heute oft zitiert werden (s. Kap. 4.4-4.6).

Auch die, vor allem aus Gründen des japanischen Nationalismus und der möglichen Assoziation mit dem Konzept der „Leere" (*sunyata*) des Zen-Buddhismus, erwogene Veränderung der Schriftzeichen von 唐手 (*karate/tōde*, „chinesische Hand") zu 空手 (*karate*, „leere Hand") und die Einordnung in die „Weg-Künste" zu *karatedō* 空手道 („Weg der Leeren Hand") fällt in diese Zeit (s. Kap. 2.1). Bereits in den 1920er Jahren begann Funakoshi die Bezeichnung „chinesische Hand" mit „leere Hand" zu ersetzen (Bittmann 1999:46,101,127ff).[67] Auch die Namen vieler *kata* wurden durch Funakoshi verändert und japanisiert (Änderungstabelle s. Bittmann 1999:101). Während sich in Japan die Schreibweise *karatedō* 空手道 („Weg der Leeren Hand") schnell durchsetzte, blieben viele okinawanische Meister noch lange bei der Schreibweise *karate/tōde* 唐手 („chinesische Hand") oder auch *karatedō* 唐手道 („Weg der chinesischen Hand")[68], denn der Zusatz *dō* 道 („Weg") wurde wegen der geistig-religiösen Konnotation durchaus gerne benutzt.

	2004. Die Zuordnung zum Zen ist z.B. beim Bogenschießen umstritten (s. Fußn 62 u. zum *kyūdō* und Zen: Yamada 2001).
64	1924 durch Funakoshi (vgl. Bittmann 1999:99f). Zum Graduierungssystem s. Kap. 4.3.
65	*dōjōkun* 道場訓: „Unterweisungen (*kun*) des Übungsortes des Weges (*dōjō*)"; Funakoshis *dōjōkun* baut auf frühere Entwürfe auf (s. Albrecht 2004:21-32).
66	„Die zwanzig Paragraphen" z.B. in Lind 1991, 104-106, Schönberger 1992:276-278, Funakoshi (Übers. Keller) 2007, Bittmann 1999:129-150.
67	Vgl. *Von der ‚chinesischen' zur ‚leeren Hand'* (Funakoshi 1993:50ff). „Zum einen wurde mit der Über-nahme von Zen-buddhistischem Gedankengut in seine Interpretation, wie sie sich zum Beispiel im Konzept ‚Sein, das ist Leere; Leere das ist Sein' ausdrückt, auch auf das Vorhandensein philosophischer Gesichtspunkte hingewiesen" (Bittmann 1999:127). Die erste schriftliche Erwähnung von Karate als „Leere Hand" bereits 1905 von Hanashiro Chōmō (Bittmann 1999:45)
68	z.B. *karatedō gaisetsu* 唐手道概説: *Allgemeine Darlegungen zum Weg der Chinesischen Hand*, Miyagi Chōjun, 1934.

Neben Funakoshis Bemühungen, Karatedō in Japan bekannt zu machen und an die japanischen Bedürfnisse anzupassen, gab es auch Bestrebungen okinawanisches Karatedō unverändert nach Japan zu exportieren, z.B. durch Chitōse Tsuyoshi. In Japan setzte sich aber schnell Funakoshis Konzept der Integration in die bestehenden japanischen Konzepte durch.

Die Veränderungen, die Karate in Japan erfuhr waren dabei auch maßgeblich durch Druck des 1895 von der Regierung gegründeten Butokukai („Halle der Kriegstugenden")[69] verbunden. Das Butokukai wurde gegründet, um die verschiedenen japanischen Kampfsysteme zu vereinheitlichen und zu kontrollieren (z.b. durch Ausstellung von Lehrerlizenzen und Rangbescheinigungen). Da das Butokukai keine okinawanisch-chinesischen Kampfkünste (wie Karate) akzeptierte, aber an der Japanisierung des Karate sehr interessiert war, kam es zu schweren Auflagen, wie der Veränderung des Schriftzeichens *kara* und vieler Namen (z.B. Kata, Stände etc.) und zur Übernahme des Rangsystems etc. Diese Japanisierung des Karate ging sogar soweit, Japan als das Mutterland des Karate zu bezeichnen, von dem aus Karate nach Okinawa gelangt sei, was zu einem großen Aufschrei unter okinawanischen Meistern führte. Das Butokukai wurde 1941 direkt dem Regierungsministerium für Erziehung, Krieg, Marine, Wohlfahrt und nationale Angelegenheiten unterstellt, da die Kampfkünste in die Erziehung und Ausbildung des Militärs miteinbezogen wurden (vgl. Lind 2001:97; *Butokukai*).

In Japan entstanden ab den 1930er Jahren viele neue Stilrichtungen, deren Wurzeln zwar je nach Stil mehr oder weniger nach Okinawa reichen, welche aber den klassischen okinawanischen Weg größtenteils ablehnten, was teils zu großen Zerwürfnissen zwischen den okinawanischen Meistern und den japanischen Schulen führte (vgl. Lind 2001:295; *karate dō*). Die größte Veränderung, welche die klassischen okinawanischen Schulen bis heute entschieden ablehnen ist der sportliche Wettkampf (s. Nagamine 1998:27ff). Auch Funakoshi lehnte den Wettkampf als Verflachung der Weg-Kunst in

---

[69] Vollständiger Name: Dai Nippon Butokukai („Große japanische Halle der Kriegstugenden"). Beruft sich auf die angeblich älteste Übungsstätte in Japan, dem von Kaiser (*tennō*) Kammu 792 gegründeten Butokuden („Halle der Kriegstugenden") in Kyōtō als Trainingshalle für die aufkommende Kriegerkaste *kondei* (später *bushi*/Samurai) (vgl. Lind 2001:97;*Butokuden, Butokukai*).

Form einer Selbstverbesserung zu einem inhaltlosen Wettkampfsport entschieden ab.[70]

Die wichtigsten japanischen Stilrichtungen, welche auch als einzige vom Butokukai anerkannt waren, sind Shōtōkanryū[71], Shitōryū[72], Wadōryū[73] und Gōjūryū[74], aus denen sich die meisten der neueren Stile ableiten. In der Aufzählung in Linds Kampfkunstlexikon tauchen so auch mehr als 100 unterschiedliche Stile auf (vgl. Lind 2001:294; *karate dō*). Eine Grobübersicht über die wichtigsten Stile und Linien befindet sich im Anhang dieser Arbeit (9.3).

Neben dieser schnellen Reform und Öffnung des Karate, gab es auf Okinawa auch skeptische Stimmen und Schulrichtungen, die sich dieser frühen Öffnung weitestgehend zu entziehen versuchten, um der alten Tradition des Karate zu folgen. Aber der Wandel und die Verbreitung aufgrund des großen Enthusiasmus nationaler Einheit und Größe in Japan war nicht mehr aufzuhalten. Auch wenn auf Okinawa bis heute die traditionellen Stile (*koryū uchinadi*) weitgehend erhalten und weitergeführt werden, konnten sie sich dem japanischen Einfluss doch nicht in Gänze entziehen, und einige der Veränderungen, die Karate in Japan erfuhr, wurden auch in den klassischen okinawanischen Systemen umgesetzt, wie die Schreib-

---

[70] Vgl. *Funakoshis Verhältnis zum Jiyū-Kumite* (Lind 2001:171). Der 12. Paragraph der leeren Hand von Funakoshi: „Denke nicht an das Siegen; notwendig ist, nicht an das Verlieren zu denken" (Übers. Bittmann 1999:141). Dazu das Kommentar von Takagi Masamoto 1988 u. 1993: „Wenn [er] zum Sport wird, dringt unvermeidlich der Aspekt von Sieg und Niederlage extrem an die Oberfläche, und das Verblassen der wesentlichen Eigenschaften des Weges der Kampfkünste [Budo, SK] wird Sorge bereiten" (Übers. Bittmann 1999:141).

[71] Shōtōkanryū 松濤館流: „Haus der Kiefernwoge". Geht auf das 1924 von Funakoshi Gichin gegründeten Shōtōkan Dōjō zurück. Vorherrschend durch okin. Shōrinryū beeinflusst.

[72] Shitōryū 糸東流: „Schule der Ito[su] und Higa[onna]" (Bittmann 1999:113, Fußn. 527), 1934 von Mabuni Kenwa gegründet. Enthält Elemente aus dem okin. Shōreiryū u. Shōrinryū.

[73] Wadōryū 和道流: „Schule des Weges der Harmonie". 1934 von Ōtsuka Hironori gegründet. Vorherrschend durch okin. *Shōrinryū* beeinflusst.

[74] Gōjūryū 剛柔流: „Schule des Harten und Weichen". Ursprünglich von Miyagi Chōjun gegründeter okinawanischer Stil mit Ursprung im Naha-Te (Shōreiryū), der sich durch zahlreiche Einflüsse in Japan (Aufnahme von Shintō-Prinzipien v.a. durch Yamaguchi Gōgen, vgl. Kap. 5.1.4) anders entwickelte, und daher vom okinawanischen Stil gleichen Namens zu unterscheiden ist.

weise, die einheitliche Kleidung, die Zuordnung zum Zen, der militärische Lehrstil für große Schülerzahlen und das Graduierungssystem mit farbigen Gürteln.

Nach dem zweiten Weltkrieg während der Besetzung Japans durch die USA wurde Karate (durch Funakoshis Beziehungen zum Außenministerium) als Leibeserziehung und nicht als Kriegskunst eingestuft und durfte daher auch weiterhin geübt werden. In einer anderen Darstellung wurde Karatedō weitergeübt, weil es in Japan im Gegensatz zu Okinawa noch kaum bekannt war, es kaum *dōjō* gab, und Karatedō daher nicht auf der von US-General McArthur Liste verbotener Kampfkünste auftauchte. Das sei auch der Grund gewesen, warum viele Anhänger anderer japanischer Kampfkünste nach dem Krieg zum Karatedō kamen (vgl. Nöpel in Markowetz/Schlosser-Nathusius 2004:13). Das Butokukai hingegen als Kontrollorgan der Regierung wurde 1945 von den Alliierten verboten.

Ab den 1950ern haben sich die japanischen Stile organisiert, als Sport verbreitet und zu Weltverbänden zusammengeschlossen, von denen die auf Funakoshis Shōtōkan („Haus des Shōtō") zurückgehende JKA (*Japan Karate Association*) die Bekannteste ist. In der Darstellung von Lind wurde die JKA mit der Absicht gegründet, Karate weltweit als Wettkampfsportart bekannt zu machen, und diese Weltbühne dann zu dominieren, weshalb wohl auch der englische Name gewählt wurde (Lind 2001:264; *JKA*).[75] Laut Lind kam es in Japan selbst dadurch schon früh zum Bruch innerhalb der Schulen, besonders des Shōtōkan selbst, indem die eine Richtung den klassischen Weg Funakoshis und die andere Richtung den Weg des Wettkampfkarate des Nakayama Masatoshi, dem Gründer der JKA und Funakoshis Schüler, folgen wollten. Nach dem Tod von Funakoshi 1957 veranstaltete Nakayama Masatoshi als Initiator der Ver-

---

[75] Bei dieser regelrechten Missionswelle japanischer Kultur durch die Kampfkünste im Westen nach dem zweiten Weltkrieg könnten die Kampfkünste wie z.B. das Karate auch als Instrument zur Demonstration japanischer Überlegenheit und Einzigartigkeit der japanischen Kultur gesehen werden, um das angeknackste japanische Selbstbewusstsein nach der schmerzlichen Niederlage im zweiten Weltkrieg aufzubauen (vgl. Dolin 1999:371). So gesehen eine Weiterführung der Imagekampagne des Zen-Buddhismus als typisch japanische Religion (vgl. Fußn. 62): „In the postwar era of Japan, we are in a wave of kokusaika or internationalization. The people of the world are more interested in knowing the traditional culture of Japan, which has been the fundamental basis of Japanese economic growth" (Nagamine 1996).

änderung des Karatedō zum Wettkampfsport, die erste japanische Karate-Meisterschaft mit den Disziplinen Kata (technische Perfektion) und *jiyū-kumite* (Freikampf) und verhalf damit dem Sportkarate, welches von Funakoshi selbst zeitlebens abgelehnt wurde, in Japan zu einer großen Bekanntheit (Lind 2001:264; *JKA*; 434; *Nakayama*). Durch die sportlichen Erfolge der JKA Karateka wurde das Wettkampfkarate in der Welt bekannt und das Bild von Karate im Westen, besonders in Europa, maßgeblich geprägt.

Neben dem sich in Japan schnell etablierenden Wettkampfkarate, gibt es auch viele japanische Stilrichtungen, die für sich beanspruchen klassische Inhalte zu vertreten, indem sie sich vom reinen Sportkarate abgrenzen und damit wieder näher an die klassischen okinawanischen Stile rücken, mit denen dann auch oft Anknüpfungspunkte gesucht werden. Im Westen, vor allem im Shōtōkan-Stil wird der Karate-Reformer Funakoshi, der selbst als ein Gegner des Wettkampfkarate gesehen wird, als eine Leitfigur und geistiger Vater des modernen klassischen Karatedō betrachtet (z.B. bei Lind 1991:91-110).

2.2.3 Der Weg nach Westen

2.2.3.1   USA und Hawaii

In die USA kam Karatedō über mindestens drei Wege, nämlich über Hawaii, über die auf Okinawa und Japan stationierten US-Soldaten nach dem Zweiten Weltkrieg und durch regelrechte Missions- und Auswanderungswellen von Japanern in die USA. Bereits um 1900 gab es eine große Auswanderungswelle von Okinawa nach Hawaii, welches 1898 von den USA annektiert wurde, und es gab auf Hawaii viele klassisch okinawanische Karate-Richtungen. Des weiteren gab es im Zuge der Karate-Vorführungen in Japan 1920 auch eine Vorführreihe in mehreren Städten der Ostküste der USA.

Als Karatepionier betrachtet man in den USA Robert Trias (1922-1990), welcher 1946 in Phoenix (Arizona) das erste amerikanische *dōjō* gründete (Schönberger 1992:432). Neben vielen klassischen okinawanischen Schulrichtungen etablierte sich Karatedō in den 1950ern und 1960ern in den USA erfolgreich als Wettkampfsportart. Schnell etablierten sich im sog. (Voll-)Kontakt-Karate Wettkämpfe und Meisterschaften und sogar sogenannte Weltmeisterschaften, welche eigentlich eher eine US-amerikanische Angelegenheit waren. Bekannte Namen aus den Wettkämpfen in den USA der 1960er sind vor allem Mike Stone, Chuck Norris und Joe Lewis. Die Karatewelle der 1960er war Teil eines großen Konglomerats an asiatischen Importen und einer Begeisterung für alles Asiatische. Neben der regelrechten „Zen-Welle" gab es so auch eine starke „Kung Fu"[76] Euphorie vor allem durch die Filme von Bruce Lee (1940-1973). So ist es auch nicht verwunderlich, dass es in den USA ab den 1970ern eine stetig wachsende Zahl von Kampfsportfilmen gab, in denen oft auch die Akteure der Vollkontaktmeisterschaften des Karate (z.B. Chuck Norris) mitwirkten.

Die weitere Entwicklung in den USA zeugt von der großen Vielfalt des Karatedō, denn neben dem sich schnell etablierten Wettkampfkarate und japanischen Ablegern, gab es ebenso klassische Schulen mit klassischen Inhalten, die teils von in die USA ausgewanderten okinawanischen oder japanischen Meistern oder von nach Okinawa oder Japan pilgernden Amerikanern gegründet wurden. Ein gutes Beispiel für eine derartige „Reise in das Herz des Karate" ist das Buch von C.W. Nicol, *Moving Zen – Zen in Bewegung. Eine Reise in das Herz des Karate* (Nicol 2002, orig. *Moving Zen: Karate as a Way to Gentleness*, 1975).

2.2.3.2 Die Rolle von (Karate-) Filmen bei der Verbreitung und Popularisierung

Durch den Einfluss chinesischer „Kung-Fu" Filme im Westen entstanden auch eine ganze Reihe amerikanischer Filmproduktionen über Karate.[77] Nicht zuletzt durch die Flut an Filmen wurde das Bild von Karate im Westen maßgeblich geprägt und verbreitet. Dabei kann man zwei Hauptarten von Filmen unterscheiden: In der einen Darstellungsweise wird Karatedō zum bloßen Instrument des körperlichen Sieges über einen (bösen) Gegner, während in der anderen Art der Darstellung Karatedō als eine Art Führschiene und Orientierungshilfe auf dem Lebensweg wird, während der körperliche Kampf gegen Gegner in den Hintergrund rückt.

Das Motiv der einfach gestrickten und oft billig produzierten Filme der ersten Kategorie ist oft ein Kampf der Guten gegen die Bösen,

---

[76] Zum Begriff „Kung Fu" s. Fußn. 4 u. 40. Eine interessante Untersuchung über den möglichen Zusammenhang der Rezeption ostasiatischer Kampfkünste mit der amerikanischen Vorstellungswelt liefert Donohue 2003.

[77] Vgl. für eine Übersicht über amerikanischen Kampfkunst-Filme („Martial Art") West 2006, Lott 2004, Palmer 1995 u. Donohue 1994 u. 2003.

wobei sich der „Held" mittels Karate oder einer ähnlichen Kampfkunst erfolgreich gegen eine Flut von Bösewichten erwehrt. Karate wird in diesen Filmen als ein Instrument, das kämpferische Überlegenheit gewährleistet, um ein vermeintlich gutes Ziel (oft ein Rache-Feldzug) zu erreichen (vgl. Lott 2004).

Ein gutes Beispiel für die zweite Kategorie ist der Klassiker Karate-Kid (USA 1984), in dem der jugendliche Held Daniel durch den weisen alten Okinawaner Mr. Miyagi geführt wird. Daniel, dessen Leben etwas aus der Bahn geraten ist, erhält durch die ostasiatischen Weisheiten des Mr. Miyagi Schützenhilfe und Orientierung. Gegen äußere Wiederstände (Gewalt und Kämpfe, von außen aufgezwungen, nicht gesucht) hinweg versucht Mr. Miyagi seinem Schützling den wahren Wert des Karate nahe zu bringen, was letztendlich im Frieden mit sich selbst und der Welt liegt. Karate soll dabei einzig und allein der Selbstverteidigung dienen, was im Film auch durch die Abgrenzung zum offiziellen Strang des Wettkampfkarate thematisiert wird. Während die „bösen Buben", aus dem von Missverständnissen über Karate angefüllten Massenphänomen Sportkarate kommen, wird Daniel im traditionellen okinawanischen Stil unter Einbeziehung östlicher Weisheiten unterrichtet, was sich auch in der direkten Weitergabe vom Lehrer zum Schüler auszeichnet. Dennoch kommt es natürlich zu den – von Filmemachern – wohl oft als dramaturgische Notwendigkeit gesehenen Kämpfen, die aber im Sinne des Karatedō als eine Art von Ausdruck des inneren Ringens von Daniel um Anerkennung und gegen die Unordnung in seinem Leben verstanden werden kann.

Ebenso vielfältig, wie die Motive dieser Filme sind auch die Bilder von Karate, die transportiert werden. Einerseits tragen die Filme zur Popularisierung von Karate im Westen bei, andererseits sind einige Filme aus der Sicht des klassischen Karatedō wohl eher ein Transportmittel für falsche Vorurteile über Karate. Ein „Action-Held", welcher im Sinne des klassischen Karatedō zu höheren Einsichten strebe und der versuche, Konflikte im Vorfeld zu vermeiden, biete wohl auch kein geeignetes Motiv für einen „Action-Film" (vgl. http://de.wikipedia.org/wiki/karate, *Film und Medien* (14.01.08).

Interessant ist, dass ein Schauspieler wie Chuck Norris (*1940), welcher früher eher durch Filme der ersten Kategorie und als Champion des Wettkampfkarate der 1960er bekannt war, auch geistig-religiöse Inhalte entdeckt hat und verbreitet. So schildert er in seinem Buch *Zen-Kampfkunst im täglichen Leben* (2001) wie man zu „spirituellem Gleichgewicht und Selbstbewusstsein" finden kann.

Erwähnenswert ist ebenso, dass durch die Flut an „Eastern" und „Martial Arts"-Filmen die Populärkultur im Westen stark beeinflusst wurde. So sind z.b. die Kampfszenen in Filmen nachhaltig beeinflusst worden, wie z.b. in dem Film *Matrix* (USA 1999). Heute ist kaum ein Action-Film denkbar, in dem nicht die Kampfszenen im Stile östlicher „Martial Arts" Filme choreographiert werden. Ebenso finden sich viele Kampfkunst-Darstellungen in Trickfilmserien, Comics und Computerspielen wieder (Wolf 2003). Neben den äußeren Kampfabläufen gibt es auch noch eine starke Faszination für die von Mythen umrankte „esoterische Dimension" der Kampfkünste, die ebenso stark rezipiert und auch filmisch umgesetzt wurde, wie z.B. die Jedi-Kräfte in *Star Wars*. Während das Konzept der „Macht", die das Universum durchdringt, mit dem Konzept der *ki*-Energie (s. Kap. 5.2.5) vergleichbar ist, scheinen die aus dem Umgang mit der Macht resultierenden Jedi-Kräfte wie z.B. Telekinese oder Telepathie aus der Vorstellung von Wunderkräften (*jinzū*, s. Kap. 5.2.6) aus dem *yogā* und dem Buddhismus (*siddhi*) entlehnt zu sein (vgl. Donohue 2003:70f).[78] Auf dieser Ebene orientieren sich viele Filme an alten chinesischen Kampfkunstlegenden und ihren Wundertaten, wie dem Konzept des „Über Dächer fliegen und auf Mauern laufen"[79] (s. Schmidt-Herzog 2003:6ff; v.a. Fußn. 6 u.10). Auf die Rezeption solcher esoterischen Elemente im Karatedō wird im vierten Kapitel näher eingegangen.

2.2.3.3 Europa

Laut Lind war Frankreich das erste europäische Land, in dem Karatedō Fuß fasste (2001:297; *karate dō*). Der Karatepionier Henry D. Plée gründete 1954 in Paris ein *budō-dōjō*. Plée begann Karate aus Filmen und Büchern (z.B. von Donn F. Draeger, vgl. Lind 2001:297; *karate dō*) zu studieren. Nachdem Plée 1957 Mochizuki Hirō und

---

[78] Zu Star Wars und der Rezeption von esoterischen Elementen der Kampfkünste in Filmen s. auch Wayne Muromoto: *Mudra in the Martial Arts* (http://www.furyu.com/onlinearticles/mudra.html, Zugriff am 12.09.2007) u. zu wunderbaren Kräften und Ki auch Braun 2006:266-293.

[79] *fēiyán zŏubí* 飞檐走壁: „Über Dächer fliegen und auf Mauern laufen"; z.B. im Film *Tiger & Dragon* (*wohu canglong* 臥虎藏龍 ; *Crouching Tiger & Hidden Dragon*).

1957 Murakami Tetsuji, Übungsleiter am japanischen Yoseikan[80], nach Frankreich brachte, etablierte sich Plées *dōjō* als ein europäisches Zentrum des Karate. Nach und nach besuchten mehrere japanische Meister des JKA Frankreich und auch andere europäische Länder, um dort *dōjō* zu gründen, was zu einer schnellen Verbreitung des japanischen Wettkampfkarate in Europa führte.

Eine Gegentendenz entwickelt sich dabei z.B. durch den Franzosen Roland Habersetzer (*1942), welcher sich gegen die „Versportlichung" des Karate stellte, indem er 1974 das Centre de Recherche Budō (CRB), eine internationale Organisation gründete, „deren Ziel darin besteht, freundschaftliche Verbindungen zwischen allen Budōka zu knüpfen, denen vorrangig der Erhalt der geistigen Werte der japanischen und chinesischen Kampfkünste am Herzen liegen" (Habersetzer 2004, *Der Autor*). Ziel dabei war die Anknüpfung an klassisch verstandene geistig-religiöse Inhalte des Karatedō im Geiste der Weg-Künste. So wurde aus einer versportlichten Richtung des Karate wieder eine neu erdachte, auch durch die Zen-Welle (Herigel, Dürkheim, Deshimaru u.a. vgl. Baatz 2001) gespeiste, Suche nach Anknüpfpunkten an als alt verstandene spirituelle Wege. Zu diesem Zweck suchte man die Geschichte des Karatedō aufzuarbeiten, um an die geistigen indisch-chinesischen Ursprünge und Wurzeln zu gelangen. Der japanische Weg des Karate als Wettkampfsport wurde als degeneriert betrachtet und abgelehnt. Im Zuge dieser Aufarbeitung suchte man auch nach Anknüpfungspunkten an klassische okinawanische Stilrichtungen, welche laut dieser Strömung mehr originale Inhalte bewahrt hätten. Habersetzer hat zu diesem Zweck eine große Anzahl von Büchern veröffentlicht (über 60!), von denen auch einige wenige in deutscher Sprache vorliegen. Mitstreiter von Habersetzer, die im gleichen Geist nach den traditionellen geistigen Inhalten des Karatedō suchen, sind der kanadische Kampfkunstlehrer, Übersetzer klassischer Texte und Gründer der International Ryūkyū Karate Research Society (IRKRS)[81] Patrick McCarthy und der deutsche Karate-Lehrer und

---

[80] 1931 von Mochizuki Minoru, Vater von Mochizuki Hirō, gegründete *budō*-Schule; unterrichtet wurde *judō, jujutsu, karate, aikidō, aikijutsu, aikibudō* und einige Disziplinen aus der traditionellen Schule des *bujutsu*, dem Tenshin-shōden Katori-Shintō-ryū (vgl. Lind 2001:689, *Tenshin-Shoden-Katori-Schintoryu*).

[81] 1987 in Japan gegründete Forschungsgemeinschaft zur Erforschung klassischer Kampfkünste. Heutiger Sitz Brisbane (Australien). Vgl. *McCarthy* in Lind 2001:398,704. Von McCarthy stammt auch eine Übersetzung einer Form des Bubishi als „Die Bibel des Karate" (McCarthy 1995).

Gründer des Budō Studien Kreises (BSK)[82] Werner Lind, auf den später noch eingegangen wird (s. Kap. 3.4).

Die Kombination der Rezeption des Zen und der japanischen Kampfkünste in Europa ist maßgeblich mit Taisen Deshimaru-Rōshi (1914-1982) verknüpft, einem japanischen Zen-Meister der Sōtō-Linie, der zu einem der einflussreichsten japanischen Zen-Meister des 20. Jahrhunderts gezählt wird und sogar als „Initiator des Zen in Europa" und „Bodhidharma der modernen Zeit" (Lind 2001:139; *Deshimaru*) bezeichnet wird. Deshimaru ließ sich 1967 in Paris nieder und gründete dort 1979 den ersten Zen-Tempel in Europa. Sein Buch *Zen in den Kampfkünsten Japans* (*Zen et Arts Martiaux* 1977, Dt. 1978) wird bis heute in Kampfkunstkreisen gelesen und beeinflusste auch zahlreiche deutschsprachige Veröffentlichungen (s. Kap. 4 u. 5) über Kampfkünste und „Samurai-Zen" (Baatz 2001).

2.3 Karate als Sport, Selbstverteidigung, Kunst und Weg – Überlegungen zum Wandel der Funktion und Rolle des Karatedō

> *Nach Altem forschen –*
> *heißt das Neue verstehen.*
> *Dies ist – Eine Sache der Zeit.*
> *Bewahre in allem klares Denken.*
> *Der Weg: Wer vermag ihn geradlinig und treu weiterzuführen?*
>
> Funakoshi Gichin: Gedicht und Kalligraphie, in: Karate-Dō – Mein Weg, 1993.

Es bleibt in dieser kurzen fragmentarischen Darstellung der Geschichte des Karatedō[83] festzuhalten, dass es keine fortwährende Entwicklungen nach vorn gibt, sondern vielmehr entwickelte sich Karatedō in vielfältig verzweigte Wege im stetigen Wandel. Während in früherer Zeit auf Okinawa eine effektive Waffe gegen Willkürherrschaft und Banditenüberfälle gesucht wurde, und Karate vorrangig als Kampffertigkeit in einer Zeit der Wehrnotwendigkeit gesehen wurde, und die (sino-japanischen) geistig-religiösen Inhalte

---

[82] 1984 gegründete Vereinigung von *budō*-Lehrern verschiedener Disziplinen zu Studienzwecken der klassischen Kampfkünste. Organisieren Lehrgänge, veröffentlichen Bücher etc.

[83] Für ausführliche Darstellungen s. Fachliteratur Kap. 1.2.

vermutlich eher im Hintergrund standen (vgl. Dolin 1999:350), entwickelte sich ein Strang des Karatedō von einer Art von Leibesertüchtigung, Weg-Kunst und Charakterschule (Funakoshi, Okinawa/ Japan) zum Wettkampfsport (Japan/USA) und wurde auch als militärische Nahkampfmethode benutzt (z.B. DDR; s. Kap. 3.2.1).[84] Alle diese heute fortgeführten Stränge bilden dabei das verwobene Phänomen Karatedō, in dem die einzelnen Sichtweisen nicht streng voneinander getrennt sind, sondern sich die Grenzen oft verwischen.

Dabei kann man die Veränderungen des Karatedō in der Moderne auch als einen Anpassungsprozess beschreiben. Dieser Anpassungsprozess der japanischen Kampfkünste an die Moderne war schon im Gange, als Karatedō mit in den Veränderungsprozess der japanischen Kampfkünste gezogen wurde. Der Anpassungsprozess kann dabei auch als eine Überlebensstrategie der Kampfkünste angesichts der Bedrohung der Moderne gesehen werden, in der die klassischen Kampfkünste ihre vormalige Bedeutung einbüßten. Durch eine an der Attraktivität westlicher Sportarten gemessene zeitgemäße Form der „Versportung", der Standardisierung und Reglementierung der Übungs- und Wettkampfformen und der breiten Öffnung und Popularisierung als japanisches Nationalgut wurden die Kampfkünste nicht nur bewahrt, weitergeführt und weltbekannt, sondern wurden zu einem Instrument japanischer Selbstbehauptung, ein Symbol kultureller Eigenständigkeit und japanischer Identität, als Aushängeschild für etwas typisch Japanisches angesichts einer westlich dominierten Globalisierung.

Neben der in großen Verbänden und Vereinen organisierten überaus erfolgreichen offiziellen Verbreitung des Karatedō als Sport und Hobby, haben sich auch Richtungen erhalten, bzw. wurden durch die Verbreitung als Sport wiederentdeckt (s. Kap. 3), die sich als traditionell und ursprünglich verstehen. Dabei wird oft der ganzheitliche Ansatz des Karatedō als Weg statt eines Sports unter Einbeziehung von Religion, Philosophie, Psychologie und traditioneller Medizin als Komplettpaket für den ganzen Menschen, statt eines aufgegliederten, reduzierten und an die modernen Bedingungen angepassten Sportkarate verstanden. Während der offizielle Strang

---

[84] Zur ungebrochenen militärischen Bedeutung der ostasiatisch geprägten Kampfkünste und der neuen Intensivierung der Beschäftigung nach der Golfkriegserfahrung z.B. bei der Ausbildung bei den US Army Rangers und des US Marine Corps ab den 1990ern s. auch Svinth 2003:263-270 u. 271-275.

sich vor allem durch eine großangelegte Verbreitung und Organisation in Verbänden, Vereinen und Dachorganisationen auszeichnet, ist die traditionelle Richtung eher an Lehrerpersönlichkeiten gekoppelt, die einen weit kleineren Schülerkreis um sich scharen, als es bei den großen Sportverbänden der Fall ist (s. Kap. 3).

Die oft künstlich polemisierte Trennung zwischen Karate als Sport und Karatedō als Weg-Kunst (z.B. Werner Lind; s. Kap. 3.4) zeigt sich in den verschiedenen Sichtweisen dieser Ausprägungen. Aber beides schließt sich nicht automatisch aus. So scheinen die beschrittenen Wege durchgängig, wie das Beispiel Chuck Norris zeigt, bei dem Karate als Sport wieder zu einem Weg wurde. Während „Sport-Karate" als Kampfsport ganz im Sinne eines höher, schneller und weiter den Showcharakter und den äußeren sportlichen Erfolg und den sportlichen Sieg (nach Punkten) über einen Gegner ins Zentrum rücke, sei Karatedō als Kampfkunst und Weg eine lebenslange geistig-religiöse innere Auseinandersetzung mit sich selbst, genauer dem Kampf gegen das illusionäre Ich und dem Ringen um Verwirklichung des wahren Selbst, des wahren inneren Wesens eines Menschen (Buddhanatur). Dabei wird auch immer wieder betont, dass im „Sport-Karate" sowohl der äußere als auch der innere kämpferische Aspekt immer mehr in den Hintergrund trete. Das zeige sich an der im „Sport-Karate" verwendeten oft vereinfachten, minimierten Technikvielfalt und in der Betonung auf den Showcharakter der Techniken (z.B. spektakuläre Sprungtritte), bei denen dann oft die kampftechnische Relevanz und die Einbettung in ein reales Kampfsystem fehle, was die Umsetzung in einer realen Selbstverteidigungssituation erschwere. Auch der Aspekt des inneren Kampfes gegen das illusionäre, egoistische Ich zum höheren Selbst fehle im „Sport-Karate" (vgl. z.B. Lind 1997b). Diese innere geistig-religiöse Auseinander-setzung wird im Verständnis eines traditionellen Karatedō ganz im Sinne des Zen-Buddhismus als eine ernsthafte Angelegenheit von Leben und Tod verstanden:

> Auf einem solchen Weg übt der Mensch keine Technik zu irgendeinem Zweck, sondern er übt sich in der Bindung an das höchstmögliche Ideal (Lind 2007, 27).

> Meister des Weges ist ein Mensch, wenn in seinem formalen Ausdruck der innere Kampf um ein höheres Ideal sichtbar geworden ist, nicht jedoch, wenn er bloß eine hohe Leistung vollbringen kann. [...] Das einzige, was den Meister interessiert, ist der Kampf des Schülers gegen sein Ich. [...] Deshalb ist die Lehre eines Meisters für einen Wegschüler ein endloser Kampf auf Leben und Tod (Lind 2007: 34f).

Aber auch die japanischen Kampfkünste inklusive des japanischen „Wettkampfkarate" verstehen sich oft im Geiste des „Samurai-Zen" (Baatz 2001) solange sie im rechten Geist praktiziert würden:

> Nun ist es ja so, dass man in den heutigen Wettkämpfen nicht mehr auf Leben und Tod kämpft, sondern nur Punkte sammelt. Also genügen körperliche Kraft und Technik. Früher war das ganz und gar anders, denn da ging es ums Leben. Letztlich hing alles von der Intuition ab. Man sollte diese Idee heute wieder entdecken und sich in jedem Wettkampf verhalten, als hinge das Leben davon ab, auch wenn man nur mit Holzschwertern kämpft. So können die Kampfkünste ihrem wahren Sinn gerecht werden: die Übung des Weges. Andernfalls ist alles nur Spielerei (Deshimaru 1979:41).

> Im Sport gibt es das Element der Zeit, in den Kampfkünsten gibt es nur den Augenblick. Es gibt keine Wartezeit... Sieg oder Nicht-Sieg, Leben oder Nicht-Leben. Das entscheidet sich in einem Augenblick. In ihm entscheiden sich Leben und Tod ganz und gar (Taisen Deshimaru-Roshi, Schlatt 2007:231).

Karatedō entwickelte sich also von einer Kunst des Kampfes als eine primär äußere Angelegenheit von direktem Leben oder Tod im Sinne eines notwendigen und aufgezwungenen Kampfes ums Überleben zu einem in der entsprechenden Rezeption inneren geistig-religiösen Weg. Dieser wiederum äußert sich, wenn auch weniger martialisch und direkt mit Leben und Tod verbunden, in einem inneren Kampf mit sich Selbst und dem Erleben des Augenblicks im Hier und Jetzt.

Auch in der Entwicklung in Deutschland findet sich dieses Ringen zwischen dem Verständnis des Karatedō als Kampfsport und als Kampfkunst-Weg in all seinen Facetten wieder, ebenso wie die Einordnung in die Tradition Bodhidharma-Zen-Shaolin.

3 Karate (-Dō) in Deutschland – Rezeptionsgeschichte, Entwicklung und heutige Verbreitung

In diesem Kapitel wird die Rezeptionsgeschichte in Deutschland anhand der Vorstellung früherer Karatepioniere, sowie Verbände und Vereine, und die Entwicklung des Karatedō aus der Verbreitung als Kampfsportart zu einem Kampfkunst-Weg in der Abgrenzung eines „klassischen" Karatedō vom Kampfsport Karate behandelt.

Obwohl Karatedō erst in den 1950er Jahren in Deutschland bekannt wird, gibt es viele Vorläufer von „fernöstlichen Körperpraktiken", die gewissermaßen den Weg für eine schnelle Verbreitung weiterer Systeme geebnet haben: „Die Rezeptionsgeschichte fernöstlicher Körperpraktiken in der westlichen Welt ist mittlerweile mehr als hundert Jahre alt und besitzt eine eigene festgefügte Tradition" (Wedemeyer 2002:249). Diese Tradition der Rezeptionsverläufe ist laut Wedemeyer vor allem durch ein westliches Streben nach Individualismus und dem Bedürfnis nach gegenkirchlichen Sinnsystemen, wie etwa ein religionskritisch aufgefasster Buddhismus als „östliche Philosophie", und westlichen Gesellschaftsideologien und Werten von Gebildeten wie Identität, Ganzheitlichkeit und Selbstfindung gekennzeichnet (vgl. Wedemeyer 2002: 251). Die Rezeption des indischen *yogā* und die frühe Rezeption japanischer Kampfkünste, wie dem *jūjutsu* und dem *jūdō* sind dafür gute Beispiele.[1]

Wedemeyer unterscheidet weiterhin zwei unterschiedliche Ebenen der Rezeptionsgeschichte fernöstlicher Körperpraktiken: Während auf der „offiziellen" Ebene die Körpersysteme über den westlichen Verbandssport zu einer modernen, sportlichen Bewegungskultur und Fitnessmarktes adoptiert und auch als Wettkampfsportart aufgenommen werden, verbreiten sich die Systeme auf der „in-

---

[1] Während *yogā* vorrangig durch Esoterik, Okkultismus und Theosophie in Deutschland Einzug hielt (vgl. Baier 1998), wurde *jūjutsu* („Sanfter Weg") um 1900 durch Matrosen und dem deutschen Arzt Erwin Baelz (1849-1913) importiert und vorrangig als Teil der westlichen Bewegungskultur und Lebensreformbewegung rezipiert, bevor es 1920 zum Bestandteil der europäischen Verbandssportarten wurde. Zur Rezeptionsgeschichte asiatischer „Körperpraktiken" s. Wedemeyer 2002 u. Linse 1991.

offiziellen" Ebene vor allem durch ihren spirituellen und religiösen Kontext in Untergrundströmungen, oft in Form von gegengesellschaftlichen Alternativkulturen popularisiert (vgl. Wedemeyer 2002:249f). Im Fall der etwa fünfzigjährigen Rezeptionsgeschichte des Karatedō in Deutschland sind beide Ebenen der Verbreitung vorzufinden, aber nicht immer strikt von einander zu trennen, wobei in dieser Arbeit der Fokus eher auf der „inoffiziellen" Ebene der Verbreitung liegt, die aber oft erst durch die „offizielle" Ebene, durch die Bekanntmachung des Karate als Kampfsportart, ermöglicht wurde.

3.1 Deutsche Karatepioniere

> Bewahre dir die Freiheit des Falken
> und meide jegliches Nachahmen.
> Das große Erleben findet nur,
> wer bereit ist zu unabhängigem Handeln.
> Über deine Träume entscheidet die Tat.
> Und sie verlangt ein starkes Herz.
> Denn ohne Tapferkeit ist sie wie ein müder
> Rauch den die Dämmerung frisst.
>
> Inschrift am Eingang des ersten Karate-dōjō von Jürgen Seydel im April 1957 in Bad Homburg (Seydel 2007:122).

Durch die rasche Verbreitung des Karatedō in den USA und Frankreich nach dem zweiten Weltkrieg war der Weg nach Deutschland schon geebnet. In der ersten Rezeptionswelle wurde vorrangig über Frankreich die japanisch geprägte Richtung des Wettkampfkarate importiert, aus der sich aber oft auch traditionell orientierte Gruppierungen herausbildeten. Als der „Vater des Karate in Deutschland" gilt **Jürgen Seydel** (*1917):

> Jürgen Seydel (*1917) hat die Kampfkunst Karate-Do in Deutschland begründet. Er hat sie faktisch entstehen lassen, sie praktisch geführt und war als spiritus rector über Jahrzehnte an ihrer Verbreitung maßgeblich beteiligt. Bis heute ist er ihr mit innerer Hingabe verbunden (Manfred Grichnik, In: Seydel 2007: 123).

Die frühen Jahre seiner Kindheit und Jugend und die Erlebnisse des Zweiten Weltkriegs bis zum Kontakt mit Karatedō schildert Seydel in bildhaften kleinen Geschichten in dem anlässlich zu seinem 90.

Geburtstag jüngst erschienen Buch *Jugenderinnerungen und Kriegsreportagen. Lebenserfahrungen des ersten deutschen Karate-Pioniers* (2007). Der Vorgang der Gründung des ersten deutschen Karate-*dōjō* könnte, je nach Darstellung, in etwa so ausgesehen haben:

Nachdem Seydel bereits ab 1939 an der Universität Bonn mit *jūdō* und *jūjutsu* in Berührung gekommen war, wurde er 1955 auf Karatedō aus einer französischen Zeitschrift aufmerksam. Im April 1957 gründete Seydel aus der von ihm initiierten Karatelerngruppe innerhalb der *jūdō*-Gruppe Bad Homburg das erste deutsche Karate-*dōjō*, wobei er wohl aus dem Karate-Lehrbuch des französischen Karate-Pioniers Henry D. Plée lernte. Im Versuch an die „echte" Lehre anzuknüpfen unternahm Seydel im Oktober 1957 eine Reise nach Frankreich, um an den Karate-Lehrgängen von den beiden japanischen Großmeistern Murakami Tetsuji und Mochizuki Hirō, welche durch Henry D. Plée nach Frankreich geholt wurden (s. Kap. 2.2.3.3), teilzunehmen.[2] 1958 leitete Seydel den ersten deutschen Karate-Lehrgang im Waldschwimmbad Dornhausen bei Bad Homburg und legte 1959 die Prüfung zum 1. Dan ab und gründete die Deutsche Karate Akademie (vgl. Seydel 2002: 124). Damit war Seydel bis 1965 der erste und einzige Danträger des Karatedō in Deutschland. Durch die Unterrichtung von Elvis Presley, der seit 1958 in Bad Nauheim seinen Militärdienst bei der US-Army leistete, wurde Seydel und damit auch Karatedō in der Öffentlichkeit bekannt.[3] Nachdem Murakami Tetsuji und Seydel im Sommer 1961 in Bad Homburg einen Karate-Lehrgang veranstaltet hatten, gründete Seydel den ersten Fachverband, den Deutschen Karate-Bund e.V. (DKB). Im gleichen Jahr veröffentlicht Seydel das erste deutsche Karate-Lehrbuch *Karate - Das große Lehrbuch der modernen Selbstverteidigung* (Bad Homburg 1991). 1964 fand in Göttingen die erste

---

[2] Vgl. http://de.wikipedia.org, *Seydel* (08.09.2007). Es existieren mehrere Darstellungen dieser frühen Jahre: „Im Februar 1957 kommt er das erste Mal mit Karate in Berührung, im April gründet er den ersten Karate Verein" (Schmülling, In:Seydel 2007:9). „Ein Deutscher Judoka namens Jürgen Seydel kam auf einem Judo-Lehrgang in Frankreich erstmals in Kontakt mit Karate beim Meister Murakami, den er begeistert einlud auch in Deutschland zu lehren" (http://de.wikipedia.org/wiki/karate; 14.01.08). In anderen Darstellungen kommt er erst mit den beiden japanischen Großmeistern Hiro Mochizuki u. Murakami Tetsuju in Frankreich in Verbindung, u. gründet erst dann im April 1957 das erste *dōjō* (vgl. Grichnik, In: Seydel 2007:124).

[3] Fotos und Briefe von Elvis Presley an Seydel s. www.elvisclubberlin.de/germany/seydel.htm (08.09.2007).

deutsche Karate-Meisterschaft in der Disziplin „Kata-Shiai" („technische Perfektion") statt, die auch von der deutschen Wochenschau übertragen wurde (vgl. Seydel 2007: 125). Die wachsende Popularität des Karate in Deutschland wurde weiterhin noch durch die Demonstrationen von vier japanischen Großmeistern des JKA (Japanese Karate Association) 1965 bei der zweiten deutschen Karate-Meisterschaft in Bad Godesberg, die unter der Schirmherrschaft der japanischen Botschaft stand, verstärkt. Da die JKA den DKB als deutsche Repräsentanten des Karate anerkannten, wurde Shōtōkanryū die vorherrschende Karatestilrichtung in Deutschland. Seydel war in den folgenden Jahren lange Zeit Sportwart und Bundestrainer und danach Vorsitzender und Geschäftsführer des DKB. Nachdem er sich 1980 aus den aktiven Geschäften des sportlichen Karate zurückgezogen hat, betrachtet er Karatedō als einen wichtigen Teil seines Lebensweges, als eine Lebenskunst der körperlichen und geistigen Auseinandersetzung mit sich selbst:

> Ich stehe jetzt in meinem 90. Lebensjahr und habe inzwischen aus gesundheitlichen Gründen auf mein geliebtes Karate verzichten müssen. Allerdings nur, was die aktive körperliche Ausübung betrifft. In meinem Geist und in meiner Seele bin ich ihr, der *Philosophie Karate*, nach wie vor verbunden (Seydel, 2007:17).

Neben Seydel ist noch ein weiterer Name eng mit der frühen Verbreitung des Karatedō in Deutschland verbunden: **Albrecht Pflüger** (*1941). Pflüger begann 1957 *jūjutsu* zu üben, wechselte dann zum Judō. Nachdem Pflüger im August 1963 einen vierzehntägigen Karate-Lehrgang bei Jürgen Seydel besucht hatte, widmete er sich verstärkt dem Karatedō und wurde 1964 zum Präsidenten des DKBs gewählt und gründete eine Abteilung für japanische Kampfsportarten beim Turnerbund Leonberg, wo er heute unterrichtet.[4] Ab 1966 veröffentlicht Pflüger eine Reihe von Lehrbüchern, die bis heute in zahlreichen Auflagen Verwendung finden: *Karate Band 1* (1966), *Karate Band 2* (1967) und *Karate-Do* (1975). In diesen Büchern wird Karatedō als eine vielschichtige und anspruchsvolle Sportart vorgestellt. Obwohl Pflügers Buch *Karate-Do* eher eine technische Anleitung für Karate-Techniken und Wettkampf ist, wird zumindest kurz auf die Bedeutung des Weges (*dō*) eingegangen:

---

[4] vgl. http://www.karate-in-leonberg.de (13.12.07).

Für Karate und die anderen japanischen Kampfsportarten könnte man folgende Bedeutung des DO in Kurzfassung so formulieren: *als Weg zur körperlichen und geistigen Meisterung des ICH's* (Pflüger 1975: 10).

Für Pflüger als Pädagogen war auch der erzieherische Wert des Karatedō ein wichtiger Aspekt, in dem er auch die Möglichkeiten einer Charakterbildung im Wettkampfkarate sieht und dem Leitspruch der JKA folgt: „Oberstes Ziel in der Kunst des Karate ist weder Sieg noch Niederlage, sondern die Vervollkommnung des Charakters" (Pflüger 1975: 357).

Im Laufe der Zeit wandte sich Pflüger mehr und mehr vom rein sportlichen Karate ab, enttäuscht, dass die als geistig und philosophisch verstandenen Inhalte des Karatedō und der idealisierte Nutzen zur Charakterbildung neben rein sportlichen Erfolgen in den Hintergrund traten. Daraufhin gründete Pflüger den Shōtōkan Kreis im DKV und legte verstärkt Wert auf die als traditionell und klassisch verstandenen Inhalte des Karatedō im Sinne von Funakoshi Gichin. Heute ist Pflüger Mitglied im Budō Studien Kreis (BSK, s. Kap. 3.4). Neben dem 7. Dan im Shōtōkan Karatedō trägt Pflüger noch den 2. Dan im *jūjutsu*, den 1. Dan im *aikidō* und den 1. Kyu im *jūdō*. In seinem *dōjō* im TSG Leonberg, in dem neben Karatedō auch *taijíquán* und *aikidō* unterrichtet wird, trainiert Pflüger am Rande zwar auch noch junge Leute für den Wettkampf, sieht darin aber ebenso die Möglichkeit des Weges:

> KARATE-DO als ein Weg zur körperlichen und geistigen Meisterung des ICH schließt den Wettkampf nicht aus. Zu beachten ist nur, dass das Streben nach solchen äußeren Erfolgen nicht zur wichtigsten Antriebsfeder wird! Fortschritte auf dem *inneren Weg* sind nicht messbar und nicht sichtbar. Deshalb ist KARATE-DO (Karate als Weg Lehre) viel mühsamer, weil ‚Erfolge' sich nicht kurzfristig einstellen. Das Reifen der Persönlichkeit beruht nicht nur auf äußerem *Können* (Techniken), sondern vielmehr auf einem *inneren Werden* (Reifungsprozess). Das braucht Zeit und Anleitung eines Meisters (SENSEI) (Pflüger, s. Anhang).[5]

Da der Weg zum Deutschen Meister nur in jungen Jahren anzustreben sei, bietet Pflüger auch Kurse für über 35 jährige an, in denen er verstärkt auf „das ganze Spektrum der alten Kampfkunst" eingeht: „Karate ist ein Weg (jap. Do) seine Persönlichkeit physisch und

---

[5] http://www.karate-in-leonberg.de, *Grundregeln* (13.12.2007); s. Anhang 9.5.

psychisch laufend zu vervollkommnen. Erwachsene sind auch besser als Jugendliche in der Lage, diese psychische Seite zu schätzen und zu nutzen" (Pflüger)[6]. Somit ist Pflügers Umgang mit Karatedō ein gutes Beispiel dafür, dass Karate als Sport und Karatedō als Weg sich nicht immer grundsätzlich unversöhnlich gegenüberstehen, sondern dass die Grenzen durchlässig und verwischt sein können.

Exemplarisch für einen anderen Weg des Imports steht **Fritz Nöpel** (*1936), indem er Karate auf einer Fahrrad-Weltreise über Osteuropa, Vorderasien, Indien und China in Japan kennen lernte. Nöpel lebte von 1958 bis 1967 in Japan und lernte Karatedō in der Stilrichtung Gōjūryū der Ausprägung von Yamaguchi Gogen (1909-1989). Diese Richtung des Gōjūryū geht zwar direkt auf den okinawanischen Gründer Miyagi Chōjun zurück, erhielt aber durch Yamaguchi aufgrund seiner religiösen Orientierung zum Shintō einen eigenen Stempel durch verschiedene Shintō-Elemente (s. Kap. 5.1.4).

Nachdem Nöpel 1967 nach Deutschland zurückkehrte, gründete er ein *dōjō* des Gōjūryū in Dortmund und leitet seit 1978 den Gōjūryū Karate Verband, der heute in den Deutschen Karate Verband (DKV) eingegangen ist. Heute ist Nöpel Träger des 8. Dan und lebt und lehrt in Kamen.[7] In einem Interview sagt Nöpel: „Heutzutage müssen wir betonen, dass wir traditionelles Karate machen. Das liegt daran, dass es Sportkarate gibt" (Nöpel 2004:11). Fritz Nöpels individueller Umgang und sein Verständnis des Karatedō wird in dem Buch *Kampfkunst als Lebensweg* von Florian Markowetz und Uschi Schlosser-Nathusius (2004) dargestellt:

> Der Kosmopolit Fritz Nöpel ist mit der fernöstlichen Kultur vertraut, besonders mit der japanischen. Er hat lange in Japan gelebt, ist mit einer Japanerin verheiratet. Er weiß, wie sich die Japaner durch ihren Patriotismus und ihre antichinesischen Ressentiments selbst beschränken. Gleichzeitig sieht er die positiven Charaktereigenschaften wie Bescheidenheit und Zurückhaltung. In der Shintō-Religion gefällt ihm die liebevolle und pragmatische Ehre den Toten gegenüber, im Buddhismus die Disziplin. Aber ‚alles in Maßen', ein Asket ist er nicht (Markowetz/Schlosser-Nathusius 2004:24).

---

[6] http://www.karate-in-leonberg.de, *Karate für über 35 jährige* (13.12.2007).
[7] Vgl. http://www.yuishinkan.com (10.09.2007).

Neben diesen drei Personen gibt es natürlich noch mehr erwähnenswerte Personen aus den Anfängen des Karatedō in Deutschland, aber diese Drei sind exemplarisch genannt worden, weil sie für die frühe Verbreitung wichtig bzw. unverzichtbar waren.

3.2 Verbände und Vereine als Keimzelle des Karatedō

Die Entwicklung der Verbände und Vereine in Deutschland ist außerordentlich komplex und vielfältig, und primär aus der Bestrebung der Verbreitung des Karate als Wettkampfsportart in Anlehnung an das japanische Vorbild (JKA) heraus entstanden, aus diesem Grund werden nur die Hauptstationen der Entwicklung und die heute dominierenden Vereine behandelt. Für eine detailliertere Beschäftigung mit dieser speziellen Thematik sei auf die Fachliteratur verwiesen. In dem *Lexikon der Kampfkünste* von Werner Lind (2001) und der Webseite des DKV[8] befinden sich detaillierte Darstellungen der Geschichte der deutschen Karate-Verbände. Für diese Arbeit ist vielmehr von Interesse, dass sich aus der frühen Entwicklung, Karate als Kampfsport und Wettkampfdisziplin zu etablieren, aus den Sportverbänden Bestrebungen entwickelt haben, Karate als Karatedō, als Kampfkunst-Weg zu betreiben.

Die Gründung der frühen deutschen Karate-Verbände fällt in die 1960er Jahre. Der erste Dachverband, der Deutsche Karate Bund (DKB) wurde von Jürgen Seydel 1961 in Bad Homburg gegründet und organisierte ab 1964 auch Amateurmeisterschaften (s. Kap. 3.1). Daneben existierten noch die 1965 gegründete Sektion Karate im Deutschen Judo Bund (SeKa DJB), die 1976 gegründete Deutsche Karate Union (DKU), sowie der Deutsch-Japanische Karate Verband (DJKV), Gojukai Deutschland (GKD) und die Wadokai Deutschland (WKD). Aufgrund der Erfolge der frühen Meisterschaften (der DKB hatte 1975 offiziell 14126 Mitglieder) und dem Einigungsstreben, vor allem aus Gründen der Repräsentation auch vor internationalen Karate-Organisationen und der Vereinheitlichung der Wettkampfregelungen wurde am 17. Juni 1976 ein Dachverband für Amateur-Wettkampf-Karate, der Deutsche Karate Verband (DKV) aus dem DKB, DJKV und GKD gegründet. Später schlossen sich auch noch der DJB (Deutscher Judo Bund), die DKU und die WKD an, woraufhin der DKV 1977 Mitglied im Deutschen Sport Bund wurde und damit offizieller Teil der Deutschen Sportlandschaft. Mitte der

---

[8] http://www.karate.de/dkv_infos/dkv/geschichte-des-dkv.html (12.12.2007).

1990er bestand der DKV aus 16 Landesverbänden mit insgesamt über 2000 Vereinen und etwa 120.000 Mitgliedern (vgl. Lind 2001:145; *DKV* u. http://www.karate.de).

Obwohl der DKV als Verband für Wettkampfkarate gegründet wurde, entwickelten sich mehr und mehr Bestrebungen, Karate als Weg-Kunst, als Karatedō zu betreiben, und den Wettkampf nur als eine Nebensache zu betreiben: „Heute betreiben nur noch 10% der DKV-Mitglieder Karate als Wettkampfdisziplin, daher gibt es z.Z. Bemühungen, Karate als Weg zu etablieren" (Lind 2001:145; *DKV*).[9] Neben dem DKV als größter Verband existieren noch einige Andere, wie z.B. der 1992 von der DKV abgespaltene Deutsche JKA Karate Bund e.V. (DJKB), welcher an die japanische JKA angeschlossen ist und Wettkampf-Karate betreibt.

Aus der Sicht von Vertretern einer eher „klassischen" Richtung des Karatedō hört man oft kritische Stimmen gegen die „Vereinsmeierei":

> 'Das ist doch kein Karate mehr!'. So hört man Fritz Nöpel oft sagen. Obwohl er den deutschen Karateverband mitbegründet hat, sieht er sich nicht als Funktionär. Im Gegenteil, er übt Kritik an der Vereinsmeierei. Sie bringt ihm zu viel Sport und Kommerz ins Karate. Wer Karatelehrer ist oder gar ein Dōjō gründen möchte, kann viel von ihm lernen, zum Beispiel, dass die Größe des Vereins noch lange nicht gleich bedeutend ist mit Qualität (Markowetz/Schlosser-Nathusius 2004:14).

3.2.1 Karatedō in der DDR

Die Entwicklung in der DDR verlief aufgrund der öffentlichen Ablehnung und zeitweiligen Verboten der Obrigkeit gegenüber dem im Westen auch durch Filme aus den USA so populären Karate anders als im Westen und wurde eher im Verborgenen oder als Teil des *judō* geübt: „In der DDR kannte damals noch keiner Karate [1960er, SK]. Nur in einzelnen politischen Büchern wurde es als Nahkampfmethode des Klassengegners bezeichnet, der damit seine ‚Spezialkommandos' gegen den Warschauer Vertrag fit machen

---

[9] Gegenstimmen: Es komme zu einer immer stärker werdenden Versportung und Kommerzialisierung, bei denen die hohen philosophischen Ideale und symbolischen Gehalte in den Hintergrund treten (vgl. Binhack/Karamitsos 1993:161).

wollte" (Ruffert)[10]. Da *judō* im Gegensatz zu Karate eine olympische Disziplin war, gab es in der DDR viele Judoka, die sich ähnlich wie im Westen (z.B. Seydel) auch für andere Kampfsportarten, wie auch dem Karate interessierten: „Da Karate in der ehemaligen DDR nicht erwünscht war, organisierten wir uns in einer ‚Allgemeinen Sportgruppe'."[11] In der Chronik des DKV ist für den 12.05.1990 daher auch folgender Eintrag zu finden: „Gründung des Deutschen Karate Verbandes der DDR. Nach jahrelangem Training im Verborgenen wird Karate in der DDR offiziell anerkannt. Der Berliner-Karate-Verband hilft dabei, eine an der DKV-Satzung orientierte Struktur aufzubauen".[12]

Neben dieser öffentlichen Ablehnung der Obrigkeit der DDR gegenüber Karate, wurde Karate neben *judō* und anderen ostasiatisch geprägten Kampfkünsten (v.a. koreanische Systeme) als Ausbildungsprogramm für das Militär und besonders der Staatssicherheit (vgl. auch Ruffert, s. Fußn. 9):

> Zwei gezielte Schläge auf den Nacken und ins Kreuz, und schon war der Feind liquidiert. Effektiver geht's nicht. Karate war beim Ministerium für Staatssicherheit Pflichtfach. Allerdings hat die Stasi die "Vorzüge" des fernöstlichen Kampfsports erst spät erkannt. Es musste erst ein 1,75 Meter großer Mann aus Halle kommen, der den Stasioberen zeigte, wie's geht: Karl-Heinz Ruffert, Spitzname "Knochenkalle". Zwei seiner Lehrfilme für das MfS sind erhalten geblieben: Übungen von Grenzposten, die mit Karate Flüchtlinge aufhalten, eine Festnahme und das lautlose Töten auf einem geheimen Trainingsgelände des Ministeriums bei Frankfurt/Oder. Aufnahmen, die erstmals in der Öffentlichkeit gezeigt werden (MDR Dokumentationsreihe *Geheim: Die unbekannte Seite der DDR*, 2003).[13]

---

10 Dr. Karl-Heinz Ruffert: Entwicklung des Karate in der ehemaligen DDR – Ein Erlebnisbericht:
   http://www.chronikkarte.de/textdateien/zeitzeugen/001_Karlheinz_Rfert_Entwicklung%20des%20Karate%20in%20der%20ehemaligen%20DDR.pdf (12.12.2007).
11 http://www.karate-stralsund.de/PAGES/wir.htm (12.12.2007).
12 http://www.karate.de/dkv_infos/dkvgeschichte-des-dkv.html (12.12.2007).
13 Teil 2 von Peter Lützenkirchen: *Die lautlosen Kämpfer*, Erstausstrahlung 30.07.2003: http://www2.mdr.de/doku/896571.html (12.12.2007).

3.3 Stile und heutige Verbreitung

Nachdem sich in Deutschland in den frühen Jahren ab den 1950ern vorrangig eine über Japan und Frankreich verlaufende japanische Form des Karatedō als Wettkampfsportart im Stil der JKA (Japanese Karate Association) verbreitete und dadurch außerordentlich populär wurde, gab es ganz im Sinne von Wedemeyer (s. Kap. 3.1) auch oft eine durch die „offizielle" Verbreitung ermöglichte langsamere, aber stetig einsickernde „inoffizielle" Ebene der Verbreitung des spirituellen und religiösen Kontextes des Karatedō, oder dem, was man als dieses rekonstruiert hat (s. Kap. 3.4). In gewisser Weise ist auch oft zu beobachten, dass Menschen zu Karate als Sport finden, um dann, wenn sie das wettkampffähige Alter verlassen, sich auf die Suche nach „mehr", nach der „Philosophie" (Seydel, 2007:17) hinter dem Sport machen.[14] Gute Beispiele dafür sind die beiden behandelten Karate-Pioniere Jürgen Seydel und Albrecht Pflüger.

Von den japanisch geprägten „vier großen Stilrichtungen" (Bittmann 1999) Shōtōkanryū, Shitōryū, Wadōryū und Gōjūryū (s. Kap. 2.2.2.2) existieren in Deutschland noch eine Vielzahl daraus hervorgegangener Stile, sowie ältere okinawanisch geprägte Stile. Ohne empirische Erhebungen ist es schwierig zu bestimmen, welche Stile in welcher Stärke in Deutschland vertreten sind. Im *Lexikon der Kampfkünste* (Lind 2001:297f; *Karate dō*) werden wichtige Karate-Lehrer in Deutschland und ihre Stile aufgezählt, wobei es fraglich ist, wie genau diese Darstellung ist, wer als „wichtig" angesehen wird, und welche Quellen zu Grunde lagen. Von den 39 aufgelisteten Meistern beitreiben allein vierzehn Shōtōkan(ryū), sechs weitere sind Lehrer des Shōtōkan Kempō Karate beim BSK (Budō Studien Kreis, Werner Lind, s. Kap. 3.4), weitere vier betreiben Gōjūryū, je ein Meister betreibt Shitōryū und Wadōryū. Vier weitere Meister tauchen als Bundestrainer auf, d.h. sie sind vermutlich stilübergreifende Trainer des Wettkampfkarate, der sich aus allen vier großen Stilen speist. Die restlichen Meister widmen sich Ablegern der vier großen Stile, wie z.B. Kyokushinkai, Seibukan, sowie okinawanische Stilrichtungen (Kobayashiryū, Matsumura Kempō) oder moderne Mischformen (Kun Tai Ko, Siu Sin Kann (Malaysia)). Auch wenn

---

14 In Sportkreisen wird oft von der „Philosophie" hinter dem Sport gesprochen, wie z.B. in der Beschreibung des koreanischen Karatedo-Bruders *Taekwondo* (vgl. Madis 2003) im Sportprogramm des Wintersemesters 2007/08 des Zentrums für Hochschulsport an der Universität Marburg: „Do steht für die Philosophie hinter dem Sport" (http://www.uni-marburg.de/zfh, 10.09.2007).

diese Verteilung fragwürdig ist, kann man doch festhalten, dass Shōtōkanryū und daraus hervorgehende Stilrichtungen die am häufigsten vertretene Stilrichtung in Deutschland ist.

Die Unterschiede der verschiedenen Stilrichtungen zeigen sich meist in der jeweiligen Tradition des Stils. Diese Traditionen unterscheiden sich oft in der Anzahl und Art der im jeweiligen Stil geübten *kata*, sowie unterschiedlicher Übungsauffassung und Variationen in den Ständen und der Ausführung der Techniken sowie des rituellen Umgangs im *dōjō* und miteinander (s. Kap. 4).

3.3.1 Vielfalt am Beispiel Marburg

Festzuhalten ist, dass es eine große Vielfalt an Karatestilen, Vereinen und Verbänden in Deutschland gibt. Selbst in einer kleinen Stadt wie Marburg findet man drei verschiedene Stilrichtungen mit unterschiedlichem Karatedō-Verständnis. Neben dem japanisch geprägten Seidō Karatedō und dem okinawanisch geprägten Shōrinryū Shidōkan Shirasagi Dōjō gibt es auch noch „Karate" als ein „Sportangebot" am Zentrum für Hochschulsport an der Universität Marburg. Anhand des unterschiedlichen Selbstverständnisses des Karatedō dieser drei verschiedenen Angebote spiegelt sich schon die Vielfalt des Umgangs mit Karatedō wider (s. Kap. 1.1):

Karate als Sportangebot an der Universität Marburg ist im Sinne des DKV vorrangig vom Shōtōkanryū geprägt und wird sehr sportbetont betrieben, was sich im Leistungsdenken und harter körperlicher Arbeit zeigt. Daneben wird aber auch der „ganzheitliche" Aspekt eines Trainings des Geistes und des Willens und der Erlangung körperlichen Wohlbefindens und der Fähigkeit der Selbstverteidigung als zentral angesehen. Im Sportprogramm des Wintersemesters 2007/08 des Zentrums für Hochschulsport an der Universität Marburg steht zum Karate:

> Karate-Do – ‚der Weg der leeren Hand' ist eine japanische Kampfsportart, bei der sowohl der Körper als auch der Geist geschult wird. Das Karatetraining ist sehr vielseitig, es ist zugleich Kampfsport, Selbstverteidigungs- und Fitnesstraining.
> (http://www.uni-marburg.de/zfh; *Karate*, 10.09.2007).

Beim Seidō[15] in Marburg wird der menschliche Aspekt des Karate betont und die individuellen Fähigkeiten und Bedürfnisse ins Zentrum gerückt, so gibt es z.B. auch ein Angebot für Sehbehinderte („Blind Training", http://www.seido-marburg.de):

> Seido Karate – Seido bedeutet der ‚aufrichtige Weg' – wurde von Kaicho Nakamura 1976 gegründet. Tadashi Nakamura nennt seinen Stil auch ‚Ningen Karate' – das ‚Menschliche Gesicht des Karate' –, womit zum Ausdruck kommt, dass es sich nicht nur um einen Stil für die Fitten handelt, die noch fitter und stärker werden wollen, sondern um Karate für alle Menschen. Durch intensives, aber individuell ausgerichtetes Training erreichen wir dieses Ziel im Seido Karate Dojo Marburg. OSU!   Sempai Frederick Metzner (http://www.seido-marburg.de, 11.09.2007).

Im Shidōkan Shirasagi Dōjō Marburg[16] (http://www.shorinryu-marburg.de) wird traditionelles okinawanisches Karatedō im Stil Shōrinryū (s. Kap. 2, Fußn. 57) praktiziert. Hier wird besonderer Wert auf Karatedō als Weg im Geiste des *budō*[17] ("Weg der Kampfkünste"; s. Kap. 5.2.1) gelegt:

> Im Okinawa Shorinryu Shidokan wird Karatedo als Kampfkunst betrieben. Wir üben den Weg der Leeren Hand im Geiste des Budo. Der Begriff Budo bezeichnet die Philosophie der japanischen Kampfkünste. Übersetzt bedeutet Budo

---

15   Seidō 誠道 („wahrhaftiger/aufrichtiger Weg") basiert auf dem neueren japanischen Stil 極真会 Kyokushinkai („Gesellschaft des Meisterns der Wahrheit", Bittmann 1999:288), welcher 1955 von Oyama Masutatsu (kor. Hyung Yee) u. Kurosaki Kenji aus Elementen der Stile Shōtōkanryū und Gōjūryū gegründet wurde, und in dem es harte Wettkämpfe mit K.O. Regelung ohne Schutzausrüstung gibt. Im Seidō wird großer Wert auf Zen-Prinzipien (Respekt, Liebe, Disziplin/Gehorsam) gelegt. Laut Nakamura sei Zen untrennbar mit Karate verbunden (vgl. Lind 2001:520, *Seidō Karate dō*; 368, *Kykushinkai*).

16   Shidōkan 志道館 („Institution/Tempel/Haus der Gerechten") bezeichnet das Karate-dōjō von Miyahira Katsuya in Naha auf Okinawa, welches das Haupt-*dōjō* (*honbudōjō*) des okinawanischen Kobayashiryū (Unterschule im Oberbegriff Shōrinryū) ist. 白鷺 Shirasagi („Weißer Reier") bezieht sich auch das Shidōkan Shirasagi Dōjō, das deutsche *honbudōjō* von Sensei Joachim Laupp (*1957) in Düsseldorf (ehem. Trier) an dem das Marburger *dōjō* angeschlossen ist.

17   *budō* 武道: „Weg(e) der Kampfkünste" (Bittmann 1999, 7); „Martial Ways" (Maliszewski 1987, 5732); s. Kap. 2.1 u. 5.2.1.

der Weg des Kriegers. Ziel dieses Weges ist es, sich selbst zu bezwingen. Der Sieg über andere ist zweitrangig. Budo ist mehr als die Kampfmethode (Bujutsu), als Kampfsport. Es geht nicht darum, höher zu treten oder schneller zu schlagen als ein anderer. Wer den Weg des Kriegers folgt, tut dies nicht, um Pokale zu erringen, sondern um sich selbst zu erkennen. [...] Der Weg des traditionellen Karatedo ist gekennzeichnet durch ständiges Üben, denn Karate-do ist ein Weg der Erfahrung, nicht des Intellekts. [...] Ein echter Budoka steht für das Leben und für Harmonie und nicht für Tod und Zerstörung (Laupp/Schmitz, http://shorinryu-marburg.de/content/view/28/43; 14.12.2007; s. Anhang 9.5).

Viele der im obigen Zitat angesprochenen Inhalte des *budō* finden sich auch in den Büchern von Werner Lind wieder, die in den Kreisen, die Karatedō als einen traditionellen „Weg" im Geiste des *budō* praktizieren, sehr bekannt und verbreitet sind. Im folgenden Abschnitt wird auf die Rekonstruktion und Ausgestaltung dieses traditionellen Karatedō in Deutschland am Beispiel von Werner Lind und dem von ihm gegründeten Budō Studien Kreis (BSK) eingegangen.

3.4 Die Rekonstruktion des traditionellen Karatedō – Das Beispiel Werner Lind und der Budō Studien Kreis (BSK)

> Die klassischen Kampfkünste lehren nicht das Wissen oder Können, sondern das philosophische Denken. Sie halten die Menschen dazu an, ihren Sinn im Dasein zu suchen, und lehnen Prestige- und Geltungsstreben ab. Daher ist das Wesen des DO in den Kampfkünsten ein Weg der Überwindung des Ich. Nur wer diesen Weg bereit ist zu gehen, kann je erfahren, was die Kampfkünste wirklich sind.
>
> Werner Lind: *Klassisches Karate-Do*, 1997:11.

Die sich selbst als „klassisch/traditionell" bezeichnende Richtung (Lind 1997:157) des Karatedō lässt sich im Bestreben der Suche nach Anknüpfungspunkten an alte geistige asiatische Wurzeln und Traditionen und deren mögliche Wiederbelebungsversuche und Rekonstruktion („Invention of Tradition"[18], s. Kap. 6.2.4) im Kontext westlicher Konzepte („New Age", s. Kap. 6.2.3) charakterisieren. Dabei sind die von Wedemeyer aufgeführten Charakteristiken, wie das Streben nach Individualismus, Ganzheitlichkeit und Selbstfindungsbestreben, und das Bedürfnis nach gegenkirchlichen Sinnsystemen, wie etwa ein religionskritisch aufgefasster Buddhismus als „östliche Philosophie" wichtige Faktoren (vgl. Wedemeyer 2002:251). Ein weiterer Faktor ist das synthetische Bestreben der Einbeziehung von Gesundheitslehre, Psychologie, Philosophie, Medizin und Religion (Dolin 1999, 363-373).

So sind laut Lind drei wesentliche Bestandteile des klassischen Karatedō, das viel mehr sei als eine Kampfkunst und Sport, die „enge Verbindung mit philosophischen Inhalten, die auf fortwährende Selbstvervollkommnung orientieren", „die organische Verquickung mit den alten chinesischen und japanischen Gesundheitslehren" und „der über Jahrhunderte bewahrte elitäre Charakter der

---

[18] Eine in ihre jeweilige Gegenwart „Erfundene" bzw. rekonstruierte, aber in eine bestimmte Vergangenheit zurückprojizierte Tradition (vgl. Hobsbawm/Ranger 1992). Den Bezug zum Karatedo zieht z.B. der Ethnologe Ashkenazi 2002 (s. Kap. 6.2.4).

Kampfkunst, der keinerlei Gedanken an ein Senken des Anspruchs [wie z.B. im Sportkarate, SK] aufkommen ließen" (Lind 1997:157). Dazu legt Lind in seinem Buch *Klassisches Karate-do – Gesundheits- und Vitalpunktlehre, Trainingsführung, Selbstverteidigung* (1997) großen Wert auf Elemente, die dem Sportkarate entgegenstehen, wie die Vitalpunktlehre, Ethik (*dōjōkun*), Sozialverhalten, Persönlichkeitsentwicklung, Selbstverteidigung und als geistig, psychologisch bezeichnete religiöse Elemente des Trainings (s. Kap. 4 u. 5). Besonderen Wert wird dabei auf die Elemente *kata, bunkai* und *kumite* gelegt (s. Kap. 4.1).

In seinem Buch *Budo – Der geistige Weg der Kampfkünste* (2007) entwickelt Lind das „geistige Fundament" der Kampfkünste und des Karatedō auf der Basis des religiösen Weges der Samurai, dem *budō* ("Weg der Kampfkünste"), wobei wichtige Inspirationsquellen, die auch in seiner Bibliographie angegeben sind, offensichtlich Herigels *Zen in der Kunst des Bogenschießens* (1951), der Klassiker des Zen in Bezug auf Kampfkünste im Westen Taisen Deshimaru-Roshis *Zen in den Kampfkünsten Japans* (1978, s. Kap. 2.2.3.3) sowie die Bücher von Karlfried Graf Dürckheim, dem „ersten deutschen New Age-Zen-Buddhisten" (Offermanns 2002:305), waren (vgl. Kap. 6.2.2).[19] Auffallend ist auch, dass Lind die Kapitel oft mit Zitaten westlicher Philosophen und Dichter (z.B. Fichte, Goethe, Schopenhauer, Hesse) einleitet, was wohl eine Brücke zu westlichem Denken schlagen soll. Die Vervollkommnung des Menschen und die Möglichkeit der Selbstfindung versteht Lind dabei als zentralen Inhalt und wichtige Funktion des Budō und des Karatedō als Weg im Gegensatz zum Sportkarate:

> Karate, T'ai Chi, Judo, Aikido – das ist Körperbeherrschung, Kampfkraft, Selbstverteidigung. Doch damit erfasst man nicht den Inhalt, den Geist, der jede dieser Kampfkünste erst zu dem macht, was sie eigentlich sind:

---

[19] Laut Offermanns sei Berglers Zuordnung Dürckheims als „christlicher Zen-Buddhist" (Bergler 1981) weniger passend, da Dürckheim Zen vorwiegend mit Gedanken und Praktiken des New Age verbinde, und die christlichen Elemente nur ein Teil davon seien. Neben Zen seien die Grundpfeiler seines Denkens Daoismus, Ganzheits- und Gestaltungstherapie, C.G. Jungs analytische Psychologie, die romantische Religiosität eines Novalis, Meister Eckhart und Julius Evolas Konzept des Initialischen (Offermanns 2002:305). Zur speziellen Rezeption des Zen und der Zen-Künste in Deutschland durch z.B. Dürckheim s. Kap.8.3.

Möglichkeiten der Selbstfindung, der wahren Erkenntnis, der Vervollkommnung der geistig-seelischen Fähigkeiten (Lind 2007, Klappentext).

Auch unterscheidet Werner Lind Sportkarate vom Karatedō als Kampfkunst-Weg strikt in der unterschiedlichen Funktion und Zielsetzung:

> Das Sportkarate stellt eine Technikessenz des Karate-do dar, wobei die Techniken nach den Grundsätzen des Sporttreibens geübt und angewendet werden. Es ist für junge Menschen gedacht, die durch die Übung der Kampftechniken ihren Körper, ihren Geist und ihren Willen stärken. Das Karate-do aber ist für all jene Menschen gedacht, die sich auf einen Weg begeben wollen (Lind 1997b:12).

Weiterhin sei das Sportkarate eher ein verflachter Abkömmling des „großen alten Karatedō":

> Viel mehr als eine Kampfkunst: Viele, die in Vereinen Karate trainieren, vergessen leicht, dass es ein relativ junger Spross dieser alten Kampfkunst ist, dem sie sich verschrieben haben: nämlich Sportkarate, entstanden in der ersten Hälfte unseres Jahrhunderts. Es stammt aber vom klassischen Karate-dō her, jener ungeheuer reichen okinawanischen Kampfkunst, von der es abgeleitet wurde. Früher oder später hat fast jeder Karateka das Bedürfnis, mehr zu erfahren über das große Karate-dō" (Lind 1997b, Klappentext).

Werner Lind (*1950) kam nach eigenen Angaben in seinem Lexikon (2001:380; *Lind*) 1967 in Rumänien zuerst mit *judō* in Berührung und begann dadurch sich auch mit Karate zu beschäftigen, woraufhin er 1980 in Deutschland ein *dōjō* eröffnete. Nachdem Lind in deutschen Karate-Verbänden als Honorar-Lehrer tätig war, begann er sich 1984 von den Verbänden zu lösen, um sich auf die Suche nach einem klassischen föderationsunabhängigen Weg des Karate zu machen, woraufhin er den Budō Studien Kreis (BSK) gründete (vgl. Lind 2001:380; *Lind*). Der Budō Studien Kreis soll dabei eine Vereinigung von *budō*-Lehrern verschiedener Disziplinen zu Studienzwecken der klassischen Kampfkünste Asiens bilden, um an die alten Quellen anzuknüpfen:

> Das Karate-System des BSK (Shotokan Kempo Karate & Kobudo) beruht auf dem Shotokan ryu, sucht jedoch seine Wurzeln im chinesischen Quanfa und Qigong. Wettkampf wird nicht betrieben, der Stil beruht auf Selbstverteidigung und Vitalpunktgymnastik (Lind 2001:710).

Mittlerweile wird im BSK neben Shōtōkanryū, *kempō karate* und *kobudō* auch *taìjíquán, qìgōng* und *ninjutsu* praktiziert. Neben dem *honbudōjō* 本部道場 (Haupt-*dōjō* eines Stils) in Bensheim existieren noch zahlreiche Ableger. Auch zahlreiche *budō*-Lehrer aus anderen Karatestilen (z.B. Albrecht Pflüger, s. Kap. 3.1) oder anderen Kampfkünsten haben sich dem BSK angeschlossen, oder unterstützen das Anliegen.[20]

Da die Bücher von Werner Lind in deutschen Kampfkunstkreisen sehr bekannt geworden sind, besitzt Linds Ansicht über die klassischen Kampfkünste in Deutschland eine gewisse Nachhaltigkeit.[21] Oft finden sich auf Webseiten verschiedener Stile zu den verschiedenen wichtigen Inhalten des Karatedō (s. Kap. 4.5) (oft nicht als solche gekennzeichnete) wörtliche Zitate aus Linds Büchern.[22] In einigen *dōjō* wird zur Unterweisung neben den Büchern von Zen-Meistern wie Taisen Deshimaru-Roshi auch aus Büchern von Werner Lind (z.B. im Marburger Shidōkan Shirasagi Dōjō) vorgelesen. So mag es zwar neben Lind auch noch andere Personen geben, die wichtig sind, aber aufgrund fehlender Buchveröffentlichungen einen kleineren Wirkkreis haben, was Lind bewusst ist:

> Amateure und Profis haben die gleiche Berechtigung in den Kampfkünsten, doch man sollte sie nicht miteinander verwechseln. Amateure leben aus der Forschung der Profis – dies ist ein Gesetz aller Branchen. Ohne Profis gibt es keine Qualität im Budō (Lind 2001:380; *Lind*).

---

20   Vgl. http://www.budustudienkreis.de (05.01.08).
21   Linds Bücher *Budo* (1992) sowie das *Lexikon der Kampfkünste* (1992) sind mittlerweile in der sechsten Auflage erhältlich, und in Gesprächen mit Karateka unterschiedlicher Stile wurde bei Nachfragen über gute Bücher fast immer Lind genannt. Das mag daran liegen, dass es von Lind Bücher gibt, während andere Lehrerpersönlichkeiten keine Bücher veröffentlicht haben.
22   Beispielsweise ist „Was bedeutet Dojokun" auf http://www.seido-marburg.de/dojokun.pho5 (1.09.2007) eine nicht als solche gekennzeichnete wörtliche Wiedergabe von Lind 2001:149; *dōjōkun*.

3.5 Die Verbreitung und die Vernetzung des traditionellen Karatedō in Deutschland anhand eines Beispiels

Das Bild des Karatedō in Deutschland ist durch eine Vielfalt von Stilen und Schulen unterschiedlicher Herkunft (Okinawa, Japan, USA etc.) geprägt. Darüber hinaus gibt es noch große Unterschiede im Verständnis und dem Umgang des Karatedō. Im Sinne Wedemeyers (s. Kap. 3 Anfang), der die „offizielle" von der „inoffiziellen" Verbreitung unterscheidet (vgl. Wedemeyer 2002:249f), gibt es auch im Karatedō neben der überaus erfolgreichen Verbreitung des „offiziellen" „Sport-Karate" einen, gemessen an dessen Verbreitungsgrad, relativ kleinen, „inoffiziellen" Kreis von Betreibern eines sich selbst als traditionell verstehenden Karatedō. Während sich das „Sport-Karate" gerade durch Reglementierung, Standardisierung und Vereinheitlichung des Trainings, der Wettkampfregeln, der Lehrinhalte und der Organisation in Verbände, Vereine und Dachorganisationen auszeichnet, bleiben traditionelle Schulen meist relativ klein und überschaubar. Diese kleinen und überschaubaren Schulen und *dōjō* werden oft durch Lehrerpersönlichkeiten (z.B. Werner Lind, Joachim Laupp, Fritz Nöpel, Albrecht Pflüger, s. Anhang) statt einer Vereinssatzung getragen. Dennoch gibt es Bestrebungen, sich zu organisieren, oder sich bestehenden Dachorganisationen anzugliedern.

Zum einen gibt es die Vernetzung von *dōjō* einer bestimmten Schulrichtung untereinander, oft auch mit Anbindung an das Ursprungsland der Schule (Okinawa, Japan, USA etc.), als auch der schulübergreifende Austausch zu Studienzwecken, wie dem Budō Studien Kreis (BSK). Trotz vieler offensichtlicher Unterschiede der einzelnen *dōjō* und Schulrichtungen, wird oft das Verbindende (Karatedō als „Weg" für den ganzen Menschen) in den Vordergrund gestellt. Dieser Vernetzung und der gegenseitige Austausch wird anhand eines Beispiels kurz vorgestellt, da es zu weit gehen würde, dies für jedes traditionelle *dōjō* tun zu wollen. Zum einen wird die Vernetzung des Shidōkan Shirasagi Dōjō von Sensei Joachim Laupp (*1957), 8. Dan Kyoshi, in Deutschland und die Verbindung mit Okinawa dargestellt, und zum anderen der stiloffene Austausch und die Verbindung zum Budō Studien Kreis (BSK) um Werner Lind.

Nach eigenen Angaben in einem Interview mit dem Budō Studien Kreis (Laupp 2003)[23] begann Joachim Laupp (*1957) ab 1969 Karate (Shōtōkanryū) zu trainieren und wendete sich ab den 1970er Jahren dem okinawanischen Matsubayashi Shōrinryū USA (W. Marsh) zu. Ab 1978 interessierte sich Laupp für Kobayashi Shōrinryū und lernte daraufhin auf Okinawa seinen Lehrer Mihahira Katsuya (10. Dan, Hanshi) kennen. 1990 übertrug Mihahira Katsuya Laupp die beurkundete Aufgabe, seinen Stil, seine Interpretation des Kobayashi Shōrinryū, Okinawa Shōrinryū Shidōkan Karatedō (kurz Shidōkan), in Deutschland und Europa zu verbreiten (vgl. auch Lind 2001:375f; *Laupp*). So gesehen steht Laupp auch als weiteres Beispiel für die Keimzelle des „inoffiziellen" Karatedō aus dem „offiziellen" populären Karate, was bei Laupp durch die Abkehr vom Karate als Sport und der Hinwendung zum Karate als Weg (Karatedō), sowie der Suche nach einem authentischen, echten okinawanischen Karatedō, was dann auch mit der Reise zum Ursprung nach Okinawa gekennzeichnet ist.

Das Shidōkan Shirasagi Dōjō[24] von Sensei Joachim Laupp in Düsseldorf (ehem. Trier) ist das deutsche *honbudōjō* (Hauptdōjō) des okinawanischen Kobayashiryū (Unterschule im Oberbegriff Shōrinryū). Das Shidōkan Shirasagi Dōjō Marburg[25] (s. Kap. 3.3.1) ist eines von weiteren angeschlossenen deutschen *dōjō*. Die anderen befinden sich z.B. in Berlin, Trier, Cottbus, Dernbach und Zürich[26]. Über Deutschland hinweg ist das Shidōkan Shirasagi *honbudōjō* mit dem Shidōkan („Institution/Tempel/Haus für ehrliche Menschen"), dem *honbudōjō* von Miyahira Katsuya, dem Lehrer von Laupp, in Naha auf Okinawa verbunden. In Okinawa wiederum bildet der Okinawa Shōrinryū Karatedō Kyokai die übergeordnete Organisation. Die davon abgeleitete in Deutschland gegründete OSSKD (Okinawa Shōrinryū Shidōkan Karatedō Deutschland), der Laupp in Deutschland vorsteht, bildet die Dachorganisation in Deutschland. Die Zweigstellen des Shidōkan Shirasagi Dōjō von Sensei Joachim Laupp in Deutschland werden dabei von seinen Schülern geleitet. In

---

[23] *Interview mit Sensei Joachim Laupp* (2003) von Susanne Speicher (Budō Studien Kreis, BSK);
http://www.budostudienkreis.de/BSK/inter17.htm (05.08.2007).

[24] http://www.shorinryu.de (15.01.08).

[25] http://www.shorinryu-marburg.de (15.01.08).

[26] http://www.shorinryu.de (15.01.08). „Links"; „Verzeichnis der Shirasagi Dojos".

einem Interview mit dem Budō Studien Kreis (2003)[27] sagte Laupp, dass die *dōjō* in eigener Verantwortung von den Schülern geleitet werden, das Verbindende sei das regelmäßig stattfindende *taikai* (Zusammenkommen). Das *taikai* sei dabei mehr als nur ein Lehrgang, sondern diene vor allem dem Austausch und der Gewährleistung der Fortführung der gemeinsamen *budō*-Tradition. Zu diesem Zweck gibt es auch einen regen Austausch, indem Laupp jedes Jahr ein paar Wochen auf Okinawa verbringt, und auch Lehrer aus Okinawa oder den Zweigstellen in den USA nach Deutschland reisen (vgl. Laupp 2003). Laupp beurteilt auch die generelle Situation des Karatedō in Deutschland bzw. Europa. Dabei legt er Wert auf die authentische Weitergabe der *budō*-Tradition durch die Ausbildung guter *budō*-Lehrer und der Abgrenzung zum Karate als Sport:

> Ich denke, aus sportlicher Sicht hat sich das europäische Karate in den letzten zwei Jahrzehnten wirklich sehr, sehr gut entwickelt. Es ist als Sport sehr erfolgreich! Aber in Okinawa ist Karatedo nun mal kein Sport. Aus der Sicht eines Budoka ist Karate als Weg (Karatedo) in Europa eine reine Katastrophe, mit wenigen Ausnahmen, so finde ich, und da teilen andere Budoka die gleiche Meinung mit mir. Es spielt für mich keine Rolle, ob es da um Deutschland, Frankreich, der Schweiz oder andere europäische Länder geht. Ich denke, dass dies sogar weltweit im Wesentlichen der Fall ist. Es sind die inneren Werte, die in fast allen Karateschulen zumindest zu wünschen übrig lassen. In letzter Zeit stelle ich allerdings fest, dass manche Sportkarateka sich wirklich bemühen, die alten Budo- und Lebenswerte wieder auf den Plan ihres Unterrichts zu rufen. Doch hier stoßen sie oft auf Schwierigkeiten, was auch ganz natürlich ist, und keinesfalls an mangelnden Fähigkeiten, oder an mangelndem Bemühen liegt. ‚Ein jeder kann nur das lehren, was er selbst gelernt hat.' Wenn man ein Karatedojo im traditionellen Stil betreiben möchte, genügt es nicht, wenn die Schüler sich weiße Karate-Anzüge (Gi's) überstreifen und sich vor nach und während des Trainings mit ‚Ossu' grüßen. Die Art und Weise, wie Inhalte vermittelt werden, ist ausschlaggebend. Mein persönliches Motto lautet: ‚Wir Budo-Lehrer sollten keine Kampfmaschinen produzieren, sondern wir müssen gute Budo-Lehrer schaffen'! Das Problem ist, dass im Westen alles als Sport gesehen wird und sich auch nur unter diesen Aspekt richtig in der Masse an den Mann bringen lässt. Alles

---

[27] http://www.budostudienkreis Letzter Zugriff am 05.01.08.

dreht sich nur um Sieg oder Niederlage. Budo hingegen ist etwas sehr persönliches, nichts, was man nur oberflächlich für eine bestimmte Zeit mal nur so einfach ausprobiert, denn hier ist der Weg das Ziel, der den ganzen Menschen fordert (Laupp 2003).

Auch findet Laupp es bedauerlich, dass viele Sport-Karateka ihren Karate-Anzug an den Nagel hängen, wenn sie in die Jahre kommen, und sich nur noch als Funktionär im Verein betätigen. Einige (z.B. Albrecht Pflüger) schaffen aber auch die Umorientierung zum Karate als Weg (Karatedō), den man bis ins hohe Alter gehen könne.

Interessant sind auch die Überlegungen zur Art des Trainings in Deutschland und zur Popularität des „Sport-Karate". So gibt es wohl Lehrer, die annehmen, man müsse in Deutschland Karatedō anders (z.B. als Sport) unterrichten als auf Okinawa, weil die Mentalitäten unterschiedlich seien. Ein befreundeter okinawanischer Meister habe zu Laupp diesbezüglich gesagt: „Wenn du hier in Deutschland weiterhin so wie auf Okinawa deinen Unterricht führst, dann wirst du mit der Zeit alle deine Schüler verlieren" (Laupp 2003). Laupp hingegen vertritt die Ansicht, man könne sehr wohl den Unterricht wie auf Okinawa führen, auch wenn die Übung dann aufgrund der „Härte" und vor allem wegen des erhöhten geistigen Anspruchs für die Schüler erst einmal eine Umorientierung und ein Einlassen in die *budō*-Lehre abverlange (Laupp 2003).

Auch zum Budō Studien Kreis (BSK) äußert sich Laupp. Lind und sein Team waren in den 1990er Jahren auf die Schule von Laupp aufmerksam geworden und haben Laupp in seinen damaligen *dōjō* in Tier besucht. Laupp unterstreicht, dass er ein Freund von Werner Lind sei, den er seit den 90er Jahren persönlich durch einen Besuch Linds im Trierer Dojo kenne, zum anderen schätze er die akribische Arbeit des BSK, habe alle Bücher von Lind gelesen und könne sie jedem Budoka empfehlen. Außerdem ist Laupp Ehrenmitglied beim BSK und hat seine Erfahrung und sein Wissen über Informationsquellen aus Okinawa in die Arbeit des BSK mit eingebracht. Z.B. erwähnt Laupp, dass in Zusammenarbeit Videos über okinawanische Kata (z.B. *naihanchi*) entstanden sind. Auch wenn Laupp als Vertreter eines in sich geschlossenen Stils den stilübergreifenden Austausch und das Ansinnen des BSK wertschätzt und unterstützt, habe er einen Grundsatz, der ab einer gewissen Grenze gelte: „Schuster bleib bei deinen Leisten..." (Laupp 2003).

Dass die Lehrer eines traditionellen Karatedō in Deutschland sich gegenseitig tragen und anerkennen zeigt auch die Nennung der geschätzten Kollegen und Karatedō-Lehrer in Deutschland bei Joachim Laupp, sowie die Nennung wichtiger Karatedō-Lehrer in Deutschland bei Werner Lind. Dabei sind die Namen hervorgehoben, die auch für diese Arbeit relevant waren, da schriftliche Aussagen von ihnen zugänglich waren (Vgl. Anhang):

> Ich schätze in Europa einige japanische Sensei, die in Europa leben und den trad. Weg gehen, oder sehr erfolgreich den sportlichen Weg eingeschlagen haben. Da wären z.B. Chinen Sensei, Oshiro Sensei, Adaniya Sensei, Kase Sensei, Shirai Sensei und zuletzt Enoeda Sensei, der leider kürzlich verstarb, um nur wenige der in Europa lebenden japanischen Lehrer zu nennen, welche die Karate-Szenen in Europa in den letzten Jahren bereichert haben. Von den europäischen Lehrern schätze ich vor allem **Sensei Werner Lind**, Sensei Gilbert Gruss, Sensei Wolfgang Ziebart, **Sensei Albrecht Pflüger**, Sensei Wichmann, Sensei Günther Mohr, **Sensei Karamitsos Efthimios**, Sensei Bernd Milner und **Sensei Fritz Nöpel** u.v.a., um nur einige davon zu nennen, weil sie die deutsche Karate-Szene zum einen mitgeprägt, beeinflusst und zum Teil neu belebt haben (Laupp 2003).

Auch in der Liste wichtiger Karate-Lehrer in Deutschland bei Lind tauchen die hervorgehobenen Namen ebenso wie Joachim Laupp unter den 39 genannten Namen auf (vgl. Lind 2001:297f; *Karate dō*).

3.6 Die drei Ebenen der Karatedō-Rezeption in Deutschland

Zusammenfassend präsentiert sich die Rezeptionsgeschichte des Karatedō in Deutschland als eine dreistufige Rezeptionswelle, oder auch eine Rezeption drei unterschiedlicher Ebenen des Verständnisses von Karatedō. Denn während das Konzept der Stufen eine Art Evolution oder Entwicklung zu Höheren und Besseren (oder zurück zu dem wahren Alten) vermuten lässt, wie von Vertretern des „klassischen Karatedō" wie Werner Lind probagiert wird, ist das Bild drei unterschiedlicher Ebenen neutraler und passender, weil alle drei Ebenen weiterhin nebeneinander existieren.

Die erste Ebene der Rezeption des Karate beruht auf der raschen Verbreitung des japanisch geprägten Wettkampfkarate in den 1960ern, aus dem sich in der zweiten Ebene ab den 1970ern Bestrebungen herausgebildet haben, den „geistigen Hintergrund" (Pflüger

1975:7), wie die „charakterbildenden" (Pflüger 1975:357), „ganzheitlichen" (Pflüger 1975:7), „psychologischen" (Pflüger 1975:338), „philosophischen" und „geistigen" (Seydel/Karamitsos 1992) Elemente und Inhalte verstärkt zu betonen. Diese zweite Ebene ist stark mit der Rezeption des Zen-Buddhismus als „Philosophie des Zen" und „Samurai-Zen" (Baatz 2001) in der „Zen-Welle" ab den 1970ern in Deutschland verbunden. Das Wort „Religion" im Zusammenhang mit Zen und Karatedō wurde zunächst anscheinend wegen seiner christlich und theistisch verstandenen Konnotation gerade in alternativeren Kreisen ungern benutzt, wogegen sich „Spiritualität" und „Philosophie" individuell geprägt von einem primär kirchlich verstandenen Religionsbegriff abgrenze (vgl. Schweidlenka 2001) und auch die Einbettung buddhistischer Praktiken wie das *zazen* (Zenmeditation) oder auch Karatedō in andere Religionen, wie z.B. dem Christentum ermögliche (s. Kap. 7): „Wenngleich er im offiziellen Sinne zu den Weltreligionen zählt, ist der Buddhismus im Grunde eine Lebensphilosophie und unabhängig von Religion für jeden und jede lebbar (Egger/Zwick/Chuan/Knoll 2006:30). [28]

Die Rezeption und das Bild des Zen-Buddhismus in Deutschland wurde dabei maßgeblich durch Eugen Herigel, Karlfried Graf Dürckheim, Enomiya M. Lasalle, D.T. Suzuki und Rudolf Otto geprägt (vgl. Bergler 1984, Baatz 2001, Offermanns 2002), was in der weiteren konsequenten Rezeption des Karatedō als Zen-Weg ein wichtiger Faktor zu sein scheint (s. Kap. 6.2.2). Dabei wurde Zen sowohl als religionskritisch oder auch -offen aufgefasste „östliche Philosophie" (vgl. Wedemeyer 2002:251), als christlicher Zen-Buddhismus oder im Sinne Dürckheims als ersten „New Age-Zen-Buddhisten" (vgl. Offermanns 2002:305) als „New Age-Zen-Buddhismus" rezipiert.

Die anschließende Suche Karatedō-Praktizierender nach alternativer Spiritualität mit der Verknüpfung östlicher und westlicher Inhalte jenseits der großen Kirchen im Sinne eines „New Age-Zen-Buddhismus" speist die dritte Rezeptionswelle des Karatedō, die ab den 1980ern greifbar ist, und für die Werner Lind exemplarisch steht. Zentraler Inhalt und Ziel dieser Rezeptionsebenen ist die Suche nach Anknüpfungspunkten an alte heilsbringende Lehren

---

[28] Die Frage, inwieweit der Buddhismus als Religion verstanden werden kann, hat eine lange Vorgeschichte in der Rezeption des „Lese-Buddhismus" (Baatz 2001:163) als Weltanschauung, Philosophie oder Ethik ohne Religion im 19. Jh. und der Auffassung des Buddhismus als eine „atheistische" Religion Mitte des 20. Jh. (vgl. Baatz 2001:160).

und Praktiken Asiens und der synthetischen Kreation einer dem westlichen Bedürfnis angepassten Form alternativer Spiritualität bzw. buddhistischer Religiosität (s. Kap. 6). Dabei gibt es starke Bestrebungen innerhalb der Karatedō-Praktizierenden die religiösen Hintergründe und die großen Zusammenhänge zu erforschen (Habersetzer, Lind) und Karatedō in den großen Strom heilsbringender Lehren Asiens, vom indischen *yogā* über *qìgōng* und chinesische Gesundheitslehren bis hin zum (Zen-) Buddhismus mit Hilfe westlicher Konzepte wie Psychologie und Wissenschaft, einzuordnen (s. Kap. 5 u. Kap. 6.), was für die „New Age-Sphäre" (Offermanns 2002:305) charakteristisch ist.

Parallel zu der Konstruktion eines „New Age-Zen-Karatedō" im Sinne einer breiten Öffnung (über Stil und Kampfkunstgrenzen hinweg) zu Studienzwecken wie bei Werner Lind und der „Rückbesinnung" zu den „wirklichen Inhalten" eines traditionellen Karatedō aus dem „Sport-Karate" heraus (z.B. Pflüger, Seydel, Karamitsos und auch Lind) gibt es auch Bestrebungen, direkt an die alten Traditionen anzuknüpfen, und bei japanischen bzw. okinawanischen Meistern eines traditionellen Karatedō zu lernen, um diese Tradition nach Deutschland zu bringen und dort in veränderter Umgebung fortzuführen. Gute Beispiele dafür sind Joachim Laupp (s. Kap. 3.5) und Fritz Nöpel (s. Kap. 3.1). Neben diesen verschiedenen deutschen Rezeptionen gibt es natürlich auch noch originär japanische Meister des Karatedō in Deutschland (einige Namen s. Kap. 3.5).

Dass die unterschiedlichen Suchen nach Authentizität sich gegenseitig beeinflussen und tragen können zeigt sich auch in der gegenseitigen Wertschätzung und Unterstützung von Lind und Laupp sowie der gegenseitigen Anerkennung verschiedener Lehrer des Karatedō in Deutschland, die alle unterschiedliche Zugänge zum traditionellen Karatedō haben. (s. Kap. 3.5). Das mag daran liegen, dass das Ziel das selbe zu sein scheint, wohingegen sich die Methode unterscheidet. Das Ziel kann in der Weiterführung einer möglichst authentischen *budō*- und Karatedō-Tradition gesehen werden. Während aber Lind und der BSK versuchen über Studien und gegenseitigen Austausch, also einer breiten Öffnung, zum Kern vorzustoßen, versucht Laupp gerade durch möglichst exakte Bewahrung der an ihn weitergegebenen okinawanischen Tradition eines in sich geschlossenen Systems, die *budō*-Tradition zu erhalten (was aber nicht den fruchtbaren Austausch und die freundschaftliche Verbindung mit anderen Stilen, Schulen und dem BSK ausschließe vgl. Laupp 2003).

Nachdem die Geschichte des Karatedō (Kap. 2), und die spezielle Rezeptionsgeschichte in Deutschland (Kap. 3) behandelt wurde, beginnt ab dem nächsten Kapitel ein neuer Abschnitt in der Untersuchung der praktischen Elemente, religiösen Aspekte, der Verortung in Räumen und dem individuellen Verständnis des Karatedō in Deutschland. Im folgenden Kapitel werden dazu verschiedene Elemente aus der Praxis des Karatedō im Einzelnen vorgestellt und untersucht.

Teil II:
Religionen und religiöse Elemente im Rezeptionsprozess des Karatedō

4 Elemente der Praxis des Karatedō und ihre Rezeption als religiöse Wegkomponenten

> *Bei einer Dan-Prüfung sagte ein Meister einmal, dass es drei wichtige Dinge gibt: Shin, Waza und Tai – Geist, Technik und Körper. Welches ist von diesen das wichtigste?*
>
> Taisen Deshimaru-Roshi: *Zen in den Kampfkünsten Japans*, 1978:41.

In diesem Kapitel werden die Elemente der Praxis des Karatedō und ihre Rezeption in Deutschland vorgestellt. Neben den „äußerlich" sichtbaren Elementen der Übungsabläufe und Trainingsmethoden der Technik des Geistes und des Körpers geht es vorrangig um eine Darstellung der Rezeption von „Wegkomponenten" (Lind 1997a:29), die sich aus ostasiatischen Religionen und verschiedenen religiös geprägten Lehren und Praktiken speisen, wie z.b. die Praxis der *kata* („Form") als „Meditation in Bewegung" (Hutter 2001a:215), die rechte innere und äußere Haltung, die rituelle Etikette, die Weitergabe der Lehre vom Lehrer *(sensei)* zum Schüler *(deshi)*, die „innere" Bedeutung einer Hierarchie und eines Graduierungssystems und die Bedeutung eines traditionellen *dōjō* als Ort der Wegübung und als „Ort der Erweckung" und „Raum der Erleuchtung"[1]. Auch durch die Rezeption dieser Elemente, die oft eine Nähe besonders zum japanisch geprägten Zen-Buddhismus erkennen lassen, erhält Karatedō seine religiöse oder auch spirituelle Konnotation. Während dieses Kapitel eher der Darstellung der Rezeption der „Wegkomponenten" des Karatedō dient, wird die Rezeption der ostasiatischen Religionen und der speziellen verschiedenen Lehren, Praktiken und Vorstellungswelten (Kosmologie), in die diese „Wegkomponenten" und Elemente der Praxis eingebettet sind, im folgenden fünften Kapitel untersucht und diskutiert.

4.1 Die drei bzw. fünf Säulen des Karatedō

Die Übung des Karatedō gliedert sich je nach Gewichtung und Darstellung in drei bis fünf Hauptelemente. Die einzelnen Übungs-

---

[1] http://www.shorinryu-marburg.de; *das traditionelle Dōjō* (05.01.2008).

elemente sind *kihon* („Grundschule, Grundlage"), *kata* („Form"), *bunkai* („Aufgliederung, Analyse, Anwendung"), *makiwara* („Holz und Stroh") und *kumite* („Handgemenge"). Im Wettkampfkarate werden oft nur *kihon, kata* und *kumite* als die „Drei Säulen des Karate" bezeichnet, was daran liegen mag, dass sowohl *kata* als auch *kumite* als eine mögliche Form des Wettkampfes geübt wird. Im klassischen okinawanischen Karatedō kommt noch der Selbstverteidigungsaspekt durch die realitätsnahen Anwendungen (*bunkai*) und Abhärtungsübungen und Übungen des richtigen Angriffsfokus (*kime*) durch die Übung mit dem *makiwara* hinzu.

4.1.1 Kihon

Kihon[2] bezeichnet im Karatedō die Übung grundlegender Techniken, welche die Grundlage und das Fundament eines Stils bilden. Durch die ständige Wiederholung und Verfeinerung der abstrakten Ideal-Bewegungsabläufe im *kihon* soll dabei auch die grundlegende innere (geistige) und äußere (Körperhaltung, Atmung) Haltung geübt werden. Dabei soll der Übende lernen, die Techniken sowohl mit der richtigen Geisteshaltung als auch mit der richtigen Körperhaltung, Körper(-ent-)spannung in der Konzentration auf *hara* 腹 ("Bauch"; s. Kap. 5.2.5), der Körpermitte und der richtigen Atmung auszuführen.

Obwohl der Anfänger im Karatedō stets mit der Übung des *kihon* beginnt, gehört das beharrliche Üben der Kihon-Techniken, die stetige Verfeinerung und Verinnerlichung zum ständigen Trainingsprogramm auch für Fortgeschrittene: „Das stärkste Dach nutzt nichts, wenn das Fundament schwach ist" (Laupp, *kihon*)[3].

4.1.2 Kata

Die *kata*[4] („Form") wird oft als das „Herz" (Dolin 1999:110f) oder auch die „Seele des Karate-Do" (Binhack/Karamitsos 1992:74) bezeichnet, die voller „unendlicher Schätze" (Habersetzer 2005:9) sei. Die Kata ist eine spezielle Form der illiteraten Weitergabe von Wissen („von Generation zu Generation", von „Herz zu Herz"; Bin-

---

[2]   *kihon* 基本: „Grund(lage), Fundament" (*ki* = Basis, *hon* = Ursprung); alternative Schreibweise bei Lind 氣本 (*ki* = Kraft, Energie) = „Die Basis mit Kraft füllen" (Lind 2001, *kihon*:325).
[3]   http://www.shorinryu.de; *kihon* (14.10.2007).
[4]   *kata* 型: „Form, Muster, Modell, Typus, Stil" (vgl. Bittmann 1999, 59).

hack/Karamitsos 1992:79), durch die Verschlüsselung und Weitergabe von Kampfmethoden in einer idealisierten, genau festgelegten Abfolge von Bewegungen eines Kampfes gegen imaginäre Gegner (s. Kap. 2.2.2.1):

> Das Verständnis der klassischen Kata beginnt mit dem Erfahren ihrer energetischen Struktur (Geist, Konzentration, Kraftfluss, Atmung, Feinmotorik usw.) und führt zum Verständnis des Kampfstils. Alles, was sonst noch in einem klassischen Kampfkunsttraining passiert, ist nichts weiter als eine zusätzliche Hilfestellung für das enorm komplizierte, philosophisch fundierte Bewegungssystem, das die traditionelle Kata ist (Lind 1997b:12).

Jeder Karate-Stil schöpft aus einem eigenen Fundus von *kata*, wobei z.B. Lind in seinem Lexikon drei unterschiedliche Arten von *kata* unterscheidet, nämlich *kata* für den Kampf und die Selbstverteidigung (*rintō kata*), zur Vorführung (*hyōen kata*) und die energetische *kata* (*rentan kata*) (vgl. Lind 2001:302; *kata*). Auch Habersetzer unterschiedet mehrere Ebenen der klassischen *kata* und bezeichnet *kata* auch als „verschlüsselte Kampfform" (Habersetzer 2005:34), als „Arbeit mit der inneren Energie" (Habersetzer 2005:42) und als „eine Technik des Erweckens" (Habersetzer 2005:28).

Die Verschlüsselung von Kampfmethoden durch die *kata* spiegelt sich auch darin wider, dass weder für den Zuschauer noch für den Übenden selbst oftmals der direkte Nutzen und Sinn einer Technik in der *kata* ersichtlich ist. Viele Techniken lassen sich nicht eins zu eins in reale Kampfsituationen übertragen und entschlüsseln sich erst durch die Führung eines Meisters und der Übertragung der *kata* in eine Anwendungssituation durch Übung mit dem Partner, speziell des *bunkai*. So lautet die achtzehnte Regel von Funakoshis zwanzig Paragraphen (s. Anhang) auch: „Führe die Formen (*kata*) exakt aus. Der wirkliche Kampf findet auf einer anderen Ebene statt" (Übers. Keller; Funakoshi 2007:97).[5] In einem *dōjō* verglich ein Lehrer (*sensei*) des Karatedō die Übung der *kata* bildhaft auch als eine Art des Vokabellernens bei der Bemühung eine Fremdsprache zu erlernen. Auch mit guten und fundierten Vokabelkenntnissen könne man noch lange keine Unterhaltung in der fremden Sprache führen.

---

[5] *kata wa tadashiku jissen wa betsu mono*; alternative Übers.: „[Übe] die Form korrekt, im wirklichen Kampf ist das eine andere Sache" (Bittmann 1999:131).

Die Arbeit an der inneren Energie *ki* 氣 (chin. *qì*; s. Kap. 5.2.5) durch die *kata* spiegelt sich auch in dem Bestreben wider, sich mit „alten" Lehren und Praktiken Chinas, (wie der inneren taoistischen Alchemie) als Grundlage des Karatedō zu beschäftigen:

> Die *Koshiki Kata* [die formellen, traditionellen Kata, SK] bilden sowohl das Äußere als auch das Innere und sie bewirken zudem ein wechselseitiges Bilden beider. Sie stellen eine Methode dar, den Körper wie auch den Geist energetisch wieder ins Gleichgewicht zu bringen. Unter diesem Gesichtspunkt sind die Koshiki Kata tatsächlich nichts anderes als eine Form des *Qigong*. Dessen Endzweck besteht darin, das Individuum von allen inneren Hemmnissen zu befreien, die seine Energie, seine Lebenskraft, daran hindern, auf natürliche Weise zu zirkulieren (Habersetzer 2005:42).

Die gesuchte Nähe zum *qìgōng*[6] und der Vitalpunktlehre der Traditionellen Chinesischen Medizin (TCM) wird auch gerade in den Darstellungen von Werner Lind aufgegriffen:

> Jede Technik in den Kata oder im Kihon hat eine große Anzahl von positiven Wirkungen auf Körper und Geist. Deshalb ist es wichtig, alle Techniken korrekt auszuführen. Nur so werden die Vitalpunkte getroffen, die richtigen Muskelpartien gestreckt und die Gelenke sinnvoll bewegt. [...] Es ist wichtig zu wissen, dass die Akupunkturpunkte keinesfalls nur oberflächliche Punkte sind. (Lind 1997b:103f).

Auf die Rezeption von chinesischen Konzepten wie die Arbeit mit der vitalen Kraft *ki/qì* wird im fünften Kapitel (bes. 5.2.5) weiter eingegangen.

In dem Verständnis der *kata* als „eine Technik des Erweckens" spiegelt sich die beharrliche Einordnung des „Weges der leeren Hand" (Karatedō) als einen möglichen Weg des Erwachens/der Erleuchtung (*satori*), als eine „Meditation in Bewegung" (Hutter 2001:215), als Teil des „Buddhaweges" (*butsudō*), also des Buddhismus (s. Kap. 5.1.3), genauer des Zen-Buddhismus (*zendō*; „Zenweg") wider:

> Zum anderen ist die *Kata* ein Weg der Initiation, ein Leitfaden, der das Bewusstsein zu einem ‚anderen' Zustand führt, was im *Satori* gipfeln kann, dem inneren Erwachen, dem ‚dritten Auge' (Habersetzer 2005:28).

---

[6] „Bearbeiten (kultivieren) der vitalen Energie / Arbeit mit der inneren Energie" 氣 (*qì*, jap. *ki*).

Indem der Übende die *kata* in einem Zustand des wachen, absichtslosen, bestimmungslosen „leeren Geistes" (*mushin*) beständig wiederholt schmiedet der Übende seinen Geist („spiritual forging" *seishin tanren*):

> Wird eine Kata auf höherem Niveau ausgeführt, so muß dies ohne Angriffslust, ohne Verteidigungsbereitschaft erfolgen, ohne einen bestimmten Seelenzustand, ohne eine bestimmte Absicht, ohne Selbstgefälligkeit, ohne Furcht, einzig und allein mit Kraft und Bestimmtheit, die auf kein Ziel gerichtet sind. ‚Leerer Geist' (Mushin) bedeutet nicht die Abwesenheit des Geistes, sondern einen bestimmungslosen und dennoch präsenten Geist. Dieser Zustand ist gekennzeichnet durch inneres Gleichgewicht; Energieflüsse werden freigesetzt und mit voller Gelassenheit gesteuert. Hinter diesem scheinbar unbeweglichen Geisteszustand verbirgt sich die wahre Effektivität (Habersetzer 2005:33).

Lothar Ratschke (6. Dan Shōtōkanryū) beschreibt in *Dō, ein Lebensweg* im Abschnitt *In diesem Zustand möchte ich sterben* ebenfalls *satori* als Erfahrung der *kata*-Praxis: „Satori, wenn es wirklich eins war, möchte ich in meinem Karate haben. Ein Zustand, als wäre ich im Himmel oder unter der Erde, nichts sehen, mich auflösen. Im Karate ist das so, wenn ich sagen kann: ‚Die Kata ist zu Ende, und dann kann ich sterben'" (Ratschke 2004:54).

Eine *kata* lässt sich weiterhin auch noch auf der „Symbolebene" analysieren. Um die „tiefen" Ebenen der *kata* nachzuvollziehen, versuchen z.B. Binhack und Karamitsos eine *kata* auf der „Symbolebene" zu charakterisieren und zu analysieren. In der Analyse der *kata unsu* („Wolkenhände") des Shōtōkanryū wird die Analogie zu einer Vorstellung eines Gewitters im Gebirge geschlossen, wobei verschiedene Abschnitte unterschiedlichen Elementen der klassischen chinesischen Lehre der fünf Elemente (hier: Erde, Wasser, Feuer, Wind und Leere; s. Kap. 5.2.6) zugeordnet werden, wie z.B. der „heimtückischen Wasserströmung" (Wasser), der „Ruhe des Berges" (Erde), „die feurigen Blitze" (Feuer) und dem Sturmwind (Luft) (vgl. Binhack/Karamitsos 1992:127-138).

Neben dem eher vom Zen-Buddhismus geprägten Verständnis der *kata* als eine „Meditation in Bewegung" im Zustand des „leeren Geistes" (*mushin*) finden sich in der *kata* auch Komponenten wieder, die eher dem esoterischen Buddhismus (jap. *mikkyo*) zugeordnet werden können. So bezeichnet Shifu Nagaboshi Tomio (Terrence Dukes) die *kata* auch als „Mandala of Movement" (Dukes 2000:153). Als *mandala* (skt. „Kreis") sei die *kata* eine Meditationshilfe in Form einer Visualisierung spiritueller Prinzipien und ein Symbol des Zusammenhangs von Mensch und Kosmos (s. Kap. 5.2.6). Weiterhin ähneln oder sind einige Techniken einer Kata *mudra*s (skt. „Siegel", „Zeichen"; s Kap. 5.2.6), also symbolische bzw. wirkmächtige Hand- und Fingergesten aus dem kultischen Tanz und der bildenden Kunst des Buddhismus und Hinduismus.

4.1.3 Bunkai

Im *bunkai*[7] („Anwendung", „Analyse") werden die in der *kata* verschlüsselten und konservierten Bestandteile zerlegt, analysiert und in Anwendung gebracht. In der Übung der in der *kata* enthaltenen und teils verborgenen Techniken in einer Anwendungssituation mit dem Partner erschließt sich erst die Erforschung der *kata* und des Systems eines Karate-Kampfstils (vgl. Lind 2001:94; *bunkai*):

> Das Üben der Bunkai Technik verlangt absolute Konzentration und Disziplin, da die Bunkai Techniken möglichst realitätsnah ausgeführt werden müssen. Einem ungeübten Karateka können viele Fehler bei der Ausführung dieser nicht ungefährlichen Techniken unterlaufen, was zu schlimmen Verletzungen führen kann. Daher gilt es, alles, was an Übungen vorausgegangen ist, mit viel Fleiß zu üben. Im Übrigen sollte man diese Techniken nicht ohne die Anleitung eines erfahrenen Budo-Lehrers üben (Laupp, *bunkai*).[8]

Neben dem Aspekt der Aufgliederung möglicher Techniken aus einem Segment der *kata* in eine realitätsnahe Anwendungssituation kann man unter *bunkai* auch die Tiefenanalyse einer *kata* und der „Ergründung ihrer eigentlichen Inhalte" (Lind 2001:94; *bunkai*) verstehen:

> In den meisten Fällen muß dazu eine Kata über einige Jahrhunderte in 5-10 technischen Ausführungen zurückverfolgt werden, ihre Inhalte müssen aufgrund von Mentalitäten und Epochen verstanden sowie ihre vielfältigen Aspekte auf der Grundlage der Medizin, Esoterik, Autosuggestion, Vitalpunktforschung, Psychologie, Philosophie und vieler anderer Aspekte mehr analysiert und gewertet werden (Lind 2001:94; *Bunkai*).

Allein schon in der Synthese verschiedener Komponenten (Medizin, Esoterik etc.) und der Suche nach Anknüpfungspunkten an alte

---

[7] *bunkai* 分解: „Zersetzung, Auseinandernehmen".
[8] http://www.shorinryu.de; *Bunkai* (14.10.2007).

„eigentliche Inhalte" spiegeln sich die Bestrebungen Werner Linds wider, ein klassisches Karatedō zu rekonstruieren, welches im Sinne des „New Age" verstanden werden kann (s. zu Werner Lind Kap. 3.4. u. zu „New Age" Kap. 6.2.3). Eine im obigen Zitat angesprochene Zurückverfolgung über Jahrhunderte versucht z.B. Habersetzer in *Koshiki Kata – Die klassischen Kata des Karatedō* (2005).

4.1.4 Makiwara

Ein *makiwara*[9] („Stroh und Holz") ist ein okinawanisches Übungsgerät zur „Entwicklung" der natürlichen Körperwaffen (Faust, Handwurzel, Fingerspitzen, Ellbogen, Fuß etc.) und zum Studium des richtigen Angriffsfokus (*kime*). Ein typisches okinawanisches *makiwara* besteht aus einem Holzpfosten, der mit einer Schicht aus Reisstroh umwickelt ist, wobei es zahlreiche Varianten und Erscheinungsformen gibt. Die Übung am *makiwara* besteht aus dem Auftreffen der zu entwickelnden Körperwaffen und dem sich aus dem ständigen Üben speisenden „Studium" der richtigen Körper(-ent)spannung und dem richtigen „Brennpunkt" der Kraftkonzentration (*kime*): „Der Begriff Kime bezeichnet die Verwendung des inneren *ki* in der äußeren Technik" (Lind 2001:327; *kime*).

In der Darstellung von Werner Lind ist das *makiwara* „seit frühesten Zeiten" auch ein gesundheitsförderndes Übungsgerät:

> Auf jeden Fall wurde es nicht nur von Kampfkunstexperten gebraucht. Viele einfache Menschen, die Kampfkünste nicht übten, hatten ein Makiwara zu Hause. Die Übung an diesem Gerät galt als gesundheitsfördernd, denn sie bewirkte die Stimulation der Vitalkreisläufe und der inneren Organe (Lind 2001:389; *Makiwara-Training*).

In dem Buch *Klassisches Karate-Dō* (1997b) von Werner Lind ist der positiven Stimulation der Vitalpunkte ein ganzes Kapitel gewidmet. Daraus ein kurzes Beispiel der Stimulation von Vitalpunkten beim Auftreffen der Zeige- und Mittelfingergelenke (*daikentō*) der Faust beim geraden Fauststoß (*tsuki*) auf das *makiwara*:

> Auf dem ersten Knöchel befindet sich der 3. Extrapunkt der Hand (17), der bei Hals- und Nackenerkrankungen wirkt. Auf dem zweiten Knöchel liegt der 4. Extrapunkt (18), der bei Mandelentzündungen, Hals- und Zahnschmerzen sowie

---

[9] *makiwara* 巻藁: *maki* = Holz, *wara* = Stroh.

bei Entzündungen des Trigeminusnervs wirkt (Lind 1997b:108).

Im klassischen okinawanischen Shōrinryū versteht man das Üben am *makiwara* ebenso nicht nur als eine körperliche Abhärtung, sondern vielmehr ganz im Sinne der Zen-Künste als eine Übung des Geistes und der „Selbsterkenntnis" durch praktische Übung eines Erfahrungsweges und nicht durch den Intellekt:

> Am Makiwara bildet und stärkt man aber nicht nur seine Gliedmaßen, oder seinen ganzen Körper – man stärkt vor allem seinen Geist [...] Die Übung am Makiwara dient nichts anderem, als in einem inneren Kampf um das eigene ‚Ich' zu siegen. Aber um wirklich zu siegen, bedarf es der Selbstannahme des Ichs – der Übende muss sich selbst erkennen und sich des eigenen Daseins bewusst werden. Die Frage, die sich in diesem Ringen um das eigene Selbst ergibt, lautet jedoch nicht etwa ‚Wer bin ich?', sondern ‚Was bin ich?'. Aber darüber muss man an dieser Stelle nicht unbedingt schriftlich philosophieren. ‚Viel Makiwara zu üben bedeutet viele Schmerzen, viel Schmerz regt zum Denken an, viel Denken macht weise.' (Laupp, *makiwara*).[10]

4.1.5 Kumite

kumite[11] („Handgemenge") bezeichnet im allgemeinen und klassischen Karatedō das Üben mit einem (oder auch mehreren) Übungspartner. Dabei wird der Grad der Freiheit der Technikwahl und Taktik in verschiedenen Unterteilungen des *kumite* ausgedrückt. Während im *yakusuko-kumite* (abgesprochenes *kumite*) der Ablauf von Angriff und Abwehr festgelegt ist, werden im *jiyū-kumite* (freies *kumite*) Angriffe und Verteidigungen frei gewählt. Gewissermaßen ist das *yakusuko-kumite* durch die Übung der richtigen Distanz und des Partnergefühls eine Vorstufe für das *jiyū-kumite*, wo sich die Partner im Idealfall spontan und mit absichtslosem leeren Geist (*mushin*) miteinander bewegen. Der Umgang mit dem *kumite* ist äußerst vielfältig. So wird z.B. im traditionellen okinawanischen Karatedō *kumite* mit individuell angepasstem vollem Körperkontakt ohne Wettkampf mit einem Partner geübt, wohingegen z.B. im japanischen Kyokushinkai-Karate mit vollem Körperkontakt und

---

10 http://www.shorinryu.de; *makiwara* (14.10.2007).
11 *kumite* 組手: *kumi* = Grupppe, *te* = Hand (verbundenen Hände); „Begegnung der Hände" (Lind).

K.O.-Regeln gekämpft wird und die Erfolge im *kumite* auch eine Komponente des Graduierungssystems, der Hierarchie innerhalb einer *budō*-Gemeinschaft (s. Kap. 4.4), sind.

In der Geschichte des Karatedō wurde um das *kumite* viel gestritten, da es im Wettkampfkarate eine Form des Wettkampfes wurde, der von Vertretern der klassischen Stile weitestgehend abgelehnt wurde. Ein Grund für die Ablehnung des Wettkampf-*kumite* (z.B. bei Funakoshi) als ein Hauptelement eines Karateverständnisses ist die Entfernung von der Realität des Kampfes, in der Reglementierung und starken Einschränkung der Techniken und somit einer Verflachung des Karatedō als eine „Spielerei" statt einer ernsten Angelegenheit von Leben und Tod (s. Deshimaru 1979:41). Ein weiterer Grund ist die Entfernung vom Ziel des klassischen Karatedō als einem „Weg zum Selbst" hin zu äußeren Erfolgen und eigennützigen Zielen, die nicht Teil einer Wegkunst sind, die sich aber nicht zwangsläufig ausschließen (s. Kap. 2.3):

> Ziel ist weniger der sportliche Wettkampf, vielmehr geht es um die eigene Erfahrung, darum sich selbst zu begegnen. Dennoch rate ich meinen Schülern hin und wieder auch an Karate-Sportveranstaltungen teilzunehmen. Ich denke, dass man sich dabei auch im Stellen von Herausforderungen üben kann, die man im Alltag nicht so intensiv erlebt, wie bei solchen Veranstaltungen. Aber wir üben nicht für solche Veranstaltungen, denn sie sind nicht Ziel einer traditionellen Übung. Dennoch bestehen viele meiner Schüler diese Herausforderung auf internationaler Ebene. In Okinawa sagt man: ‚Sport beinhaltet kein Budo, aber Budo beinhaltet Sport'" (Laupp, *Kumite*)[12].

Werner Lind trennt seine Definition des *kumite* in eine äußere und eine innere Bedeutung. Während Lind die äußere Bedeutung, welche den meisten Karateka bekannt sei, als Partnerübung und Kampf definiert, sieht er die innere Bedeutung als eine „Technik der Begegnung", einer menschlichen und erzieherischen Übung mit einem Partner statt eines Gegners. Diese zwischenmenschliche Beziehung sei Teil des Weges, wohingegen der Wettkampf durch eigennützige Ziele den Fortschritt auf dem Weg verhindere (vgl. Lind 2001:358f; *kumite*).

Diese Interpretation des Karatedō als einen Weg der Freundschaft durch die Partnerübungen unterstrich auch der okinawanische

---

[12] http://www.shorinryu.de; *kumite* (14.10.2007).

Großmeister des Shōrinryū, Iha Seikichi (10. Dan Hanshi), in seiner Abschlussrede eines Karatedō-Lehrgangs im Okinawa Shōrinryū Shidokan Honbu Dōjō in Düsseldorf (s. Kap. 3.5): Das wichtigste an Karate sei die Freundschaft – Freundschaften, die im Karate geschlossen werden, würden ewig halten – ohne Partner und Freundschaft keine Übung und ohne Partner kein Fortschritt in der Technik – Freundschaft sei auch zwischen den *dōjō* wichtig. Diese Interpretation des Karatedō als ein Weg der Freundschaft und des Friedens deckt sich auch mit dem Verständnis des Karatedō in der Rede *Okinawan Karate and World Peace* (1996)[13] von Nagamine Shoshin (1924-1997, 10. Dan), dem verstorbenen Oberhaupt des okinawanischen Shōrinryū Karatedō.

4.2 Der Lehrer (*sensei*) und das Lehrer-Schüler-Verhältnis (*shitei*)

Die klare Rollenverteilung von Meister (*sensei*) und Schüler (*deshi*) lehnt sich unverkennbar an die Rolle des Meisters und Schülers im Zen-Buddhismus an und wird auch im gleichen Sinne interpretiert (s. Baatz 2001). So wird die Beziehung eines Meisters zu seinem Schüler z.B. bei Werner Lind als eine wichtige und unverzichtbare „Wegkomponente" (Lind 1997a:29) bezeichnet. Diese traditionelle Beziehung diene nicht nur der Weitergabe von Wissen, sondern vornehmlich der Begleitung des Schülers durch den Meister auf dem (religiösen) Weg des *budō* (Lind 2007:34 u. 235f):

> Im Grunde lehrt ein Meister nichts, sondern überwacht den Kampf des Schülers um eine eigene Gesinnung, um einen tragfähigen Untergrund für einen selbstständigen Geist. Seine Aufgabe ist es zu zerstören, was diesem Kampf im Wege steht. Der Meister hat das Wissen um das Wie, er kennt die Hindernisse, die der Schüler auf dem Weg zu sich selbst überwinden muss, und er kennt die Bedingungen dieses Kampfes. Der Schüler spielt das Spiel, doch der Meister bestimmt die Regeln. Nie wird er etwas lernen, und nie wird er etwas verstehen, wenn er diese Regeln ablehnt (Lind 2007:36).

Auf dem Weg, auf den ein Meister einen Schüler führt, komme es für den Schüler im Zwiespalt zwischen Fortschritt von Form (bloße Technik) und Weg zu einer Auseinandersetzung um das eigene Selbst und zu einer Erweckung des eigenen innewohnenden Poten-

---

[13] http://www.furyu.com/archieves/issue8/NagSpeec.html (28.08.2007).

tials, im Zen würde man sagen, der eigenen Buddhanatur: „Sie wendet sich an das dem Menschen innewohnende Potential zu Höherem, an den unerweckten ‚Meister in ihm' (Dürckheim)" (Lind 2007:34). So gesehen sei der innere Zweck einer Meister-Schüler-Beziehung (*shitei*) nicht die bloße Weitergabe der Technik, also der Form und des Könnens, sondern diene vor allem dem Werden des Schülers als Mensch in der eigenen Menschwerdung durch die Auseinandersetzung mit dem eigenen Ich und der Überwindung des Ichs, und der Erweckung des eigenen inneren wahren Wesens, der eigenen Buddhanatur: „Der Fortschritt auf dem Weg ist kein Können, sondern Werden" (Lind 2007:236):

> Das einzige, was den Meister interessiert, ist der Kampf des Schülers gegen sein Ich. Kein echter Meister wird einen Anfänger je als etwas anderes betrachten als eine vom kleinen Ich verhinderte Möglichkeit zum Wachsen. Nimmt er die Verantwortung als Lehrer an, wird er das Hindernis bekämpfen. Seine Angriffe auf alles Feststehende, Eingebildete und Endgültige erfolgen unmittelbar und direkt. Egal worauf der Schüler sich im Ich beruft, der Meister lässt es nicht gelten. Er greift alles an, worauf das Ich sich fixiert. Daher scheint jede Meisterlehre willkürlich und autoritär, denn sie unterdrückt den aufkommenden Drang zur Geltungssucht und Selbstdarstellung und zerstört damit Wert und Unwert zugleich. Nur was aus dem Menschen selbst kommt, was rein und ungetrübt in seinem tiefsten Wesen entsteht und an dem Kampf um legitime Erkenntnis gebunden ist, lässt sie gelten. Deshalb ist die Lehre eines Meisters für einen Wegschüler ein endloser Kampf auf Leben und Tod. Kein Schüler, der seinen Fuß auf den Weg setzen will, kann diesem Kampf entgehen. Es ist ein Kampf, in dem es um das Sterben des Ich geht, das den Menschen tausendfach versklavt. Erst wenn der Schüler selbst zum Meister wird, weiß er um die Bedeutung dieser Erfahrung (Lind 2007:34).

Der Meister zeichne sich dadurch aus, dass er sich einer Kunst (in dem Fall Karatedō) bediene, um den Weg (*dō*) zu zeigen, wobei das Ziel über das Erlernen der äußeren Formen der Kunst hin zur Erweckung des innewohnenden Potentials im Menschen hinausgehe (Lind 2007:34). Da der Meister wiederum unter der Anleitung seines Meisters diesen Weg selber gegangen ist, kennt er die möglichen Irrwege und Gefahren und vermag den Schüler als Wegweiser und Impulsgeber zu fungieren und in seinem Kampf zu „Höherem" zu unterstützen. Folglich sei der Meister auch nicht an seiner Leistungsfähigkeit zu erkennen: „Meister des Weges ist ein Mensch, wenn in seinem formalen Ausdruck der innere Kampf um ein höheres Ideal sichtbar geworden ist, nicht jedoch, wenn er bloß eine hohe Leistung vollbringen kann" (Lind 2007, 34f).

Die Aufgabe des Schülers sei es, die Voraussetzungen zum Lernen zu schaffen und möglichst lange aufrechtzuerhalten (Lind 2007:236). Lind unterscheidet weiterhin innere (*uchi-deshi*) und äußere Schüler (*soto-deshi*). Während der äußere Schüler auf irgendeine Weise eigennützige Zwecke verfolge und technisches Können in den Vordergrund stelle, zeichne sich der innere Schüler dadurch aus, dass er uneigennützig über die Form hinaus gehend ein tiefergehendes Kampfkunstniveau in der Tradition der esoterischen Weglehre anstrebe. Während die äußeren Schüler durch ihr technisches Können oft in der Öffentlichkeit stehen (z.B. bei Vorführungen), seien die inneren Schüler, welche in der Öffentlichkeit eher im Hintergrund stehen, die wahren Erben des Stils und Bewahrer der esoterischen Weglehre (Lind 2007:42-44).

Laut Lind sei das Zustandekommen einer wahrhaftigen Lehrer/Schüler-Beziehung (*shitei*), also einer verbindlichen Herausforderung gegenüber der Weglehre, ein „Abkommen" nach alter Tradition, ein heiliger Akt, der in einem religiösen Gespräch zwischen Meister und Schüler (*dokusan*) vollzogen wird. Indem der Schüler versichere, sich seinen „inneren Unebenheiten" (*bonnō*) zu stellen erkläre sich der Meister bereit, die Verantwortung für den Schüler zu übernehmen, und ihm den Weg zu weisen. Dabei bestehe die Lehrer/Schüler-Beziehung aus den drei Komponenten *giri* (Pflichtgefühl), *nesshin* (Eifer) und *jitoku* (Selbstlernen) (Lind 2007:235).

Die klare Rollenverteilung zwischen Meister und Schüler in Wegweiser und Lenker (Meister) und eifrigen, sich beständig übenden Schüler soll sich im Idealfall auch im Graduierungssystem (farbige Gürtel) widerspiegeln, das die inneren Fortschritte auf dem Weg äußerlich durch Rangstufen begleitet. Dabei ist allerdings zu bedenken, dass das Eingehen einer wahrhaftigen Lehrer/Schüler-Beziehung im oben beschriebenen religiösen Sinne oft erst nach vielen Jahren zustande kommt, und der Meister nicht mit jedem Anfänger und Schüler gleich eine solche Beziehung eingeht. Die Annahme eines Schülers als Schüler im Sinne des *shitei* ist dabei ein Privileg, was oft erst jenseits der eigentlichen Schülergrade innerhalb des Graduierungssystems bei den Trägern der unteren Schwarzgurte (*yūdansha*, 1. bis 4. Dan,) stattfindet (s. Lind 2007:79).

4.3 Gleichheit und Hierarchie – Einheitliche Kleidung (*gi*) und Graduierungssystem (*kyūdan*)

Durch die Japanisierung des Karate zu Beginn des 20. Jahrhunderts wurde die einheitliche Kleidung und das Graduierungssystem mit farbigen Gürteln nach dem Vorbild des *judō* übernommen (s. Kap. 2.2.2.2). Die Vereinheitlichung der Kleidung im Tragen eines weißen Anzuges (*gi*) ist im sozio-historischen Kontext der Modernisierungsprozesse der Meiji-Zeit (1868-1912) zu verstehen und hatte sowohl gesellschaftliche, religiöse wie auch militärische Beweggründe. Durch die Vereinheitlichung der Kleidung wurde der vormalige Unterschied der gesellschaftlichen Rangstufen (Samurai, Handwerker, Bauern, Kaufleute) und die damit verbundene unterschiedliche Kleidung (in der auch trainiert wurde) aufgehoben. Jeder Schüler war somit gleich seiner gesellschaftlichen Stellung vor dem Meister ein Schüler und sein gesellschaftlicher Rang unbedeutend. Die weiße Farbe des *gi* war ähnlich des weißen Pilgergewandes auch ein Symbol der Reinheit und der Läuterung (vgl. Kap. 5.1.4). Nach der Auflösung des Samurai-Standes in der Meiji-Zeit und der Militarisierung westlicher Prägung kann die einheitliche Kleidung auch als eine Art einheitliche Uniform mit militärischen Rängen (farbige Gürtel) interpretiert werden. Für diese Militarisierungsthese spricht auch die Veränderung der Lehrmethoden für große Gruppen mit militärisch anmutenden Kommandos und der Aufstellung in Reih und Glied entsprechend der Rangfolge.

Die Bedeutung des *gi* als Ausschluss der Alltagswelt findet sich auch in Deutschland wieder: „Wie jemand draußen gekleidet ist, was für ein Auto er fährt, das ist im Dōjō nicht wichtig. Wir tragen weiße Kleidung, weil nichts ablenken soll, deswegen soll keiner ein rotes T-Shirt drunter tragen" (Ratschke 2004:53).

Die Hierarchie oder auch „Pyramide" (Lind) innerhalb einer *budō*-Gemeinschaft, das Graduierungssystem (*kyūdan*) mit farbigen bzw. schwarzen/weißen Gürteln ist grob in zwei Bereiche geteilt. Die *kyū*-Grade werden auch als Schülergrade bezeichnet, während die *dan*-Grade auch als Meisterschüler oder Meistergrade bezeichnet werden. Je nach Stil gibt es kleinere Unterschiede in der Graduierung und der Anzahl der Schülergrade und der verwendeten Gürtel. Im gebräuchlichsten System unterschiedet man neun Schülergrade (*kyū*) und zehn Meistergrade (*dan*). Für jeden Grad muss im Regelfall eine für den Übungsfortschritt der Stufe angemessene Prüfung absolviert werden. Diese Prüfungen bestehen bei den

Schülergraden meist aus der Demonstration bereits erlernten technischen Könnens z.B. (*kihon, kata,* Partnerübungen) und der damit verbundenen geistigen Einstellung und Haltung, und kann bei den *dan*-Graden auch eine Prüfung des Wissens über die Inhalte des Karatedō und des jeweiligen Stils und des Wegverständnisses beinhalten. Oft dient die Pyramide auch der Lehre, da der Meister nicht direkt alle Schüler unterrichten kann, wird die Lehre auch durch die unter dem Meister stehenden *dan*-Träger weitergegeben und die schon fortgeschrittenen Schüler sollen denen, die noch nicht so weit sind, als Vorbild und Richtschnur dienen.

Die Schülergrade (9.-4. *kyū*) werden oft in Unterstufe (weiß, gelb, orange) und Oberstufe (grün, blau, braun) geteilt. Je niedriger die Zahl, umso weiter ist der Schüler, darum bezeichnet man *kyū* auch als Schülerkreis. So ist z.B. der 9. *kyū* (Weißgurt) am weitesten vom Zentrum entfernt, und der 1. *kyū* (Braungurt) ist Teil des ersten Schülerkreises und rückt schon in die Nähe der *dan*-träger (Schwarzgurte). Die *dan*-grade reichen vom 1. bis zum 10. *dan*, wobei hier die höhere Zahl einen weiteren Fortschritt auf der Hierarchieleiter bezeichnet. So ist ein Träger des 1. *dan* (*shodan*) ein niederer Schwarzgurt und ein Träger des 10. *dan* der Höchstgraduierte eines Stils. Optisch können die *dan*-grade oft nicht unterschieden werden, da sie meist schwarze Gürtel tragen, wobei manchmal je nach Stil auch weitere farbliche Einteilungen vorgenommen werden, indem z.B. der Gürtel Schwarz-Weiß oder Rot-Weiß bis Rot (10. *dan*) ist (z.B. Okinawa Shōrinryū).

Neben dieser äußeren Einteilung gibt es auch noch eine Einteilung in *mudansha* (*kyū*), *yūdansha* (1.-4. *dan*) und *kodansha* (5.-10. *dan*). Die Stufe der *mudansha* („Lehrling", Lind 2007:71) wird laut Lind noch nicht als Teil des Weges (*dō*) angesehen und ist eine Vorbereitung auf den Weg, indem die Grundtechniken, die Verhaltensregeln und die persönlichen körperlichen und geistigen Grundlagen für den Weg gelegt werden:

> Aus der Sicht des Weges (Dō) gibt es zwischen der Unterstufe und der Oberstufe überhaupt keinen Unterschied. Beide sind gleichermaßen Vorstufen, bei denen es darum geht, eine Basis zu schaffen, auf der später in der Yūdansha-Stufe eine budomäßige Grundhaltung entwickelt werden kann. In den Mudansha-Stufen gibt es jedoch noch keinen Budō-Geist (Lind 2007:72). [...] Aus der Sicht des Weges ist die Kyū-Stufe ein Test – ein Sieb, das im Laufe der Zeit die Spreu vom Weizen trennt (ebd.:75).

Auf der Stufe der *yūdansha* („Krieger", Lind 2007:77) ist der Übende laut Lind auf der Suche nach dem Weg (*dō*) bzw. auf den ersten Schritten des Weges. Die technischen Grundlagen und das innere Potential seien beim Erreichen des 1. *dan* (*shodan*) gelegt und würden auf dem Weg vom 1. bis zum 4. *dan* ausgebaut. Gerade der 1. *dan* dürfe nicht fälschlicherweise mit der Meisterschaft verwechselt werden sondern bezeichne den Beginn des Weges und sei durch das Sprichwort gekennzeichnet: „Karate beginnt da, wo Technik aufhört" (Lind 2007:78).

Die eigentlichen Meistergrade, die Stufe der *kodansha* ("Lehrer", Lind 2007:84) zeichne sich im Idealfall durch *seishin* (geistige Reife) aus. Erst auf dieser Stufe dürfe man Schüler annehmen und unterrichten. Diese geistige Reife drückt sich auch in den vorgeschriebenen Mindestaltern der einzelnen *kodansha*-Stufen im traditionellen Karatedō aus. So kann man ab 30 Jahren den 5. *dan*, ab 35 den 6., ab 42 den 7., ab 50 den 8., ab 60 den 9. und ab 70 Jahren den 10. *dan* tragen (vgl. Lind 2001:338; *kodansha*). Das Ideal des *hanshi* (9. und 10. *dan*), der außerhalb der Pyramide der Hierarchie stehe beschreibt Lind als endgültige Meisterschaft und „Transzendenz im Wesen":

> Der *Hanshi* lebt in vollkommenem Einklang zwischen innen und außen. All seine Gesten und Handlungen sind Ausdruck dieser Art zu sein. Er hat jeden nur erdenklichen inneren Zustand (Satori) gemeistert, nicht nur die Abhängigkeit von Besitz und Prestige, sondern auch die Angst vor dem Tod überwunden. Er lebt in vollkommener Freiheit, sein physischer Ausdruck ist rein, weil sein Geist rein ist. [...] Seine Aufgabe ist es nicht, die Schülergruppen zu unterrichten, sondern den bereits Erfahrenen zum letzten Schritt zu initiieren. Er öffnet das Tor zum Geheimen für all jene, die über die bloße Technik hinausgewachsen sind (Lind 2007:87).

Laut Lind gibt es auch noch den 11. und 12. *dan* als eine Ehrung nach dem Tod für einen „ewigen Meister" (Lind 2007:87).

Der Fortschritt auf dem Weg wird bei Lind auch noch in drei Stufen eingeteilt, die er mit *shu*, *ha* und *ri* bezeichnet. *Shu* bezeichne dabei „das Lernen der Formen" und sei maßgeblich mit der *kyū*-Stufe verknüpft. *ha* bezeichne „das Überschreiten der Formen", was mit der *yūdansha*-Stufe verbunden sei. *Ri* bezeichne dann die „Transzendenz" auf der Stufe der *kodansha*. Diese Einteilung in *shu*, *ha*, und *ri* stehe auch symbolisch für die Entwicklung im Leben eines Menschen in der Kindheit (*shu*), der mittleren Reife (*ha*) und der Reife (*ri*) (vgl. Lind 2007:71ff u. 255). Auch Deshimaru-Roshi unterscheidet im *budō* drei Stufen der Entwicklung, welche an den drei Stufen der Entwicklung im Zen angelehnt bzw. identisch seien. Die erste Stufe sei eine Zeit des willentlichen Übens und der bewussten Anstrengung und solle 3 bis 5 Jahre (früher im Idealfall 10 Jahre) andauern. Die zweite Stufe sei eine Zeit der unbewussten Konzentration und des inneren Friedens, wobei der Schüler zum Assistenten des Meisters für die Unterweisung von Anfängern werde. Die dritte Stufe sei dann die Stufe der wahren Freiheit, „Freier Geist – freies Universum", auf welcher der frühere Schüler selbst zum Meister werde (Deshimaru 1979:27f).

Die Gewichtung des Graduierungssystems ist je nach Stil, Schule oder *dōjō* recht unterschiedlich. Während in *dōjō*, die sich als traditionell bezeichnen der innere Fortschritt als zentral angesehen wird, der nur in der Graduierung in etwa zum Ausdruck kommen kann, gibt es auch *dōjō*, in denen das beständige Voranschreiten auf der Pyramide nach oben regelrecht zelebriert und forciert und die jeweilige Graduierung als Ausdruck des Fortschritts der Technik oder des Weges gesehen wird. Weiterhin sind die mit dem Aufstieg verbundenen Prüfungen oft eine wichtige Einnahmequelle für ein Dojo, weil jede Prüfung oft mit der Zahlung eines Prüfungsbeitrags verbunden ist. Für Lind, als einem Vertreter eines sich selbst als traditionell bezeichnenden Karatedō, ist es problematisch, wenn ein Graduierungssystem einzig und allein den Zweck des eigenen Geltungs- und Erfolgsstrebens verfolgt und als eine Zurschaustellung technischen Könnens benutzt wird: „Der Fortschritt auf dem Weg ist kein Können, sondern Werden" (Lind 2007:236). Für Lind kann ein Graduierungssystem nur ein äußeres Mittel sein, der inneres Werden begleitet, aber eine bestimmte Graduierung sei dann nichts, was man erreicht hat, sondern etwas, was man immer wieder aufs neue erarbeiten müsse (vgl. Lind 2007:68-88). Einige traditionelle Schulen lehnen das äußere Graduierungssystem mit farbigen Gürteln komplett ab, haben aber dann oft eine innere Grobeinteilung in Anfänger, Fortgeschrittene, Meisterschüler und Meister.

4.4 Die Verortung des Karatedō: Das traditionelle *dōjō*

Dōjō 道場 bezeichnet einen Ort (*jō*) an dem der Weg (*dō*) geübt und praktiziert wird. Der Ort der Wegübung bezeichnet ursprünglich einen Ort der Meditation im Buddhismus, der im Zen-Buddhismus (*zendō* 禅道: „Zen-Weg") auch als *zendō* 禅堂 („Halle des Zen") bezeichnet wird. Unter einem *dōjō* sei nicht immer nur ein fester Übungs-Raum zu verstehen, der aber hilfreich sein könne:

In diesem Sinne kann jede Turnhalle, jeder Park, in dem ernsthaft geübt wird, ein Dojo sein. Jedoch wird ein besonderer Übungsraum, schlicht und nach der Tradition eingerichtet, der ausschließlich der Wegübung dient, eine intensive Beziehung der Schüler und Lehrer zu ihrer Kampfkunst erlauben (Shidōkan Shirasagi Dōjō Marburg).[14]

Das *dōjō* wird dabei als ein wichtiger und heiliger Ort der Übung verstanden, der es ermöglicht, die Atmosphäre und den nötigen Geisteszustand für die Übung des Karatedō zu schaffen: „Deshalb ist in der Weglehre das *dōjō* kein Trainingsraum, sondern ein heiliger Ort, den man auch noch ‚Raum der Erleuchtung' nennt" (Lind 2001:148; *dōjō*). Der Wert eines würdevollen Ortes für die Wegübung des Karatedō wird z.B. in der Darstellung des Marburger Shirasagi-Dōjō (Okinawanisches Shōrinryū Karatedō) klar. Nachdem die Übung lange Jahre im botanischen Garten und in Turnhallen praktiziert wurde, bauten die Übenden selbst 2004 ein einzig für die Übung des Weges gedachten Raum, wodurch auch eine eigene Beziehung zu dem Ort geschaffen wurde:

> Erst seit wir uns dort unseren eigenen Ort der Wegübung geschaffen haben, ist uns bewusst wie sehr ein würdevoller Raum unsere eigene Haltung beeinflusst und die Kraft, die den Übenden auf dem Weg hält, stärkt. Deswegen wird dieser Ort auch immer von allen Karateka in sauberen und ordentlichen Zustand erhalten (Shidōkan Shirasagi Dōjō Marburg).[15]

So unterschiedlich ein traditionelles *dōjō* des Karatedō auch eingerichtet sein kann, finden sich doch oft einige Gemeinsamkeiten. In der Darstellung von Werner Lind soll ein *dōjō* schlicht eingerichtet und den traditionellen Standard von Einfachheit und Schönheit entsprechen. Es soll geräumig und sauber sein und durch wenige aber passende Gegenstände und Dekorationen eine Atmosphäre von Würde schaffen. Für den Ort als *dōjō* sei auch die dem Eingang gegenüberliegende vordere Wand, die Stirnseite des *dōjō*, das *shōmen* 正面 (obere Seite) als ein „Ort der Ehre" (Shidōkan Shirasagi Dōjō Marburg)[16] wichtig. In alten *dōjō* sei das *shōmen* ein Schrein (*kamiza*), „der symbolisch dafür stand, dass das Dojo den höheren Werten und Tugenden des Weges gewidmet ist und nicht allein der physischen Übung" (Lind 2001:148; *dōjō*). In vielen traditionellen

---

14 http://www.shorinryu-marburg.de; *das traditionelle Dojo* (05.01.2008).
15 Ebd.
16 Ebd.

dōjō sei das *shōmen* ein Ort der Ehrerbietung, und oft hängen dort die Bilder des Stilgründers sowie wichtiger (oft schon verstorbener) Vertreter und Großmeister des Stils. Manchmal hängen dort auch Kalligraphien oder ähnliches. Die gegenüberliegende Seite des *shōmen* (obere Seite) wird auch *shimoseki* (untere Seite) genannt (vgl. Lind 2001:148; *dōjō*). Ein beispielhafter Einblick in ein deutsches Karate-*dōjō* findet sich anhand zweier Fotos im Anhang.

Während die Bezeichnung *dōjō* ursprünglich aus dem Buddhismus kommt und einen Ort der Meditation bezeichnet (im Zen: *zendō* 禅堂), lassen sich in dem Verständnis des *shōmen* als Schrein (*kamiza*), als Sitz der Götter (*kami*) und Ort der Verehrung der Ahnen des Stils die Nähe auch zum Shintō erkennen (s. Kap. 5.1.4).

Die „Würde" des Ortes entwickle und zeige sich weiterhin auch im Verhalten der Übenden in diesem Raum. Dazu gehört die Einhaltung der traditionellen Etikette, das Praktizieren ritueller Begrüßungen und das Verständnis und das Praktizieren der Übung der rechten Haltung, die in dem Verhaltenskodex und praktischen Anleitung der *dōjōkun* verankert ist. Die in der *dōjōkun* festgehaltene rechte Haltung und die rituellen Handlungen werden in den nächsten beiden Punkten behandelt.

4.5 Die Ethik des Karatedō: *dōjōkun*

Dōjōkun 道場訓 bezeichnet die Unterweisungen (*kun*) des Übunsortes des Weges (*dōjō*) und besteht oft aus mehreren Leitsätzen, die eine praktische Anleitung, eine sich am Ideal orientierende Ethik zur Übung der rechten Haltung (*shisei*) sein sollen. Obwohl die *dōjōkun* dem Begriff nach an das *dōjō* gebunden ist, meint es doch eine allgemeine Ethik, die auch außerhalb des *dōjō* geübt werden soll, was sich auch im achten Paragraphen Funakoshis zeigt: "Denke nicht nur im Übungsort des Weges an die Leere Hand" (um 1930, Übers. Keller; Funakoshi 2007:130). Die Orientierung an der *dōjōkun* schaffe auch die Verbindung zwischen der Philosophie des Weges (*dō*) und der formalen Technik (*jutsu*) und gewährleiste, dass die Erkenntnisse über den Weg nicht im Intellekt verhaftet bleibe, sondern in der Haltung Inhalt gewinne (vgl. Lind 2001:149; *dōjōkun*):

> Die Dōjōkun ist der vom Budō-Geist geforderte Auftrag, den Weg nicht nur zu verstehen, sondern zu leben und das persönliche Verhalten an seiner übergeordneten Wirklichkeit zu messen. Sie ist das Zentrum der geistigen Wegübungen, und

überall dort, wo sie fehlt, wird Budō zur Form. (Lind 2001:149; *dōjōkun*).

Die spezielle überlieferte *dōjōkun* des Karatedō kommt zwar nachweislich aus Okinawa (vgl. Albrecht 2004:21; Fußn. 1 u. 2), weist aber Ähnlichkeiten zu verwandten Anleitungen praktischen Handelns auf. So soll die *dōjōkun* auf die *wu-de*, „die Kampftugenden" der Disziplin, Selbstbeherrschung, Bescheidenheit und Achtung vor dem Leben von Bodhidharma (s. Kap. 2.2.1) zurückgehen (vgl. Lind 1991:16). Tatsächlich lassen sich auch Parallelen zum „Edlen Achtfachen Pfad" (*atthangika-magga*) des Buddhismus mit den Bereichen Wissen (*paññā*; 1 u. 2), Sittlichkeit (*sīla*; 3-5), Versenkung (*samādhi*; 6-8) erkennen (s. auch Kap. 5.2.4).[17] Auch Ähnlichkeiten mit den Leitsätzen des japanischen *budō* (Kampfkunst-Wege) bzw. *bushidō*, dem „Weg der Samurai" (s. Kap. 5.2.1, u. Braun 2006:149-174 u. 378, Deshimaru 1978:23) sowie den Verhaltensregeln im chinesischen *quánfǎ* (McFarlane 1997:189f u. Braun 2006:375f) lassen sich erkennen. Die Ähnlichkeit und Nähe zur buddhistischen Ethik und zum Verhaltenskodex der Samurai wird im fünften Kapitel (v.a. 5.2.1 u. 5.2.4) einer näheren Betrachtung unterzogen.

Die Formulierung bzw. schriftliche Niederlegung der heute gebräuchlichen *dōjōkun* des Karatedō geht wohl auf Sakugawa Shungo (evtl. 1733-1815; vgl Albrecht 2004:21 Fußn. 1 u. 2) zurück, und wurde von Funakoshi Gichin (1868-1957) in fünf Leitsätzen neu formuliert. Die von Funakoshi verfasste *dōjōkun* wird dabei bis heute auch außerhalb des Shōtōkanryū rezipiert bzw. in *dōjō* rezitiert (s. Kap 4.6).[18] Neben den fünf Leitsätzen der *dōjōkun* sind auch die zwanzig Paragraphen des Karatedō (um 1930; vgl. Bittmann 1999:130f; s. Anhang) von Funakoshi oft zitierte Leitsätze des richtigen Verständnisses und Umgangs mit Karatedō.

Die fünf Leitsätze der *dōjōkun* nach Funakoshi sind laut Werner Lind: (1.) Suche nach der Perfektion deines Charakters, (2.) Verteidige die Wege der Wahrheit, (3.) Pflege den Geist des Strebens, (4.) Ehre die Prinzipien der Etikette und (5.) Verzichte auf Gewalt (Lind

---

17 Der edle achtfache Pfad: 1. Rechtes Verstehen, 2. Rechte Gesinnung, 3. Rechte Rede, 4. Rechtes Handeln, 5. Rechter Leben, 6. Rechte Anstrengung, 7. Rechte Achtsamkeit, 8. Rechte Konzentration/Versenkung/ Meditation (vgl. Keown 2001:72 u. Egger/Zwick/Chuan/Knoll 2006:35)

18 Für eine detaillierte Abhandlung der Geschichte und des Inhalts der *dōjōkun*, inklusive Überlegungen zur Übersetzung s. Albrecht 2004.

2007:174-235).[19] Neben der Formulierung der *dōjōkun* durch Funakoshi in fünf Leitsätze gibt es auch noch andere Formulierungen in mehr oder weniger als fünf Leitsätzen, die aber oft nur eine Ausschmückung und Ergänzung der fünf Leitsätze sind und die zu ähnlichem Verhalten anleiten. Ein Beispiel einer etwas anders formulierten *dōjōkun* in sieben Leitsätzen von der Webseite des Seidō Karatedō in Marburg (s. Kap. 3.3.1):

- Wir wollen unser Herz und unseren Körper trainieren, um eine feste und aufrechte geistige Haltung zu erreichen.
- Wir wollen nach dem wahren Grundsatz der Selbstverteidigung leben, so dass unsere Sinne zur rechten Zeit wachsam sein können.
- Wir wollen mit aller Kraft um Selbstbeherrschung bemüht sein.
- Wir wollen unsere Mitmenschen achten, unsere Lehrer respektieren, und uns von Gewalttätigkeit fernhalten.
- Wir wollen unseren religiösen und philosophischen Grundsätzen folgen und nie den wahren Wert der Selbstlosigkeit verkennen.
- Wir wollen nach Weisheit und Stärke streben ohne uns durch neidische Wünsche selbst zu behindern.
- Mit Hilfe des Karatetrainings wollen wir immer versuchen unser Dasein nach den wahren Grundsätzen unseres Lebens auszurichten. (http://www.seido-marburg.de/dojokun.pho5 (01.09.2007).

Die *dōjōkun* lässt sich natürlich vielfältig interpretieren. Neben der Darstellung von Werner Lind in *Budo – der geistige Weg der Kampfkünste* (Lind 2007:174-235) ist das Buch von Andreas F. Albrecht *Dōjōkun – Die Ethik des Karate-dō* (2004) eine interessante Quelle. In der Darstellung von Lind (siehe auch obiges Zitat) werden die aufgrund der Erfahrung der Meister gebildeten fünf Leitsätze der *dōjōkun* als Hilfen der Überwindung der inneren Hindernisse (*bonnō*) auf dem Weg der Selbsterkenntnis und Selbstverwirklichung verstanden (vgl. Lind 2001:149; *dōjōkun*):

> Die fünf Leitsätze der Dōjōkun sind übergeordnete Bereiche für alle menschenmöglichen Verwirklichungen und zeigen einen Weg zur geistigen Unabhängigkeit gegenüber der Formen. Sie ermöglichen jede nur erdenkliche Erfahrung auf

---

[19] Übers. Albrecht aus dem Japanischen: „Eins ist: Nach der Vollendung der Persönlichkeit streben. Eins ist: Den Weg der Wahrhaftigkeit bewahren. Eins ist: Den Geist der Bemühungen entfalten. Eins ist: Den respektvollen Umgang hochschätzen. Eins ist: Sich vor unbesonnenem Mut in acht nehmen" (Albrecht 2004:44).

jeder Ebene, führen jedoch alle Formen in der letzten Konsequenz auf das Verhältnis zwischen Mensch, Leben und Welt zurück und verfolgen unverfälscht das Wachsen des Menschen zu seiner natürlichen Bestimmung (Lind 2001:149; *dōjōkun*).

Albrecht sieht in der *dōjōkun* eine wichtige, wenn nicht die wichtigste Komponente eines inneren Weges des Karatedō: „Was also auf dem äußeren, technischen Weg des Karate die Kata ist, ist auf dem inneren, dem Herzensweg, die Dōjōkun. Sie ist unser eigentliches Hilfsmittel auf dem Weg zur vollen Entfaltung unserer Persönlichkeit" (Albrecht 2004:106f). Neben dieser Bedeutung für das klassische Karatedō sieht Albrecht die *dōjōkun* aber auch als eine mögliche Orientierungshilfe für alle Menschen und setzt sie auch in Bezug zu den Bemühungen des Friedens durch verschiedene Systeme (Religionen, Philosophien) in der Welt. So beginnt das Buch mit einem Zitat von dem vietnamesischen Mönch Thigh Nath Hanh:

> Keine Kultur kann das Monopol auf die Wahrheit für sich in Anspruch nehmen. Wir müssen nach den besten Werten aller Traditionen Ausschau halten und gemeinsam daran arbeiten, die Spannungen zwischen den Kulturen zu beseitigen. Wenn wir das tun, hat der Frieden eine Chance (Thigh Nath Hanh in Albrecht 2004).

Damit ordnet Albrecht die *dōjōkun* in eine Art „Weltethos"[20] ein:

> In ihren einzelnen Maximen ist die Dōjōkun sehr allgemein verfasst. Sie bietet dennoch eine umfassende ethische Leitlinie. Dies verleiht ihr eine zeitlose und kulturübergreifende Bedeutung. Die Dōjōkun ist ganz auf die Entwicklung von Redlichkeit, Aufrichtigkeit und Integrität gerichtet, für deren Wahrung wir als Einzelne ausschließlich selbst verantwortlich sind. In einem gewissen Sinne ist die Dōjōkun an alle Menschen guten Willens gerichtet, die bereit sind an sich selbst zu arbeiten (Albrecht 2004:113).

Diese Interpretation der *dōjōkun* und des Karatedō als ein möglicher Beitrag zum Weltfrieden findet sich auch in *Okinawan Karate and World Peace* (1996)[21] von Nagamine Shoshin (1924-1997, 10. Dan), dem verstorbenen Oberhaupt des okinawanischen Shōrinryū: „Martial arts and virtue must be unified at one. Martial arts without

---

[20] Vgl. zu der These einer allgemein gültigen Grundethik z.B. Hans Küng: *Projekt Weltethos* (1990).

[21] http://www.furyu.com/archieves/issue8/NagSpeech.html (28.08.2007).

virtue is simply violence. Martial arts with virtue will purify society and culture shall flourish." Nagamine greift auch den zweiten der zwanzig Paragraphen des Funakoshi (siehe Anhang) auf: *karate ni sente nashi* 空手に先手無し: „Im Karate gibt es keinen Erstschlag"[22] (um 1930, Übers. Keller; Funakoshi 2007:25). Mit diesem Leitsatz, den er auch mit Ereignissen aus der japanischen bzw. okinawanischen (Königreich Ryūkyū) Geschichte z.B. mit dem japanischen Angriff auf Pearl Harbor ausschmückt, versucht Nagamine den Wert des richtigen Verhaltens und der Ehrfurcht vor dem Leben für den Weltfrieden, zu beleuchten:

> We, the people of Ryukyu, have learned the importance of human life through the banning of immolation. We also have learned human piety from the governance of religion and politics together. Moreover, we have created a spirit of mutual assistance. Through these lessons, island people, in peace without any weapons, have formulated an unprecended and incomparable philosophy of karate ni sente nashi or 'fists that do not strike first'. [...] I truly believe that exercising the philosophy of karate ni sente nashi is the basis of true peace in the world. I have learned it from the history of the people of Ryukyu, in which they showed their respect toward human life and created a peaceful and wealthy kingdom. [...] I truly hope that the people in the world would change their mind-set of aggression and first-strike to a philosophy of karate ni sente nashi. It is only through this philosophy that world peace will achieved. Then one will truly understand karate ni sente nashi (Nagamine 1996).

---

[22] Ebd.: „Fists that does not strike first" o. "the fists that give life" (Anm.1 des Übers. v. Nagamine 1996).

4.6 Rituelle Handlungen im Karatedō

> *Vergiss nicht, dass die Leere Hand mit einem respektvollen Gruß beginnt und mit einem respektvollen Gruß aufhört.*
>
> Erster Paragraph der Zwanzig Paragraphen der Leeren Hand von Funakoshi Gichin (Übers. Bittmann 1999:130).

Die Übung des Karatedō und die Begegnung zwischen Übenden, Lehrern und Schülern, sowie ihr Verhältnis zueinander und zum Ort der Wegübung (*dōjō*), ist in einen rituellen Ablauf eingebettet, der sich aus der traditionellen japanischen Etikette (*reishiki*) ableitet. Zu diesen rituellen Handlungen, die bei einem klassischen Verständnis des Karatedō als unverzichtbarer Teil der Übung gelten, zählen das Verbeugen zur Stirnseite des Dōjō (*shōmen*) bei Betreten oder Verlassen, der respektvolle Gruß durch Verneigen voreinander und zu Beginn und Ende einer Kata sowie das An- und Abgrußritual, in das die Übung eingebettet ist. Im Verständnis des klassischen Karatedō ist diese rituelle Etikette Teil der Übung des Weges:

> Die Etikette lehrt ihn, bescheiden, höflich und achtsam zu sein. Wenn er sich erlaubt, die Regeln der Etikette zu verletzen, schadet er sich selbst. Sie sind dazu gedacht, ihm zu helfen, sein Ich zu kontrollieren und ihm den Weg der rechten Beziehung zu anderen zu zeigen. Dies ist von eben so großem Wert wie die Übung der Technik (Lind 2007:222).

Je nach den Traditionen eines *dōjō* hat diese rituelle Etikette mehr oder weniger Bedeutung und wird unterschiedlich ausführlich zelebriert, wobei ein Mindestmaß der Etikette fast immer beachtet wird.

Der Gruß (*rei*) wird dabei stets durch eine Verbeugung ausgedrückt. Im Shōtōkanryū wird der Gruß zwischen Menschen oft noch mit einem Grußwort (*oss*) begleitet: „Wird es mit der Verbeugung gesprochen, drückt es Respekt, Vertrauen und Sympathie dem Gegenüber aus oder zeigt dem Sensei, dass das von ihm Gesagte verstanden worden ist" (*Shotokan no Hyakkajiten*, vgl. Sroka 1999) [23]. *Rei* findet in verschiedenen Situationen Anwendung, z.B. beim Betreten

---

[23] http://www.karate-do.de/htdocs/ger/allgemeines/gruss.html#REI (29.11.2007).

und Verlassen des *dōjō*, zu Beginn und zum Ende der Übung und bei Partnerübungen oder Kata sowie nach einer Belehrung durch einen Lehrer und soll gegenseitiges Vertrauen, guten Willen, Verständnis, Achtung, Respekt und Lernbereitschaft ausdrücken:

> Grüßen bedeutet nicht einfach nur, den Kopf zu beugen, sondern beinhaltet den grundlegenden Respekt, den ein Mensch in aller Bescheidenheit vor einem anderen bezeugt. Alle Übenden müssen dies beachten. Man verbeugt sich mit Würde, Achtung und Offenheit. Nie grüßt man oberflächlich und unkonzentriert. Die äußere Form des Grüßens wirkt auf die innere Haltung und stimmt den Menschen in seiner Gesamtverfassung auf die rechte Handlung ein. Ein schlechter Gruß ist eine schlechte Übung, eine Unachtsamkeit gegenüber anderen und eine Verletzung der Dojo-Atmosphäre (Lind 2007:222).

Die ritualisierte Etikette ist dabei auch eng mit der Verortung der Übung des Karatedō im Konzept des *dōjō*, dem Ort der Wegübung verbunden. Beim Betreten eines traditionellen *dōjō* verneige man sich, um seinen Respekt gegenüber dem Ort als ein Ort der Wegübung auszudrücken, und um die Weggemeinschaft des *dōjō* in Form der darin Übenden und die (teils verstorbenen) Lehrer und Meister, der „Ahnengalerie" eines Stils (Stilgründer, Großmeister etc.), oft in Form von Bildern an der Stirnseite des *dōjō* zu sehen, zu ehren. Weiterhin zeige der Übende seine Bereitschaft, sich weiter zu entwickeln, die Lehre des *dōjō* zu akzeptieren, und sich in die Gemeinschaft des *dōjō* einzufügen (vgl. Sroka 1999)[24]:

> Die Kampfkünste entstammen einer langen Tradition, die heute ihren Ausdruck vor allem im Verhalten der Übenden finden soll. Die überlieferten Verhaltensregeln im Dojo (Dojokun) sind daher genau festgelegt und immer zu beachten. Zum Beispiel bezeugt die Begrüßung vor und die Verabschiedung nach der Übung Respekt vor der Tradition, den Lehrern und vor den Mitstreitern. Die dabei ausgeführte Verbeugung, das ‚Rei', das auch am Anfang und am Ende einer Kata steht, erzieht uns zu Höflichkeit und zur Disziplinierung des Geistes. Das ‚Rei' in der rechten Weise ausgeführt bekundet auch den Willen, sich selbst zu überwinden und sein Bestes zu geben und ist insofern viel mehr als ein einfacher Gruß. Es sind die traditionellen Werte der Ach-

---

[24] http://www.karate-do.de/htdocs/ger/allgemeines/gruss.html#REI (29.11.2007).

tung, der Demut, der Solidarität, die uns in der gemeinsamen Übung des Karatedo voranbringen und uns helfen, kleinliche Egoismen zu überwinden (Shidōkan Shirasagi Dōjō Marburg).[25]

Zu Beginn und zum Ende einer Übung wird im traditionellen Karatedō stets ein An- und Abgrußritual praktiziert. In den unterschiedlichen Stilen und Schulen manchmal auch je nach *dōjō* wird dieses Ritual je nach Tradition in unterschiedlicher Form und Dauer praktiziert. Oft gibt es aber einen vergleichbaren Ablauf: Zuerst stellen sich die Schüler vor dem Lehrer nach Graduierung in Reihen geordnet auf, dann wird sich hingekniet und ein Moment der Stille (*mokuso*) und der (Zen-) Meditation (*zazen*) im Sitzen (*seiza*) praktiziert: „Hier soll sich der Karateka frei machen von allem Weltlichen, allen Ängsten und Problemen des alltäglichen Lebens und seine Konzentration auf das Karate-Do richten" (Sroka 1999)[26]. Danach folgt oft ein Verneigen, je nach Tradition im Kniesitz (*zarei*) oder im Stehen (*ritsurei*) z.B. vor der Stirnseite (*shōmen*) des *dōjō* und der Ahnen, dem Lehrer (*sensei*) und den Mitübenden (*otagai*). In einigen traditionellen Shōtōkanryū *dōjō* ist es auch üblich, die traditionelle Ethik (*dōjōkun*) oder die 20 Regeln des Karatedō von Funakoshi Gichin (s. Anhang) nach dem Gruß im Sitzen von einem Schüler verlesen zu lassen.

Sowohl das Verbeugen beim Betreten des *dōjō*, als auch das Begrüßungsritual sollen dabei den Übenden auf die Übung einstimmen und die richtige Atmosphäre, den richtigen Geist für die Übung schaffen:

> Betritt ein Karateka das Dojo, so verbeugt er sich zunächst vor dem Shomen, sie oder er lassen die Alltagshektik zurück und suchen Konzentration in der Stille. Jetzt wird nicht mehr geredet über das Gestern und Morgen, sondern es gilt das Hier und Jetzt und die gemeinsame Übung (Shidōkan Shirasagi Dōjō Marburg).[27]

Auch wenn gerade das rituelle Betreten des *dōjō*, oder die Einbettung der Übung in ein An- und Abgrußritual die Übung von der Welt des Alltags abgrenzt und gewissermaßen einen von der Alltagswelt abgegrenzten „heiligen Ort" der Wegübung schaffen soll,

---

[25] http://www.shorinryu-marburg.de; *das traditionelle Dōjō* (05.01.2008).
[26] http://www.karate-do.de/htdocs/ger/allgemeines/gruss.html (29.11.2007).
[27] http://www.shorinryu-marburg.de; *das traditionelle Dōjō* (05.01.2008).

wird auch immer betont, dass Karatedō keineswegs nur im *dōjō* stattfindet, sondern die gleichen Prinzipien der Übung, wie z.B. die Aufmerksamkeit/Achtsamkeit und die rechte Geisteshaltung und Ethik auch außerhalb des *dōjō* ständig geübt werden müssen, was sich auch im 8., 9. und 20. Paragraphen von Funakoshi widerspiegelt:

> Denke nicht nur im Übungsort des Weges an die Leere Hand (8.).
> Die Übung der Leeren Hand geht ein Leben lang (9.).
> Denke immer nach, und arbeite beständig an deiner Vervollkommnung (20.).[28]
> (Übers. Bittmann 1999:130f)

Wissenschaftliche Einordnungen und Untersuchungen der Praxis des Karatedō als eine Form von Ritual finden sich z.B. bei Donohue (1993) und Ashenazi (2002) (s. Kap. 6.2.4).

---

[28] Alternative Übersetzung: (8.) „Karate geht über das Training hinaus"; (9.) „Karate ist eine lebenslange Aufgabe"; (20.) „Sei stets aufmerksam, gewissenhaft und erfinderisch auf deinem Weg" (Übers. Keller; Funakoshi 2007).

5 Die Einbeziehung von Religionen und religiöser Elemente in der Karatedō-Rezeption

> *Die Kampfkünste des Ostens waren die Frucht des geistig moralischen Suchens vieler Generationen hervorragender Meister. Sie tragen in sich die Sprengladung, die in der Lage ist, entweder den Menschen zu vernichten oder ihn in die Weiten des Kosmos zu tragen – so haben es die alten Meister gelehrt.*
>
> Alexander Dolin: *Kempo.*
> *Die Kunst des Kampfes*, 1999:369.

In diesem Kapitel werden die Einflüsse der ostasiatischen Religionen, Lehren und Kosmologien und verschiedene Elemente des Karatedō, die als religiöse Elemente bezeichnet werden können, in ihrer Rezeption in Deutschland behandelt. Viele dieser Einflüsse und religiöse Elemente, in die Karatedō eingebettet wird, wurden zum Teil schon in vorangegangenen Kapiteln erwähnt und werden nun näher behandelt. Dazu wird neben der Vorstellung dieser religiösen Elemente verstärkt auf ihre Darstellung in ausgesuchten Beispielen deutschsprachiger Veröffentlichungen eingegangen, wobei der Schwerpunkt auf innerperspektivischen Darstellungen liegt, die gegebenenfalls durch wissenschaftliche Darstellungen kommentiert, berichtigt oder ergänzt werden.

Zu diesem Zweck gliedert sich das Kapitel in zwei Hauptteile, nämlich zum ersten dem Bezug des Karatedō zu den ostasiatischen Religionen und zum zweiten dem genauen Blick auf die einzelnen religiösen Elemente (z.B. *bushidō*, *dō*, Meditation, Ethik, *mudra*) und Elemente aus den Kosmologien (z.B. die vitale Energie *ki*, *hara* als die Mitte des Menschen, die Lehre von den fünf Elementen, *mandala*), die oft keiner Religion allein zuzuordnen sind, sondern vielmehr von einem großen Fundus an ostasiatischen Religionen, Lehren und Praktiken genutzt wird und ebenso bei der Rezeption des Karatedō in Deutschland eine Rolle spielen.

Für dieses Kapitel werden für eine innerperspektivische Darstellung vor allem die in Deutschland zum Teil sehr populären Veröffentlichungen von Werner Lind, Albrecht Pflüger, Karamitsos/Binhack, Andreas Albrecht und Schlatt sowie für die Sicht eines traditionellen okinawanischen Karatedō in Deutschland die Internetpräsenz von Joachim Laupp herangezogen. Für die Rezeption in Deutschland sind allerdings auch fremdsprachige Veröffentlichungen, teils in deutscher Übersetzung relevant, wie z.b. die aus dem Französischen übersetzten Bücher von Roland Habersetzer und Taisen Deshimaru-Roshi sowie zahlreiche Veröffentlichungen aus den USA (z.b. Chuck Norris, Draeger, McCarthy) oder Japan (Funakoshi Gichin, Nagamine Shoshin). Für eine wissenschaftliche, eher außenperspektivische Darstellung werden neben Hutter vor allem die Arbeiten von Bittmann (1999), Braun (2006, 2007) und Binhack (1998) zur Kommentierung und Ergänzung der innerperspektivischen Darstellung mit einbezogen. Für grundlegende Überlegungen zum Verhältnis von Kampfkunst und Religionen werden auch die Arbeiten von McFarlane, Keenan und Maliszewski herangezogen.

5.1 Die Rezeption ostasiatischer Religionen als geistesgeschichtlicher Hintergrund des Karatedō

> *Die Weltanschauung der Menschen in dieser ostasiatischen Region wurde durch eine daoistisch-buddhistisch-konfuzianistische Synthese der Ideen bestimmt, die – wie in einem Wassertropfen – ihre Widerspiegelung in den Traditionen der Kampfkünste fand.*
>
> Alexander Dolin: Kempo.
> Die Kunst des Kampfes, 1999:369.

So wie Dolin im obigen Zitat die Kampfkünste als ein großes Sammelbecken verschiedener ostasiatischer Religionen und Lehren und gewissermaßen als synkretistische Praxis betrachtet, bei der die Grenzen der Religionen verwischen, propagiert auch Maliszewski, dass die unterschiedlichen Einflüsse der unterschiedlichen ostasiatischen Religionen auf die Kampfkünste unverkennbar seien (vgl. Maliszewski 1996:127-138).

Die verschiedenen Einflüsse aus den verschiedenen Religionen genau zu entwirren ist jedoch nicht der Schwerpunkt dieser Arbeit, und würde den gestellten Rahmen sprengen. Dennoch wird kurz auf die mögliche Zuordnung von Elementen des Karatedō in die verschiedenen ostasiatisch geprägten Religionen eingegangen, damit der Bezug des Karatedō zu diesen Religionen und Lehren, oder zumindest der Bezug, der bei der Rezeption im Westen speziell im deutschsprachigen Raum gesehen wird, deutlich wird (Übersicht über die Zusammenhänge s. Anhang 9.3). Problematisch ist dabei oft, dass bei dem großen Konglomerat an den im Karatedō im Westen rezipierten geistesgeschichtlichen Hintergründen des Karatedō die genaue Zuordnung der Herkunft und die Zuordnung zu einer bestimmten Religion meist nicht genau festzumachen ist, da auch in den Religionen in ihrer historischen Entwicklung und asiatischen Lebenswelt die Grenzen oft nicht klar gezogen sind, sondern verschiedene Inhalte von verschiedenen Religionen beeinflusst und verwendet werden.

Die erste Zuordnung, die bei der Beschäftigung mit deutschsprachiger Karatedō Literatur unverkennbar ist, ist die vorrangige Zuordnung des Karatedō zum Zen-Buddhismus. Dabei wird Karatedō als Teil der vom Zen-Buddhismus geprägten Künste (Schwert-Weg, Weg des Blumensteckens etc. s. Kap. 2.1) verstanden. Neben dieser zentralen Zuordnung tauchen die anderen Religionen in den meisten innerperspektivischen Darstellungen über Karatedō gar nicht erst auf.

Dabei scheint die spezielle Rezeption des Zen-Buddhismus und der damit in Verbindung gebrachten Weg-Künste in Deutschland (v.a. Herigel, Dürckheim, s. Kap. 6.2.2) ein wichtiger Faktor zu sein (vgl. Baatz 2001). Dabei ist natürlich auch zu beachten, dass der Zen-Buddhismus in Ostasien auch nicht isoliert entstanden ist, sondern ebenfalls durch daoistisches (absichtslose Kunstvorstellung und *dào*) und konfuzianisches (pietätvolles Verhalten, Ethik und Etikette) Gedankengut beeinflusst wurde, diese Elemente aber oft nicht so benannt werden, sondern als ureigene Elemente des Zen gesehen werden. Die vorherrschende Zuordnung des Karatedō zum Zen-Buddhismus ist dabei wohl maßgeblich durch die Interpretation des Zen als praktischer Aspekt des Buddhismus gekennzeichnet, in dem Übung und persönliche Erfahrung über das Studium der Schrift gestellt wird, was sich mit dem Konzept des Übens im Karatedō deckt:

> Zen betrachtet das logisch-analytische Denken als Falle. Es betrachtet das Leben nicht als logisch, sondern als schöpferisch. Die Wahrheit liegt jenseits der Worte. Die Gesetze des Lebens seien nur intuitiv und mit dem Blick auf das Ganze zu erfassen, das logische Denken sei dualistisch und stehe der Erleuchtung im Wege, ist die Auffassung des Zen (Egger/Zwick/Chuan/Knoll 2006:26).

Eine Ausnahme ist das Buch von Axel Binhack und Efthimios Karamitsos *Karate-Do – Philosophie in der Bewegung* (1992), in welchem die „Einflüsse unterschiedlicher philosophisch-religiöser Lehren auf das Karate-Do" in einem, wenn auch relativ kurzen, siebenseitigen Kapitel gesondert betrachtet werden. Dabei wird der Bezug zum Hinduismus, Buddhismus, Konfuzianismus, Daoismus, Shintöismus und dem Zen-Buddhismus dargestellt. Diese gesonderte Darstellung der einzelnen Religionen mag auch darin begründet sein, dass Axel Binhack neben Sport auch Religionswissenschaft und Philosophie in Frankfurt studierte (Binhack/Karamitsos 1992:III).

Bei der Vielfalt in der Darstellung von Zuordnungen der Kampfkünste allgemein und Karatedō speziell zu den einzelnen Religionen fällt auf, dass die Bestrebungen, Bezüge zu dem großen Komplex an asiatischen Religionen zu ziehen mit der Zeit zugenommen hat. Während in älteren innerperspektivischen Büchern über Karatedō nur ein Bruchteil des Platzes zur Erwähnung der religiösen Bezüge als Philosophie des Karatedō, und dann auch oft nur der Bezug zum Zen-Buddhismus, wie z.B. der Bedeutung des Do als Weg, gewidmet wird (z.B. Pflüger 1975), finden sich vor allem ab den 1980er Jahren in den innerperspektivischen Darstellungen über Karatedō verstärkte Bestrebungen, Zusammenhänge zwischen dem als traditionell bezeichneten Verständnis des Karatedō und den verschiedenen asiatischen Religionen zu untersuchen bzw. zu ziehen (vgl. auch Kap. 3.4 u. 3.5). Diese Bestrebungen, die Zusammenhänge zu begreifen und zu untersuchen findet sich schon in den Büchern von Draeger, McCarthy und Habersetzer, die als „Historiker der Kampfkünste" von suchenden deutschen Karateka eifrig rezipiert wurden. Auch die Bemühungen von Werner Lind und dem Budō Studien Kreis (BSK, s. Kap. 3.4) gehen in diese Richtung. So findet sich z.B. zu jeder ostasiatisch geprägten Religion und zu zunächst überraschend vielen religiösen Sachverhalten, Phänomenen und historischen Entwicklungen der Religionen Einträge im *Lexikon der Kampfkünste* von Werner Lind (2001). Inwieweit die Zusammenhänge dann wirklich untersucht und wissenschaftlich nachprüfbar sind, oder nachträglich im Sinne einer „Invention of Tradition" (s. Kap. 6.2.4) rekonstruiert wurden, ist im Einzelfall oft nicht so einfach nachzuprüfen, da gerade die angesprochenen Autoren, so fundiert ihre Arbeiten häufig auch wirken, meist sehr sparsam mit der Angabe ihrer Quellen sind.

Im Folgenden werden die einzelnen ostasiatisch geprägten Religionen und ihre verschiedenen Elemente in ihrer Funktion und Rezeption als „geistesgeschichtlicher Hintergrund" des Karatedō primär in den deutschsprachigen Darstellungen über Karatedō untersucht.

5.1.1 Konfuzianismus

Die Einflüsse des Konfuzianismus lassen sich vor allem in der Vorstellung der Bildung der Persönlichkeit durch Tugendhaftigkeit, Bildung und Künste, der Loyalität gegenüber Vorgesetzten, der Familie, dem Clan etc. sowie dem Beachten der Sitten, Etikette und Normen festmachen. Die entsprechenden zentralen Bezeichnungen und Begriffe aus dem Konfuzianismus sind „die fünf menschlichen Beziehungen" (Herrscher und Untertan, Vater und Sohn, älterer und jüngerer Bruder, Mann und Frau, Freund und Freund), die das gesellschaftliche Gefüge regeln, das Ideal des „Edlen"/"Weisen" (jūnzǐ/chūntzǔ 君子), der durch Bildung und Bemühungen beständig seine Tugend verbessert, der sich durch Mitmenschlichkeit (rén/jén 仁) und das Beachten der Riten (lǐ 禮), dem rechten Verhalten auf dem Weg (道 chin. dào, jap. dō) der fünf Tugenden (wuchang: ren - Menschlichkeit, yi - Gerechtigkeit, li - Höflichkeit, zhi - Folgsamkeit und xin - Treue) auszeichnet (vgl. Malek 2003:298-307; Konfuzianismus u. Tworuschka 1999:174; Konfuzianismus): „Schließlich ist dao ebenso die Einheit von rechten Prinzipien des Verhaltens (auch im Sinne von Lehre, von ‚Wahrheit' in einem ethischen Sinne) und ihrer konkreten Einhaltung" (Moritz 2002, 182):

> Der Mensch kann Gutes denken und hohen Idealen folgen [er kann dao praktizieren, d.h. den rechten Weg gehen]. Das bedeutet aber nicht, dass er dadurch zu Ansehen und Einfluss gelangt. (Konfuzius XV, 29, Gespräche (Lunyu), Übers. Moritz 2002).

Gerade die formale Ethik des Karatedō, die in der dōjōkun (s. Kap. 4.5) schriftlich fixiert ist, die rituellen Handlungen (s. Kap. 4.6), sowie die Ehrung des Meisters und höherstehender, fortgeschrittener Schüler (s. Kap. 4.2 u. 4.3) sowie der „Familie" des dōjō und der Ahnen des Stils (s. Kap. 4.4) streift konfuzianische Vorstellungen. Auf der Webseite des Shōrinryū dōjō in Cottbus (an Laupps honbudōjō angeschlossen, s. Kap. 3.5) finden sich Sprüche aus den Gesprächen (Lunyu) des Konfuzius, z.B. zur ehrenhaften Gesinnung.[1]

---

[1] „Konfuzius sagt..." http://www.wagehome.de/shorinryu (18.01.2008).

In der Darstellung von Binhack und Karamitsos sei der Einfluss des Konfuzianismus auf das Karatedō vor allem durch die Moral und die „ausgeprägte Pflichtethik" begründet. Konfuzianische Elemente fänden sich zum einen in der Verehrung des Meisters und der Ausgestaltung der Hierarchie (s. Kap. 4.2 u. 4.3) sowie der gesamten Etikette (s Kap. 4.4 u. 4.6). Daneben ließen sich auch in den genau festgelegten ritualisierten Formen der Grundschultechniken (*kihon*, s. Kap. 4.1.1) konfuzianische Einflüsse erkennen (vgl. Binhack/Karamitsos 1992:19):

> Wie auch der Konfuzianismus selbst, haben die genau festgelegten Techniken und Methoden den Vorteil einer hervorragenden Lehr-, Lern- und Tradierbarkeit, gerade in großen Gruppen. Sie bergen aber die Gefahr einer gewissen Entartung und Entfremdung von realen Kampfsituationen in sich und sollten daher durch lebendigen ‚taoistischen' [daoistischen, SK] Spontaneität ergänzt werden (Binhack/Karamitsos 1992:19).

Laut Lind habe der Konfuzianismus vor allem Einfluss auf den Kriegerethos der Samurai, den „Weg des Kriegers" (*bushidō*, s. Kap. 5.2.1) gehabt (bedingungslose Loyalität gegenüber Vorgesetzten und dem Clan, Beachten der Sitten und Normen), der wiederum auch das ethische Verständnis der „Wege der Kriegs-/Kampfkünste" (*budō*, s. Kap. 5.2.1) und damit des Karatedō mitgeprägt habe (vgl. Lind 2001:96, *bushidō*).

5.1.2 Daoismus

Die Einflüsse des Daoismus auf Karatedō finden sich vor allem im Verständnis des Weges (道 chin. *dào, jap. dō*; s. Kap. 5.2.2), den absichtslosen Kunstvorstellungen und dem Handeln durch Nichthandeln (*wúwéi* 無爲), dem Ineinanderwirken der beiden polaren Kräfte *yīn* 陰 (Mond, Kälte, Wasser, Passivität, Dunkelheit, Erde etc.) und *yáng* 陽 (Sonne, Hitze, Feuer, Helligkeit, Aktivität, Himmel etc.), der Vorstellung einer vitalen Kraft *qì* 氣 (jap. *ki*), die den Kosmos durchströmt und im Menschen gesammelt ist, der Wechselwirkung der fünf Elemente (*wǔxíng* 五行) und der daoistischen Alchemie (vgl. Malek 2003:307-315; *Daoismus*).

Das daoistische Verständnis des *dào* 道 (jap. *dō*) als „letzte Realität oder Wahrheit" (Figl 2003:563f), als die großen Gesamtzusammenhänge und Gesetzmäßigkeiten der Vorgänge im Universum, als ethische Norm und Weg und ewiger Fluss des Universums in der sich der Mensch spontan, wie ein Fisch im Fluss mit dem Strom

(Zhuangzi) fügen kann, hat das Verständnis des Weges im Zen-Buddhismus geprägt, und findet sich auch in der Interpretation des Weges im „Weg der leeren Hand" (Karatedō) wieder (s. Kap. 5.2.2). Indem sich der Karateka auf den Weg begibt, lässt er vom trennenden Denken des Intellekts ab und versucht sich ganz in den Fluss des Weges (dào/dō) zu begeben, um gemäß seiner Natur im Einklang mit dem dào/dō zu leben (vgl. Binhack/Karamitsos 1992:20). Weiterhin lässt sich das Verständnis des „Weges der leeren Hand" (Karatedō) als eine in der Meisterschaft absichtslosen Kunstform im Fluss des Weges begreifen: Das Kunstverständnis, das maßgeblich dem Zen-Buddhismus zugeordnet wird (芸道 jap. geidō, „Wege der Kunst") wurde dabei vom daoistischen Kunstverständnis geprägt.[2] Dabei verstehe man die Künste im ostasiatischen Sinne als „Weg zum Selbst" (Hammitzsch 1957), und als „all das, was von Wert ist, um Charakter eines Menschen zu entwickeln, sein Selbst einer Vollendung nahezubringend. [...] Der WEG bedeutet für eine Kunst jeweils ihre Tradition, ohne welche sie nicht lebensfähig ist." (Hammitzsch 1957:5, 14).

Diesen Einklang mit dem dō/dào erreiche der Karateka durch Handeln im Nichthandeln (wúwéi 無爲, „ohne Tun") in seiner ursprünglichen Spontaneität des Loslassens und der Gelassenheit. Dieses Prinzip sei sowohl im Leben als auch bei der Ausführung der Techniken anzustreben (vgl. Binhack/Karamitsos 1992:20).

Das Ideal einer in der Meisterschaft natürlichen und spontanen Kunst im selbstvergessen Handeln gemäß dem Fluss der Dinge (dào/dō) wird dabei oft wie folgt interpretiert: „wuwei ziran 無爲自然, es macht sich ‚ohne zu tun von selbst so'. [...] Hohe Kunst ist am Ende – nach jahrelanger Übung – Kunst ohne Kunstfertigkeit, ohne eine vorgegebene Methode" (Wohlfart 2001, 119). Diese Vorstellung einer in der Meisterschaft absichtslosen, spontanen und vollkommenen Kunst des „Malen ohne zu Malen" und „Schreiben ohne zu schreiben" (Wohlfart) findet sich auch in Rezeptionen des Zen wieder, wie z.B. in dem Klassiker der Zen-Rezeption im Westen, wo es heißt: Nicht Ich schieße den Pfeil, sondern „Es schießt" (Herigel, *Zen in der Kunst des Bogenschießens*, 1951: 41; 2001:65).[3]

---

[2] Zum Thema daoistische Kunst vgl. z.B. Little 2000 u. zur Rezeption des Daoismus in Japan vgl. Musuo 2000.

[3] Die Zuordnung des *kyūdō* als Weg des Bogenschießens, wie bei Herigel probagiert, muss kritisch im Lichte der Zen-Rezeption im Westen und der Instrumentalisierung des Zen als japanische Religion betrachtet werden (s. Yamada 2001).

Dieses Prinzip finde sich auch beim Karatedō wieder: „Er schlägt wie in einen Zwischenraum, ja er erlebt dasselbe wie der Bogenschütze: Er erfährt die > Leere < und damit durch seine > leere Hand < den Geist und das Zusammentreffen mit dem, was alles > durchdringt < (Werner Kohler)" (Tworuschka, 1999:165, *Karate*).

Das Prinzip des Ineinanderwirkens der beiden polaren Kräfte *yīn* und *yáng* findet sich auch beim Prinzip der Anwendung der Techniken im Karatedō wieder:

> So ist z.B. auf den richtigen Wechsel von Anspannung und Entspannung, von Ein- und Ausatmen, von Agieren und Reagieren zu achten. Auch die Fähigkeit, einen körperlich überlegenen Gegner nicht mit der direkten (unterlegenen) eigenen Körperkraft, sondern mit Ausweichbewegungen und Kontern, mit weicher Abwehr und hartem Gegenangriff zu bekämpfen, ist hier zu nennen. Schon das Bild zweier kämpfender Karateka ist ein Ausdruck des Yin und Yang Symbols (Binhack/Karamitsos 1992:20).

Binhack und Karamitsos weisen noch darauf hin, dass diese Prinzipien in verschiedenen Karatestilen unterschiedlich ausgeprägt seien. Im Gōjūryū (剛柔流, „Schule des Harten und Weichen") sei das Prinzip am stärksten ausgeprägt (Binhack/Karamitsos 1992:20). Diese unterschiedliche Ausprägung von daoistischen Prinzipien liegt auch an der unterschiedlichen historischen Entwicklung der verschiedenen Stile und den unterschiedlichen Einflüssen. So sind einige Karatedō-Stile mehr als andere von daoistisch stärker geprägten „inneren Stilen" (*nèijiā*, wie *tàijíquán*, *bāguàquán*, *xíngyìquán*; vgl. Fußn. 37. Kap 2) des chinesischen *quánfǎ* beeinflusst. Dabei ist auch interessant, dass einige Meister des Karatedō, die ich kennen gelernt habe, neben dem Karatedō z.B. *tàijíquán* und *qìgōng* als Teil ihres Weges praktizieren.

Ein weiteres Indiz für die Rezeption daoistischer Gedanken findet sich in der Aufnahme von Passagen aus dem *Dàodéjīng* (*Tao Te King*) 道德經 von Lǎozǐ (Laotse) 老子, einem klassischen Text des Daoismus in der Darstellung des *budō* als Weg zur Bezwingung des Selbst auf der Webseite des Shōrinryū-Karatedō:

> *Wer andere erkennt, ist klug.*
> *Wer sich selbst erkennt, ist erleuchtet.*
> *Wer andere überwindet, hat Kraft;*
> *wer sich selbst überwindet, ist stark.*
>
> Laotse [33. Kapitel, SK]
>
> (Laupp/Schmitz: *Budo*; s. Anhang 9.5.2).

Auch die daoistische innere Alchemie (*neìdan*, s. z.B. Robinet 1995:303ff), vor allem die Atemtechniken und die Gymnastik findet sich in einigen Karatedō-Stilen wieder. So werden z.B. im Kempō Karatedō des Budō Studien Kreises (BSK) daoistische Techniken des *qìgōng* und der inneren Kultivierung der vitalen Energie (*qì/ki*) praktiziert (s. Kap. 3.4).

Auf die Rezeption der fünf Elemente (*wŭxíng*) der vitalen Kraft (*qì/ki*) wird in Kapitel 5.2 gesondert eingegangen, da diese Elemente nicht ausschließlich im daoistischen Kontext rezipiert werden.

Für Keenan (1989) ist der Daoismus die Hauptquelle für die spätere Interpretation des Weges (*dō*) in den *budō*-Künsten (s. Kap. 5.2.2).

5.1.3 Hinduismus und Buddhismus

Bei der Darstellung von Einflüssen des (Mahāyāna-) Buddhismus auf Karatedō müssen zumindest die Einflüsse des esoterischen Buddhismus und des Zen-Buddhismus unterschieden werden. Dabei dürfen auch die Bezüge zur Mutterreligion des Buddhismus, dem großen Komplex verschiedener Religionen Indiens, die ungenau als Hinduismus bezeichnet werden, nicht vergessen werden.

Die Verbindung zum Hinduismus kann vorwiegend in der Rezeption verschiedener buddhistischer Elemente gesehen werden, einige aber sind auch direkt ersichtlich. Vielen Darstellungen der Geschichte der asiatischen Kampfkünste beginnen in Indien (z.B. Dolin 1999), wo auch die Wurzeln vieler Kampfkünste und Religionen Ostasiens hinreichen. So wird der legendäre Ursprung des Karatedō, wie im Kapitel 2 dargestellt, zwar im Shaolin-Kloster in China gesehen, aber sowohl der Buddhismus, als auch die legendäre Gestalt Bodhidharmas, der den Chan/Zen-Buddhismus nach China und Praktiken des indischen *yogā* und indische Kampftechniken mitgebracht haben soll, weisen nach Indien.

In der Darstellung von Binhack und Karamitsos seien vor allem die meditative Grundhaltung, die ausgeprägten *yogā*-Systeme, die Darstellung von zornigen Göttern in Kampfposen und dem von

Pflichtgefühl geprägten Kriegerethos der *Bhagavad Gita*,[4] der sich im Kriegerethos der Samurai wiederfinde, durch den Buddhismus nach Ostasien transportierte und konstruierbare Einflüsse auf spätere Entwicklungen in Ostasien (vgl. Binhack/Karamitsos 1992:16). Tatsächlich ähneln die Kampfposen buddhistischer Statuen (*kongō rikishi*) von buddhistischen „Heiligen" (*bodhisattva*; skt. „Erwachungswesen", *arhat*; skt. „Vernichter der Feinde") und Göttern den Kampfposen karatedō-ähnlichen Kampfkünsten (vgl. Greve 1994). Laut Binhack und Karamitsos war der Gründer des japanischen Gōjūryū Karatedō gleichzeitig ein *yogā*-Meister (vgl. Binhack/ Karamitsos 1992:16).

Die buddhistischen Einflüsse der bekanntesten japanischen Sekten Shingon und Tendai des esoterischen Buddhismus (*mikkyo*) finden sich im Karatedō vor allem in der Interpretation der *kata* als „Mandala of Movement" (Dukes 2000:153), den symbolischen bzw. wirkmächtigen Hand- und Fingerzeichen *mudra*s (skt. „Siegel", „Zeichen"), und der Vorstellung der Entwicklung von „Wunderkräften" (*jinzu*). Die einzelnen Elemente (*mudra, mandala, mantra, jinzū, kiai*) werden in Kapitel 5.2.6 näher behandelt.

Der Bezug zum Zen-Buddhismus wird auch in der Darstellung des „Karate" im *Lexikon – Die Religionen der Welt* von Udo Tworuschka gezogen (vgl. 1999:165; *Karate*). Dabei wird ebenso der Bezug zu den anderen Künsten, die im Sinne des Zen interpretiert werden, wie „Zen in der Kunst des Bogenschießens" (Herigel 1951) aufgezeigt (s. Kap. 5.2.2).

Der Einfluss des Zen-Buddhismus auf Karatedō findet sich laut Binhack und Karamitsos vor allem in der Vorstellung einer „Meditation in Bewegung". Das Üben der Kampftechniken solle ein gutes Mittel sein, Ich-verhaftete Begierde auszumerzen und die Vollkommenheit der Erleuchtung (*satori*) anzustreben (vgl. Binhack/ Karamitsos 1992:17). Mit diesem „Ziel" sind auch verschiedene Vorstellungen und geistige Zustände verbunden, wie der Zustand der Ich-Losigkeit (*muga*), der leere (*mushin*) und der aufmerksame

---

[4] Bhagavad Gita (skt. „Gesang des Erhabenen"). In der Gita wird u.a. ein Heilsweg der Hingabe (bhakit-yogā) beschrieben. Der Gott Krishna weist den zweifelnden Krieger Arjuna im Angesicht einer großen Schlacht auf die Standespflicht des Kriegers hin. Der Pflicht seines Standes zu kämpfen nicht nachzukommen sei schlimmer als Tod und Töten, da der Tod angesichts der Unsterblichkeit des atman (skt. „Selbst") keine Bedeutung hätte und emotionslos und ohne Leidenschaft zu töten kein neues karma (skt. „Tat") anhäufe.

Geist (*zanshin*). Auch die starke Gewichtung der Kampfkünste als Erfahrungswege im Geiste des Zen-Weges (*zendō*) und das damit verbundene Vertrauen auf die im Menschen innewohnende eigene Kraft der Erfahrung und Intuition, die durch das beständige Üben und das darin gipfelnde Erwachen der inneren eigenen Buddhanatur mehr und mehr zum Vorschein komme, sind Aspekte des Zen-Buddhismus. Auch die Ethik des Karatedō sei maßgeblich mit den ethischen Maximen des Buddhismus verknüpft, was sich auch in der Interpretation der Vermeidung des ersten Angriffs in Bezug auf die Regel des „Nichtverletzen von Lebewesen" (skt. *ahimsā*) widerspiegelt (s. Kap. 5.2.4). Auch das ganze ideale Auftreten eines Karateka wird im Lichte des Buddhismus interpretiert:

> Das geforderte bescheidene persönliche Auftreten des Karateka, der in der Lage sein soll, sein Ego zu kontrollieren, gilt gleichfalls als Manifestation des buddhistischen Einflusses. Auch die Bereitschaft, größere Anstrengungen von Körper und Willenskraft auf sich zu nehmen (beim Üben und Trainieren der Techniken), um schließlich größte Leichtigkeit und Spontaneität zu erreichen (bei der optimalen Ausführung und Anwendung), ist ein Spiegel buddhistischer Lehre (Binhack/Karamitsos 1992:17).

Auch die legendenhaft konstruierte Rolle der Gestalt Bodhidharmas als Überbringer des Chan-/Zen-Buddhismus und Initiator der Shaolin-Kampfkünste, in denen Karatedō sich verwurzelt sieht, spielt bei der Rezeption im Westen eine große Rolle. Indizien dafür sind z.B. auch meine Beobachtungen: So habe ich auf einen Karatedō Lehrgang in Düsseldorf außerhalb der Übung einige Karateka, darunter viele Danträger, mit Bodhidharma T-Shirts gesehen, und oft findet sich auch ein Bildnis Bodhidharmas im *dōjō* (z.B. Shidōkan Shirasagi Dōjō Marburg, s. Kap. 3.3.1).

In der Darstellung von Werner Lind sind *budō*, „der Weg der Kampfkünste" und *butsudō* der „Weg des Buddha" (Buddhismus) in den Inhalten das gleiche und unterscheiden sich nur im äußeren Erscheinen: „Er [*budō*, „der Weg der Kampfkünste"; SK] unterscheidet sich von *Butsu dō* nur durch die Technik (*waza*), sein Inhalt ist der gleiche" (Lind 2001:147; *dō*) (s. Kap. 5.2.2). Für Lind ist der „Weg von der Lehre Buddhas", also der Buddhismus ebenso durch ein Durchleben und Erfahren statt eines intellektuellen Durchdringens oder reiner Gläubigkeit gekennzeichnet: „Dies bedeutet nicht, einfach nur gläubig zu sein, sondern in tatsächlicher Übung das Wesen dieses Weges [*butsudō*] zu verstehen und aufzunehmen (Lind 2001:147; *dō*).

In der Darstellung Hutters über Kampfkünste als Meditationsform (Hutter 2001:210-215) finden sich auch viele der angesprochenen Bezüge, vor allem zum Zen-Buddhismus wieder. So seien die Kampfkünste dem äußeren Erscheinungsbild zum Trotz als Meditationsform Ausdrucksformen für Gewaltlosigkeit und ein Zur-Ruhe-Kommen. Weiterhin wird der Bezug vom Shaolin-Kloster zur Entwicklung des *bushidō* und der Zen-Wege (*zendō*) in Japan gezogen, wo die Kampfkünste zu Erleuchtungswegen entwickelt worden wären. Dabei sei die Verbindung von Disziplin (*bushidō*), buddhistischer Ethik und der Geisteshaltung des Zen, die in der Aufhebung der Dualität von Leben und Tod gipfelt, wichtige Komponenten der Kampfkünste wie dem Bogenschießen (*kyūdō*), dem Schwertkampf und dem Karatedō. Dabei seien die wichtigsten Bezüge zum (Zen-)Buddhismus das Verständnis des Karatedō als Meditation, das Einhalten der *ahimsā*-Regel der buddhistischen Ethik, dem „Nichtverletzen von Lebewesen" und die Meister-Schüler Beziehung (vgl. Hutter 2001:210-215).

5.1.4 Shintō

Der Einfluss des Shintō (auch Shindō), „des Weges der Götter" auf das Karatedō ist oft eher unterschwellig und wenig nach außen propagiert und daher schwer zu fassen. Neben den Einflüssen des Shintō auf den „Weg des Kriegers" *bushidō* (s. Kap. 5.2.1), der wiederum im Karatedō aufgegriffen wird, könne vor allem die Vorstellung der ethischen und körperlichen kultischen Reinheit (*misogi*) durch die weiße Kleidung des Karateka ähnlich der weißen Kleidung der japanischen Pilger ausgedrückt werden. Weiterhin sind die Ahnenverehrung im *shōmen* des *dōjō* oder manchmal anzutreffende kleine Schreine im *dōjō* (s. Kap. 4.4) Hinweise auf Shintō-Einflüsse.

Binhack und Karamitsos sehen vor allem die Verbindung von Naturelementen in der Manifestation von Shintō-Gottheiten (*kami*) und deren Manifestation in Karate-Stellungen als eine mögliche Verbindung von Shintō und Kampfkünsten:

> Die Verehrung der beiden Gottheiten Fudo und Kwannon lassen eine unmittelbare Beziehung zu den Kampfkünsten erkennen. Fudo steht verwurzelt, standhaft, verlässlich und unveränderlich. Die barmherzige Kwannon wird als ‚tausendarmige Geberin' bezeichnet. Der tiefe feste Stand (vgl. Fudo- oder Sochindachi) und die Vielfalt einer ‚tausendarmigen' Handtechnik ergänzen sich im Karate vortreff-

lich. Ansonsten hat von allen Kampfkünsten das japanische Sumoringen sicherlich die größte Nähe zum Shintoismus (Binhack/Karamitsos 1992:21).

5.2 Die Rezeption einzelner religiöser Elemente im Karatedō

Im Folgenden werden einige religiöse Elemente des Karatedō anhand verschiedener Kategorien gegliedert. Neben dem Konzept der verschiedenen japanischen „Wege" (*dō*) wird auf die Meditation, Ethik, vitale Kraft (*ki*) und esoterische Elemente (*mandala, mudra, mantra, jinzū, kiai*) eingegangen.

5.2.1 Wege: *bunbu-ryōdō – bushidō – budō*

> *Schwert, Bogen und Pfeil waren nicht länger Mordinstrumente, sondern Hilfsmittel für die Meditation. Der Kampf wurde ein geistiger, der Feind fand sich nun in einem selbst, in den Illusionen, den Verblendungen des Ichs, die uns daran hindern, unser wahres Wesen zu entdecken.*
>
> Taisen Deshimaru-Roshi: *Zen in den Kampfkünsten Japans*, 1978:10.

Die japanischen Kampfkünste inklusive des Karatedō werden in der Literatur oft mit dem japanischen „Weg der Samurai"[5], dem *bushidō* (武士道 „Weg des Kriegers") und dem Weg(en) der Kriegs-/Kampfkünste 武道 (*budō*) in Verbindung gebracht, wenn „mehr" als Sport und Perfektion der Technik gesucht wird: „Budo beginnt da, wo Technik aufhört" (Laupp/Schmitz).[6] Da die Begriffe der japani-

---

[5] Samurai 侍: „Dienen/Diener" (vom Verb *saburau* „Dienen") im Dienste eines Feudalherren (auch als 武士 *bushi*, „Krieger" bezeichnet). Samurai war ursprünglich eine höhere Rangbezeichnung innerhalb der *bushi*. Nur ein Krieger ab dem Rang eines Samurai hatte das Recht, Lang- und Kurzschwert (*katana* u. *wakizashi*) zu tragen (*nihonzaschi*: „Zwei-Schwerter-Mann"), während z.B. die niederen *ashigaru* („leichtfüßiger Soldat") nur Kurzschwert, Lanze und Bogen führen durften (vgl. Braun 2007:195f).

[6] http://www.shorinryu-marburg.de/content/view/28/43 (14.12.2007); s. Anhang.

schen Wege (dō 道) laut dem Japanologen Braun oft durcheinander gehen und z.B. *bushidō* mit *bunbu-ryōdō* gleichgesetzt bzw. verwechselt wird (vgl. Braun 2006:18), werden die Begriffe und ihre Unterschiede hier kurz verdeutlicht.

Der *bunbu-ryōdō* 文武両道, „Der gemeinsame Weg von Schwert und Pinsel"[7] (Braun 2006) als eigenständiger Weg zeugt von einer Verbindung von zivilen, künstlerischen (*bun* 文) und militärischen, kämpferischen (*bu* 武) Vorstellungen. Diese Verbindung von Religion, Philosophie und Geistschulung (*dō* 道), Ethik und Charakterbildung durch Künste (*bun*) und der kämpferischen Fähigkeiten (*bu*) im *bunbu-ryōdō* ist auch mit buddhistischen, daoistischen und konfuzianischen Traditionen verknüpft. Während der Togugawa-Zeit (1603-1868) erlebte dieser Weg einer Verquickung von kämpferischen, religiösen, philosophischen und ethischen Inhalte seine Blütezeit. Der Weg wurde dabei maßgeblich von den herrschenden Tokugawa getragen und als wesentlicher Teil der japanischen Kultur popularisiert und für die Samurai ein zumindest von oben gefordertes zu lebendes Ideal, wie z.B. in dem Kodex *buke shōhatto* (1613/1615) von Tokugawa Ieyasu (vgl. Braun 2006:12).[8] Hutter spricht auch von einer „,Koalition' zwischen Politik und Zen" (Hutter 2001a:212) in der Tokugawa-Zeit. Neben den Tokugawa-Herrschern gab es noch andere Autoren, die den Grundstein eines Verständnisses der Kampfkünste Japans als einen umfassenden, auch mit nicht kriegerischen Künsten verbundenen Lebens- und Erleuchtungsweg formulierten. Der Rinzai-Mönch Takuan (1573-1645) schildert in seinem *Fudochi* die Verbindung von Kampf und Meditation, in dem sowohl im Herzen des Kriegers als auch des Zen-Mönches im Zustand der Vollkommenheit alle Gedanken verschwinden, was mit dem Zustand der Erleuchtung vergleichbar sei (vgl. Hutter 2001a:212). Im Werk *Gorinsho* (*Buch der fünf Ringe*) von Miyamoto Musashi (1584-1645) wird die Schwertkunst mit der Lehre der fünf Elemente (s. Kap. 5.2.6) in Verbindung gebracht und geschildert, wie die an sich weltliche Technik des Kampfes mit der geistigen Schulung verknüpft werden kann (vgl. Hutter 2001a:212f).

In der Frage, warum sich die militärischen Kampftechniken (*bujutsu*) zu geistig-religiösen Kampfkunstwegen (*budō*) und den damit

---

[7] Alternative Übersetzung: „Wege der Literatur und der Kampfkünste", Bittmann 1999:389.

[8] Vgl. Sadler: *The Maker of Modern Japan – The Life of Shogun Ieyasu*, London 1978 [1937].

verbundenen ethischen Kodex des Samurai, dem Weg des Kriegers (*bushidō*) entwickelt haben, die dann im Westen so große Erfolge feierten, gibt es mehrere Interpretationen:

Laut Braun (2007:92-96) wurden die Kenntnisse der „Kriegskünste" (*bugai, bujutsu*), also die reinen Kampftechniken und das Wissen der Kriegskunst (Belagerung, Strategie, Führungskunst etc.) vorrangig praxisbezogen auf dem Schlachtfeld erworben, weiterentwickelt und erprobt. Die Entwicklung der *dō*-Konzepte in den Kampfkünsten und die Verbindung mit ethischen und religiösen Elementen habe vorrangig zwei Ursachen und sei erst ab dem 17. Jahrhundert fassbar. Eine Ursache ist die relativ lange Periode inneren Friedens während der Tokugawa-Zeit (1603-1868). Dadurch konnten die „Kriegskünste" selten auf dem Schlachtfeld erprobt werden, und der Krieger fand die Zeit, sich mit seinen „Kampffertigkeiten" näher zu beschäftigen. Während in Zeiten des Krieges ein Krieger möglichst viele Waffen oberflächlich erlernt haben musste, um sich jeder Situation auf dem Schlachtfeld anzupassen, war nun Zeit, sich intensiv mit einem oder wenigen Kampfstilen zu beschäftigen. Dadurch kam es zum einen zur Entwicklung von Trainingsmethoden, die Verletzungen vermeiden sollten (z.B. Schutzausrüstung, Holzschwerter) und zum anderen zur Entwicklung verschiedener *kata* als Trainingsmethode.

Ein anderer, paralleler Grund für die Entwicklung des *budō* sei der wachsende Einfluss des Zen-Buddhismus auf die Kriegerklasse. Obwohl die Glaubenswelt der Samurai maßgeblich durch den Konfuzianismus (Loyalität gegenüber Vorgesetzten, der Familie, dem Clan etc., Beachten der Sitten, Etikette und Normen), dem Shintō (Reinheit, Treue, Pflichtbewusstsein gegenüber den Ahnen, der Heimat und den dort ansässigen *kami*) und dem esoterischen Buddhismus (*mikkyo*) geprägt sei, was sich auch in Praktiken wie *mandala* (symmetrisches Kreisdiagramm), *mantra* (Silbenrezitation) und *mudra* (symbolische Hand- und Fingergesten) sowie verschiedener Rituale zum Schutz in der Schlacht äußere (vgl. Maliszewski 1996:74, McFarlane 1994:189), wurde der Zen-Buddhismus für das geistige Training und die Geisteshaltung der Erduldung des Unvermeidlichen in der Schlacht zunehmend wichtig. Durch den Zen-Buddhismus wurden zum einen die Trainingsmethoden, wie z.B. die *kata* als „Meditation in Bewegung" (Hutter 2001a:215) interpretiert, zum anderen war der Zen als Weg der Erfahrung, Selbstbeherrschung und Vertrautheit mit dem Gedanken des Todes für die Krieger eine geeignete Unterstützung und religiöse Orientierung (vgl. Braun 2007:92-96).

Diese Entwicklungen wurden noch verstärkt durch den neuen Umgang mit den Kriegskünsten durch die Verdrängung von Schwert und Bogen von den Schlachtfeldern sowie der Umorientierung des Kriegerstandes (*bushi*/Samurai) durch Verlust traditioneller Privilegien und der Einordnung in ein modernes Militär nach westlichen Maßstäben durch die gesellschaftlichen und politischen Umbrüche im Modernisierungsprozess der Meiji-Zeit (1868-1912).[9] Bei der Modernisierung, Vereinheitlichung und Instrumentalisierung der Kampfkünste spielte auch die von der Regierung 1895 gegründete Butokukai („Halle der Kriegstugenden") eine große Rolle. Das Butokukai wurde gegründet, um die verschiedenen japanischen Kampfsysteme zu vereinheitlichen und zu kontrollieren (z.B. durch Ausstellung von Lehrerlizenzen und Rangbescheinigungen). Das Butokukai wurde 1941 direkt dem Regierungsministerium für Erziehung, Krieg, Marine, Wohlfahrt und nationale Angelegenheiten unterstellt, da die Kampfkünste in die Erziehung und Ausbildung des Militärs miteinbezogen wurden. (vgl. Lind 2001:97; *Butokukai*).

So wurde die durch die Samurai getragene Tradition der klassischen Kampfkünste (Waffenlos, Schwert, Bogen, Lanze etc.) zwar weiterhin betrieben, dienten aber immer weniger dem Einsatz auf dem Schlachtfeld, sondern vielmehr der ethischen und ideologischen Schulung. Auch die Idealisierung der Samurai und des *bushidō* (Inazo Nitobe: *Bushidō – The Soul of Japan, an Exploration of Japanese Thought*, 1899) verstärkten diesen Prozess weiter, wodurch *bushidō* zur Lebensauffassung einer breiten Bevölkerungsschicht, als tragendes Ideal der japanischen Modernisierung, Industrialisierung, Militarisierung und des Nationalismus wurde (s. Victoria 1999:92-104). Der idealisierte Kriegerethos der Samurai im „Reichs-Zen" und „Soldaten-Zen" wurde zu einem wichtigen geistigen Träger des Militärs während des zweiten Weltkriegs (s. Victoria 1999:92-208). Zen, ein auch durch Shintō getragener Nationalismus (Staats-Shintō) und der Krieg bildeten dabei „eine unheimliche Allianz" (Victoria: *Zen, Nationalismus und Krieg – Eine unheimliche Allianz*, 1999; *Zen at War* 1997/2004).

Nach den Erfahrungen des zweiten Weltkriegs wurde oft der friedliche Weg der Kampfkünste betont (s. Nagamine 1996, Victoria 1999:208-254). Die Faszination, die „Aureole der Geheimnisse" (Dolin 1999:12), welche die japanischen Kampfkünste im Westen so

---

[9] Populäre, klischeebeladene, idealisierte und wenig historische Darstellung des Vorgangs im Film *Last Samurai* (USA 2003).

populär gemacht haben, sind maßgeblich auch mit den Inhalten der von den Samurai geprägten Wege verbunden:

> Der grandiose Boom der Kampfkünste geht mit einer kritiklosen Propaganda ‚östlicher Moral' einher.[...] Doch warum wenden sich die Menschen des 20. Jahrhunderts immer wieder dem versickernden Strom der Kempo-Tradition zu? Was zieht sie von ihren Arbeitsplätzen und bequemen Wohnungen, aus ihren Stadien und Tennisplätzen zu dem *Samurai-Kodex Bushido*, in den Raum zum Begreifen des ‚Weges'? (Dolin 1999:16).

Während die Bezeichnung *bunbu-ryōdō* („Der gemeinsame Weg von Schwert und Pinsel") ein in der Tokugawa-Zeit geprägtes Ideal bezeichnet, indem ein hervorragender Krieger sowohl militärische (*bu*) als auch geistige Künste (*bun*) beherrschen sollte, erhält der Begriff *bushidō* 武士道 als „Weg des Kriegers" erst in der Meiji-Zeit (1868-1912) seine Ausgestaltung und Bedeutung. Laut Braun unterscheiden sich *bunbu-ryōdō* und *bushidō* daher vor allem in der Einbettung des *bushidō* in der Vereinnahmung und Instrumentalisierung im Modernisierungsprozess, der japanischen Imagekampagne und Selbstbehauptung in der Meiji-Zeit, einer Zeit voller gesellschaftlicher und politischer Umbrüche. Zu diesen Elementen gehören die Glorifizierung der japanischen Vergangenheit, der Bereitschaft für das Vaterland zu sterben oder *seppuku* (rituellen Selbstmord) zu begehen, sowie propagierte Shintō-Elemente in der Verbindung von chauvinistisch-nationaler Haltung durch Übersteigerung der Ahnenverehrung und des Patriotismus (Staats-Shinto) zu einem „japanischen Nationalcharakter" im *bushidō*, die im *bunbu-ryōdō* so nicht thematisiert werden würden (vgl. Braun 2006:18f).

Dabei wurde der Kodex des *bushidō* in fünf Hauptforderungen mit untergeordneten Moralbegriffen gefasst (nach Lind 2001:97, *bushidō*):

- **Treue** (*chūgi*): Treue gegenüber Herrscher und Liebe zur Heimat, Achtung vor den Eltern und Fleiß.
- **Höflichkeit** (*reigi*): Ehrerbietung und Liebe, Bescheidenheit und korrekte Etikette.
- **Mannhaftigkeit**: Tapferkeit, Härte und Kaltblütigkeit, Geduld und Ausdauer und Schlagfertigkeit.
- **Wahrheitsliebe** (*makoto*): Offenheit und Aufrichtigkeit, Ehrgefühl und Gerechtigkeit.
- **Bedürfnislosigkeit**: Einfachheit und Reinheit.

Der Begriff *bushidō* 武士道 mit seinen Inhalten und der Idealisierung des Kriegerstandes der Samurai ist vor allem durch Werke wie dem *Hagakure*[10] (1716) von dem Zen-Mönch Yamamoto Tsunetomo (1659-1719) und *Bushidō – The Soul of Japan, an Exploration of Japanese Thought* (1899) von Nitobe Inazo geprägt. Durch diese Werke wurde das Bild des *bushidō* als „Religion der Samurai" und „Samurai-Zen" auch im Westen maßgeblich geprägt (vgl. Baatz 2001:163). Zu Beginn des 20. Jahrhunderts bis zum Ende des zweiten Weltkrieges wurden die propagierten, popularisierten und idealisierten ritterlichen Tugenden und spirituellen Einsichten der Samurai durch die Verbindung von Tugenden des Zen-Buddhismus und nationalen Charakters des Shintō zu einem guten Nährboden für Militarismus und Nationalismus (s. Victoria 1999/2004). Somit wurde der neu interpretierte und instrumentalisierte Kodex der Samurai auch ein wichtiger Motor für den Aufschwung Japans als Militär- und Industriemacht. Nach dem aus der Sicht westlicher Mächte überraschenden Sieg Japans über die Großmacht Russland im Russisch-Japanischen Krieg (1902-1903) und dem eigenen „Aufschwung" Japans zu einer von traditionellen japanischen Werten (*bushidō*, Soldaten-Zen, Reichs-Zen und Reichs-Shintō) getragenen Großmacht im militärischen und industriellen Stil der westlichen Mächte, verstärkte sich die Einbeziehung des *bushidō* und damit des Buddhismus in die japanische Kriegsmaschinerie (vgl. Victoria 1999:92-104).

Nach dem zweiten Weltkrieg wurde *bushidō*, der „Weg des Kriegers" als „Weg des Samurai", als japanisches Nationalgut in der Welt verbreitet.[11] Das Interesse an japanischer „Philosophie" war dabei wohl auch durch den raschen Aufschwung Japans als Wirtschaftsmacht getragen. Man wollte hinter das „Geheimnis" in Form eines geistigen, ethischen Kodex des Erfolgs kommen, als den man *bushidō* und „Unternehmens-Zen" (Victoria 1999:254) auch als Weg

---

10 „Hinter den Blättern"; Auch als die „Samurai-Bibel" bezeichnet (s. http://www.angkor-verlag.de/html/hagakure_tb.html (12.12.07).

11 Ein Film, der den Wert des *bushidō* für einen westlichen Menschen im Schatten der Gesellschaft mitten in einer amerikanischen Großstadt thematisiert ist *Ghost Dog – Der Weg des Samurai* (USA 1999), wo ein einsiedlerischer Auftragskiller seine ethische Orientierung und Legitimation beim *bushidō* des *Hagakure* findet.

des erfolgreichen Managers auf dem gnadenlosen Schlachtfeld der Weltwirtschaft stilisierte:[12]

> In the postwar era of Japan, we are in a wave of kokusaika or internationalization. The people of the world are more interested in knowing the traditional culture of Japan, which has been the fundamental basis of Japanese economic growth (Nagamine 1996).

Laut Braun gebe es sowohl Befürworter eines (vermeintlichen) „japanischen Nationalcharakters" und „Kriegerethos", als auch Gegner, welche die Konstruktion des *bushidō* als „invented Tradition" (Hobsbawm/Ranger 1992) bezeichnen (vgl. Braun 2006:18).

Eine interessante okinawanische Interpretation des *bushidō* liefert Nagamine Shoshin (1924-1997, 10. Dan; verstorbener Oberhaupt des okinawanischen Shorinryū Karatedō) in *Okinawan Karate and World Peace* (1996). Nagamine beschreibt dabei den (fehlgeleiteten) Kriegsgeist des *bushidō* im „spirit of Japan" eines (un-) heiligen Krieges:

> The spirit of the Hagakure is summarized in the following four oaths: In bushido, never be left behind. Always be ready to serve your master. Be dutiful to your parents. Be merciful at all time and assist other people. The Hagakure states that if you dedicated these four ouths to Buddha and the Heavens every morning, then you will be able to receive their energy. The Japanese military leaders, who led the Japanese people into World War II, claimed that it was a sacred war not only for the Japanese but for the world and emphasized the essence of Hagakure-style bushido as being 'always be ready to die'. They claimed that the Hagakure was the same as the militaristic way of thinking, taking the lives of soldiers very lightly and leading millions of people to perish (Nagamine 1996).

Laut Nagamine unterscheidet sich die japanische Sicht des Todes von der Ansicht der Ryūkyū-Bewohner (Hauptinsel Okinawa). Während das oben beschriebene Verständnis des *bushidō* als Opferung und Geringschätzung von Leben im Dienst einer (vermeintlich) höheren Sache (heiliger Krieg) verstanden wird, sei die okinawanische Sicht auf das Leben vor allem durch den Wert jedes einzelnen Lebens geprägt: „There is a Ryukyu chant which says: In a

---

[12] Samurai-Seminar für Führungskräfte *Führungsstark mit der Strategie der Samurai* mit Joachim Laupp, 8. Dan. (s. Kap. 3.5) und Mary Niegot 3. Dan, Diplom-Psychologin, s. http://www.kime-coaching.de (21.01.2008).

world full of conflict and strife, do not cry over the conditions of the world, your life is the tresure" (Nagamine 1996).

Neben diesem (fehlgeleiteten) *bushidō* der Kriegsjahre sei der wahre *bushidō* vor allem dadurch gekennzeichnet, dass der Sieg ohne Kampf erlangt werde: „True bushido could be explained in the following saying, ‚The best victory is the one attained without battle'" (Nagamine 1996).

In der westlichen Rezeption des *bushidō* und des Zen als Seele Japans und Inbegriff japanischen Gedankenguts (vgl. *Bushidō. The Soul of Japan, an Exploration of Japanese Thought* (1899) von Nitobe Inazo) wird das dunkle Kapitel des zweiten Weltkriegs oft wenig beachtet oder eher als eine durch Nationalismus fehlgeleitete Interpretation des wahren *bushidō* interpretiert. Vielmehr wird ein ideales Bild des *bushidō* und des *budō* als ein Weg zur inneren Harmonie, Charakterbildung, Selbsterkenntnis und universellem Frieden rezipiert, wie es sich z.B. in dem Werk von Taisen Deshimaru-Roshi *Zen in den Kampfkünsten Japans* (1979) zeigt, das wiederum auch seinen Einzug in deutsche Bücher über Kampfkünste allgemein und Karatedō speziell (z.B. Lind 2007) gefunden hat: „Budō ist eine Art zu leben, eine ständige Erfahrung im Umgang mit sich selbst, die den Menschen freier, gesünder und ausgeglichener macht" (Lind 2007:27). Der Weg der Kampfkünste wird dabei oft im Sinne des *bushidō* bzw. des *budō* verstanden (vgl. z.B. Pflüger 1975:9f, Lind 2007). Gerade der Begriff des *budō* wird dabei oft als Oberbegriff der Kampfkünste verwendet:

> In Asien ist Budō einer dieser Wege. Budō ist der Oberbegriff für alle Wege (Dō), die sich aus den japanischen Kampfkünsten (Bujutsu) ableiten. Im einzelnen besteht er aus vielen Systemen (Jūdō, Kendō, Karate-dō, Kyūdō, Aikidō usw.), in deren Bezeichnung jeweils der Begriff ‚Dō' enthalten ist. Damit wird deutlich, dass die Kampftechnik nicht zum Selbstzweck geübt wird, sondern dem höheren Ideal des Weges dient (Lind 2007:26).

Dabei finden sich die Tugenden des *bushidō* bzw. des *budō* auch in der *dōjōkun*, der ethischen Richtlinien des Karatedō, wieder (s. Kap. 4.5 u. 5.2.4). In den Darstellungen von Lind wird auch *budō* oft mit „Weg des Kriegers" (eigentlich *bushidō*) übersetzt:

> Als tödliche Kampfmethoden haben sich die Techniken des Bujutsu über Jahrhunderte hinweg geformt, doch erst durch ihre Verbindung zum Zen (Anfang des 17. Jh., TAKUAN) erhielten sie einen ethischen Inhalt und konnten sich zum

budō (Weg des Kriegers) entwickeln (vgl. z.B. Lind 2001:85; budo).

Dabei unterscheide sich *budō* (der Weg der Kampfkünste) nur durch die Technik (*waza*) vom *butsudō* („Weg des Buddha" = Buddhismus), der Inhalt sei der gleiche (Lind 2001:147; *dō*, *budō*).

In der Darstellung von Deshimaru entstand *bushidō* aus einer Verschmelzung von Buddhismus und Shintōismus. Den Weg der Samurai fasst Deshimaru dabei in sieben Prinzipien zusammen: *Gi*, die rechte Entscheidung, *yū*, Tapferkeit und Heldentum, *jin*, die universelle Liebe, *Rei*, das rechte Verhalten, *makoto*, vollkommene Aufrichtigkeit, *meiyō*, Ehre und Ruhm und *chūgi*, Hingabe und Loyalität (vgl. Deshimaru 1979:23). Die Beeinflussung des Buddhismus sieht Deshimaru in den Punkten der Besänftigung der Gefühle, dem ruhigen Gehorsam gegenüber dem Unvermeidlichen, der Selbstbeherrschung, der tieferen Vertrautheit mit dem Gedanken des Todes als mit dem Leben und der reinen Armut. (vgl. Deshimaru 1997:23).

Die Aspekte des *bushidō* lassen sich somit auf einige Aspekte zusammenfassen: Zum einen fordert *bushidō* Disziplin und Loyalität, dazu kommen noch die Konfrontation mit dem unvermeidlichen Tod und der Vermeidung unangebrachter Gewalt und Aggression und der Achtung des Lebens.

Die Auseinandersetzung mit dem unvermeidlichen (eigenen) Tod und der Aufhebung der Dualität von Leben und Tod wird auch oft als zentrales Moment des Zen-Buddhismus und der Wege der Kampfkünste charakterisiert (vgl. Hutter 2001a:213): „In dieser Auffassung werden Tod, Zen und der Weg des Kriegers insofern eins, als sie ein Transzendieren des Todes und seiner Unkontrollierbarkeit ermöglichen" (Hutter 2001a:213). Laut dem Verständnis des Zen leide der Mensch an dem Umstand seiner eigenen Sterblichkeit oder vielmehr in der Nicht-Annahme und Verdrängung des sicheren Todes. Durch die Erkenntnis und Annahme des Todes und der Aufhebung der gedachten Dualität zwischen Leben und Tod durch die Praxis des Zen und der dadurch gewonnenen Erfahrung. Der Zustand der Versenkung (*samadhi*) und die Möglichkeit der daraus gipfelnden Erleuchtungserfahrung (*satori*) durch die Übung des eigenen Sterbens im Geiste der Annahme des Unvermeidlichen sei sowohl in der Praxis des *zazen* (Sitzmeditation) als auch der Übung der Kampfkünste, sofern sie im rechten Geist geübt werden, gegeben.

In der Frage, warum gerade die kriegerisch geprägten Wegkünste als religiöse Wege und der Kampf als ein Lehrmeister im Sinne des

Zen gesehen werden, liefert Axel Binhack in *Über das Kämpfen* (1998) eine interessante Antwort: Zum einen seien die verschiedenen Formen des Kämpfens (Partnersuche, Spiel, Überleben etc.) ein wichtiger Bestandteil des sozialen Gefüges der Menschen und des Lebens in all seinen Bereichen, was das Bild des Kampfes auch für die Religionen relevant mache. Der Kampf sei außerdem eine direkte Konfrontation ohne Umwege mit dem Tod. Nur wenn der Krieger seinen Geist frei mache und auch den eventuell unvermeidlichen eigenen Tod akzeptiere und seine Handlungen durch keine Gedanken an Schmerz, Sieg, Niederlage, Zukunft, Ängste, Ethik etc. hemmt, kann er eine Konfrontation überhaupt überleben. Eine Unachtsamkeit ein unachtsam gefasster Gedanke dagegen könne für den Krieger in einer Situation von Leben und Tod den sicheren Tod oder schwere Verletzungen bedeuten. Auch in einer Zeit, wo die Kampftechniken sich zu Wegen der Kampfkünste außerhalb des Schlachtfeldes und des direkten Umgangs mit Leben und Tod entwickelt haben, bieten sie aufgrund ihres körperlichen Aspektes ein direktes Training des Geistes mit einem Partner statt eines Gegners als eine Methode den Geist von allem hinderlichen „Gefühls- und Gedankenballast" frei zu machen für die Anforderungen der jeweiligen Situation im „Hier und Jetzt" (vgl. Binhack 1998:242):[13]

> Der Kampf zwingt zu sofortiger, hochkonzentrierter, permanenter Aufmerksamkeit und liefert beim geringsten Nachlassen dieser Haltung sofortige, unmittelbar spürbare Rückmeldung. Die Wachheit entsteht dabei an der Ausrichtung auf den Gegner/Partner und wirkt – von diesem quasi reflektiert – auf die eigene Psyche zurück. Der zwingende Charakter des Kampfes erweist sich also als starkes Moment der Herbeiführung und Aufrechterhaltung der zenspezifischen Haltung vollkommener Aufmerksamkeit, die die Haftung an Ablenkung vermeidet (Zanshin) (Binhack 1998:242).

Für Binhack spiegelt das Schriftzeichen *kara* 空 (Leer, Leere) in Karatedō 空手道 („Weg der leeren Hand") auch diesen Zustand der Aufmerksamkeit (*zanshin*) im wachen leeren Geist (*mushin*) wider (vgl. Binhack 1998:242).

---

[13] Ein Film, der das Kämpfen als ein Erfahrungsweg des Todes und der Selbsterkenntnis unterhaltsam thematisiert ist *Fight Club* (USA 1999). Dort taucht sogar das eigene Unterbewusstsein des „Helden" in Gestalt einer gespaltenen Persönlichkeit, als eine Art „Zenmeister" auf, der den „Helden" die Erfahrung von Leben und Tod und die Nichtigkeit materieller Besitztümer („Ikea-Nestbautrieb") näher bringt.

5.2.2 Der Weg: Dō

Der „Weg" 道 (jap. *dō*; chin. *dào*) als ein religiöser Erfahrungsweg wird schon bei Albrecht Pflüger, wenn auch recht kurz, thematisiert: „Für Karate und die anderen japanischen Kampfsportarten könnte man folgende Bedeutung des DO in Kurzfassung so formulieren: *als Weg zur körperlichen und geistigen Meisterung des ICH's*" (Pflüger 1975: 10). Dabei dient die Zuordnung scheinbar der Abgrenzung von Karatedō vom westlichen Sportverständnis eines Erfolgsdenkens und Freizeitspaß. Damit wird der Praxis einer bestimmten „Kunst", wie dem Karatedō eine höhere Bedeutung zugemessen, als „normale" und „übliche" Sportarten, Tätigkeiten und Hobbys. Das Verständnis des Weges könne sogar auf alle möglichen Tätigkeiten und Sportarten angewandt werden (z.B. *Zen und die Kunst ein Motorrad zu warten*, Pirsig 1978):

> Der Do-Weg ist nicht neu. In Japan ist er seit Jahrhunderten bekannt. Ein Europameister im Ju-Do meinte, nachdem er in Japan trainiert hatte: Warum sind die westlichen Sportler so unwissend und üben nicht im Sinne des Do? Es kann ja mit weniger Körpertraining unglaublich mehr erreicht werden, als beim üblichen Sport. Zudem ist man glücklicher dabei und gewinne etwas Bleibendes. [...] Als Beispiel wird hier Ski-Do gezeigt. Jeder Leser kann mit Leichtigkeit seinen Lieblingssport, seine Kunst, sein Hobby oder sogar seinen Beruf mit dem Do-Weg verbinden. Wer seine Lebensaufgabe oder seinen Lieblingssport mit der Charakterschulung zusammenbringt, ist bereits auf dem Do-Weg und ein gewisser Erfolg ist ihm damit sicher (Schnyder 1981:19).

Da das Schriftzeichen *dō* 道 (chin. *dào*) eine große Bedeutungsspanne im jeweiligen Kontext annehmen kann, und die Übersetzung als Weg einengend und fehlinterpretiert werden kann, schlagen Binhack und Karamitsos vor, *dō* unübersetzt zu lassen:

> Der Begriff Do führt ins Zentrum aller zen-beeinflussten Kampfkünste. Do bleibt am besten unübersetzt. Eine Wiedergabe mit ‚Weg' kommt seiner genauen Bedeutung recht nahe, sollte aber auch durch solche unterschiedlichen Begriffe wie z.B. Lehre, Unterweisung, Suche, Erfahrung, Entwicklung, Gesetz ... ergänzt werden (Binhack/Karamitsos 1992:24).

Bei dieser in innerperspektivischen Darstellungen seltenen kritischen Betrachtung der einseitigen Übersetzung des *dō* als „Weg", kommt anscheinend Binhacks Studium der Religionswissenschaft zum Vorschein. Der Ursprung des in Kampfkunstkreisen rezipierten Verständnisses des *dō* als „Weg" oder auch „Weg-Bewusstsein" findet sich im Verständnis des *dào/dō* im Daoismus und Konfuzianismus.

Dào als Leitbegriff und Namensgeber des Daoismus, kommt 76-mal (vgl. Wohlfart 2001:202) im *Dàodéjīng* (*Tao Te King;* „Das Buch vom *dào* und seiner Wirkkraft") 道德經 von Lǎozǐ (Laotse) 老子 einem klassischen Werk des frühen Daoismus, vor. *Dào* ist ein grundlegender Begriff des traditionellen chinesischen Denkens und kann als „letzte Realität oder Wahrheit" verstanden werden:

> Dao ist das anfängliche Eine, von dem Nichts getrennt ist. Aus der ursprünglichen Einheit, die zugleich ‚nichtseiend' ist, gehen die Vielheit, die zahllosen Dinge, hervor (vgl. Daodejing, Kap. 1, 25, 30, 42), in dem es stets anwesend ist, und in dem alle Dinge zyklisch zurückkehren (vgl. *Daodejing* Kap. 40) (Figl 2003:563f).

Die prozessuale Einheit des *dào* als „letzte Wirklichkeit" wird durch das Ineinanderwirken der beiden polaren Kräfte *yīn* und *yáng* (s. Kap. 5.1.2) gebildet. Durch deren Wechselspiel entstehen „die drei Schätze" (*jīng*, die Feinessenz; *qì*, die Lebensenergie und *shén*, die geistige Energie) mit denen die „10.000 Wesen", also die ganze Welt, der ganze Kosmos erfüllt sind (vgl. Malek 2003:307-315; *Daoismus*).

Dabei wird im *Dàodéjīng* darauf verwiesen, dass *dào* kein Weg der festen Lehre, die schriftlich übermittelt werden kann, sondern ein Weg der Erfahrung sei, den jeder selbst gehen muss, der den „Weg" verstehen möchte:

> *Könnten wir weisen den Weg* [dào]*, es wäre kein ewiger Weg* [dào]*. Könnten wir nennen den Namen, es wäre kein ewiger Name.*[14]

(*Dàodéjīng* Kap. 1, Übers. G. Deborn 2001:25)

In anderen Übersetzungen werden die ersten Verse, und damit *dào* anders übersetzt bzw. unübersetzt gelassen:

> *Der Sinn* [dào]*, der sich aussprechen lässt, ist nicht der ewige Sinn* [dào]*.* (*Dàodéjīng* Kap.1, Übers. R. Wilhelm 1989:41)

---

[14] *Dào kě dào fēi cháng dào - míng kě míng fēi cháng míng* 道可道非常道名可名非常 (vgl. Gu Zhengkun 1999) Wörtlich, ohne zuviel hineinzudeuten, müsste man eigentlich übersetzen: Das *dào*, das ge*dàot* (*dào*isiert) werden kann (*kě dào*), ist nicht das übliche/ewige *dào* (*fēi cháng dào*). Ein Name (*míng*), der genannt werden kann (*kě míng*), ist nicht der übliche/ewige Name (*fēi cháng míng*).

The Tao [dào] *that is utterable is not the eternal Tao.*
(*Dàodéjīng* Kap.1, Übers. Gu Zhengkun 1995:59)

In dem ersten Kapitel des *Dàodéjīng* versucht der Autor scheinbar auf etwas Ewig-Fließendes (*cháng dào* 常道: „ewiger Weg"), einen „Weg ohne Weg" (Robinet, I., 1995:46), zu verweisen, der aber selbst nicht lehrbar oder benennbar ist, weil *dào*, das zu einem festen Begriff oder einer festen Methode gemacht wird (*kě dào* 可道: „gemachtes/ausgesprochenes *dào*"), eben nicht das im ewigen Fluss und unfassbare *dào* ist. Scheinbar geht es hier um eine Erfahrungsgröße, und zwar eine individuelle (mystische) Erfahrung, in deren Fluss man sich hineinbegeben muss. Da der Weg erst beim Gehen und beim Eintauchen in den natürlichen Lauf des Universums entsteht, ist er eben nichts Festes, und wenn man ihn festlegt und benennt, ist es nicht mehr das im Fluss ständiger Bewegung seiende *dào* in dem man sich bewegt. *Dào* ist also kein Objekt, kein ausgetretener oder befestigter „Weg", den man weisen oder aussprechen könnte, vielmehr scheint *dào* als ein wegloser Weg, den jeder letztlich „ohne Begehren" von selbst finden müsse.

In westlichen Übersetzungen scheinen daher zwei Hauptbedeutungen von *dào* unterschieden und verschieden interpretiert zu werden. Da das ursprüngliche Schriftzeichen aus dem Zeichen für „gehen" und „Kopf" bestehe[15], werde *dào* oftmals in einem dem griechischen *(h)odos* (ὁδός) verwandten Sinne verwendet als „Weg" (Übers. G. Deborn), Lauf, Methode, bzw.: gehen, leiten, zeigen etc. Eine andere Deutung finde sich in einem dem griechischen *logos* (λόγος) verwandten Sinne als Wort, Sinn (Übers. R. Wilhelm), Vernunft, Lehre, Ordnung etc. (vgl. Wohlfart 2001:32 u. 202). Oft wird *dào* auch mit der letzten absoluten Realität anderer Religionen oder Gott in monotheistischen Religionen verglichen oder gleichgesetzt.[16]

Neben dem daoistischen Verständnis des *dào* als Erfahrungsgröße, wird in konfuzianischen Texten *dào* als ethischer Maßstab gebraucht (s. Kap. 5.1.1). Die daoistischen und konfuzianischen Komponenten („mystische" Erfahrung und ethisch richtiges Verhalten) finden sich in der westlichen Rezeption des *dào/dō* im Karatedō z.B. bei Werner Lind wieder.

---

15 Vgl. zur Etymologie des Schriftzeichens *dào* 道 Wohlfart 2001:202.
16 *dào* = *logos* = Gott oder *dào* = Sein = Gott / Vgl. dazu Küng, Hans, Ching, J., *Christentum und chinesische Religion*, München 1988:197-201 u. zu Vorstellungen absoluter bzw. göttlicher Wirklichkeit Figl 2003:545-568.

In Linds Lexikon wird der Weg als eine Antwort des Menschen auf einer ewigen Suche und Weg zu höherer Erkenntnis und Erlösung dargestellt: „Wohin kann der dem Tier entrückte und zum heiligen fähige Mensch sein Streben richten?" (Lind 2001:146; *dō*). Dabei sei *dō* ein zentrales Prinzip der Übung, bei dem „die Essenz der Philosophie und Religion im individuellen Verhalten sichtbar wird und weit über den Intellekt hinaus das Denken und Handeln des einzelnen bestimmt" (Lind 2001:146; *dō*). Dabei ordnet Lind auch die großen Religionsstifter als Weglehrer und Vorbilder im Kampf gegen Ich-verhaftetes Verhalten, Habgier und Unachtsamkeit gegenüber dem Wert des Lebens ein:

> Alle Wege zur Erlösung, die von den Vorbildern der Menschheit gelehrt und gegangen wurden, scheiterten in der Masse immer am unüberwundenen Egoismus, an der Habgier, an der Unfähigkeit zu Erkenntnis und Selbsterkenntnis [...]. Durch alle Zeiten überlieferten sich über Wegbereiter Wegbeispiele, in deren Umfeld potentielle menschliche Werte sichtbar wurden. Überall dort, wo ein Mensch die Erkenntnis lebte, dass Sein kein Selbstzweck ist, sondern einen Sinn in sich selbst hat (Geiko), entstand auch die Möglichkeit zu einem Weg. Einzelne, die diese Wege gingen, wurden zum Vorbild, denn sie verwirklichten ein Bewusstsein (Shin), das anderen als Beispiel durch alle Zeiten diente: Sie lehrten die Vervollkommnung des menschlichen Geistes durch die Liebe. Nur durch sie kann bewusstes Leben die Welt gestalten, ohne sie im Wahn zu vernichten. Doch dort, wo die Masse solchen Weglehren begegnete (Jesus, Buddha, Mohammed u.a.), erkannte sie ihre Beispielhaftigkeit nie als Möglichkeit, sondern nur als Form. So sucht der Weg nach wie vor nur jenen Menschen (Deshi), der die Herausforderung bei sich selbst sucht. (Lind 2001:146; *dō*)

In dieser Darstellung klingt auch Kritik an institutionalisierter, historisch gewachsener Religion an, die nur die „Form" bewahre, während einzelne suchende Schüler (*deshi*) die Wahrheit in sich selbst suchen und damit die Erfahrung der Vorbilder (Jesus, Buddha, Mohammed u.a.) nacherleben und verwirklichen (wie im oben beschriebenen Verständnis im ersten Kapitel des *Dàodéjīng* des *dào* als Erfahrungsgröße statt einer festen Lehre).

Die verschiedenen asiatischen Wegformen zeichnen sich laut Lind durch unterschiedliche Techniken aber das gleiche Ziel aus. Dabei habe jeder einzelne Weg zwar unterschiedliche Techniken (*waza*) entwickelt, um den Geist (*shin*) und die vitale Kraft (*ki*) im Menschen mittels einer Weglehre (*oshi*) und der Führung eines Lehrers (*sensei*) zu entwickeln, aber das Ziel sei immer gleich: „Sie lehren den Schüler (*Deshi*) seine eigenen inneren Zusammenhänge (*Shisei*) von einem neutralen Standpunkt aus (ohne Beteiligung des Ich) zu verstehen und sich durch Übung (*Geiko*) zu vervollkommnen" (Lind 2001:146; *dō*). Als Beispiele nennt Lind den „Weg des Buddha" (Buddhismus; *butsudō*), den „Weg der Kampfkünste" (*budō*), den „Weg der Götter" (*shindō/shintō*), den „Weg des Kriegers" (*bushidō*), den „Weg des Sitzens" (*sadō/zazen*), den „Weg der Künste" (*geidō*) und den „Weg der Schrift" (*shodō*) (Lind 2001:146; *dō*).

5.2.3 Meditation: „Meditation in Bewegung" und Zen im Sitzen (*zazen*)

Neben der schon im dritten Kapitel geschilderten Interpretation der Kata als Meditationsform und Hutters Verständnis der Kampfkünste als eine „Meditation in Bewegung" (2001:215) wird im Karatedō oft auch noch die klassische Sitzmeditation des Zen (*zazen*) praktiziert. Zum einen ist die Sitzmeditation ein Teil des An- und Abgrußrituals (Kap. 4.6), wird aber bei einzelnen Karateka auch noch gesondert als Ergänzung geübt:

> Zazen ist nicht nur eine Übung, die dem Zen eigen ist. Alle großen Meister der Kampfkünste üben Zazen, um ihr Ki (Qi) zu entwickeln. Die Übung des Zazen hat eine tiefe Wirkung auf die Übung der Kampfkünste und gilt für die wahren Ziele als unerlässlich (Lind 2001:697; *zazen*).

Dabei sieht Lind in der Übung des *zazen* in den Kampfkünsten eine Unterstützung im Kampf um sein wahres Selbst, eine Möglichkeit in der Meditation über das bewusste logische Ich-verhaftete Denken hinauszugehen und den Zustand der Erleuchtung *satori* (Erwachen) zu erreichen, wobei das *zazen* in die langjährige Praxis der Kampfkünste eingebettet sein müsse und die wahren Inhalte sich erst im Laufe der Übungsjahre ihrer Bedeutung für den Übenden enthülle:

> In den ersten zehn bis fünfzehn Jahren steht für einen Übenden der Kampfkünste die Kampfkunsttechnik (*Waza*) im Vordergrund. Es gibt keine Möglichkeit über sie in die transzendentale Ebene (Transzendentalphilosophie) hinauszugehen, weil der Geist untrennbar an ihren Formen haftet und eine Befreiung nicht zulässt. In der Formengefangenheit ist es nicht möglich zu verstehen, welche Bedeutung *Ki* (Energie) und *Shin* (Geist) wirklich haben. Transzendenz kann nicht über das Formenverständnis erreicht werden, weil das

logische Bewusstsein nicht *Mushotoko* (ohne Streben nach Profil) sein kann. Mit dem logisch denkenden Bewusstsein versteht man nur das Gegenständliche und nicht die wahren Inhalte (Lind 2001:696; Zazen)

Die Sitz-Meditation soll dabei eine Hilfe und Ergänzung der Kampfkunstpraxis sein. Ebenso wie die Praxis der Kampfkunst ist das prozessuale Ziel der innere Kampf gegen das Ich und das logische, dualistische Denken auf dem Weg zum wahren Selbst. Dieses wahre Selbst sei das Erwachen der inneren eigenen Buddhanatur, der ewigen eigenen Natur aller Dinge: „Sie zu erlangen und zur Erleuchtungserfahrung durchzudringen ist daher jedem Wesen möglich, gleich seiner existenziellen Ebene" (Lind 2001:83; *Buddha-Natur*).

Die Übung des *zazen* mit aufgerichteter Körperhaltung und natürlicher Atmung sei für den Anfänger äußerst schwierig und das einfache Sitzen mache die Probleme des stresserfüllten Alltags deutlich. Weiterhin weist Lind darauf hin, dass der Meister Kanazawa (Shōtōkanryū) empfiehlt, die aufrechte, natürliche Haltung und Atmung des Zazen bei der Ausführung jeder Karatetechnik zu berücksichtigen: „Manche Menschen reden heute von ‚Geschwindigkeits-Karate'. Ich weiß nicht, was das ist. Wirkliches Karate ist Konzentration auf seine Tiefe und nicht auf seine Form" (Hirokazu Kanazawa, zit. nach Lind 2001:287; *Kanazawa*).

Bei dem Eintrag über *zazen* im *Lexikon der Kampfkünste* (2001) verweist Lind auch wieder auf ein Buch von Taisen Deshimaru-Roshi (s. Kap. 2.2.3.3; 3,4 u. 6.2.2): *Zazen* (1979).

5.2.4 Ethik: *Dōjōkun*, die Achtung des Lebens und universeller Frieden

> *Der ideale Budōka zeichnet sich dadurch aus, indem er mit der Hand eines Teufels, aber dem Herz eines Buddha den Weg des Budō beschreitet.*
>
> Mihahira Katsuya (10. Dan Hanshi, Shōrinryū-Karatedō).[17]

Hutter weist angesichts der in Kap. 5.2.1 angesprochenen Geschichte des *bushidō* darauf hin, dass gerade der Umgang mit dem Tod in Verbindung mit Loyalität zu einer Glorifizierung des Todes in Kriegerkreisen (z.B. *seppuku*, ritueller Selbstmord) kommen kann (Hutter 2001a:213). Dabei stellt sich die Frage nach dem Umgang des Tötens von Lebewesen im buddhistischen Kontext: Inwieweit lässt sich die ethische Maxime des Buddhismus im „Nichtverletzen von Lebewesen" (*ahimsā*)[18] interpretieren oder strapazieren? Gerade das Verständnis und die Interpretation der Kampfkünste heute legt einen großen Wert auf die Aufgabe der Kampfkünste als Wege zum Frieden (z.B. Nagamine: *Okinawan Karate and World Peace*, 1996). Auch wenn sich die Kampfkünste in ihrer Erscheinung mit dem geschichtlichen Kontext ihrer Einbettung gewandelt haben, zeigt der Blick in die Geschichte, dass die Kampftechniken (*bujutsu*) aus denen die Wege der Kampfkünste (*budō*) hervorgegangen waren auch immer Wege zum Töten, der Herrschaft oder zumindest zum Überleben waren. Beispiele wie das Töten mit einem absichtslosen, leeren Geist (*mushin*) der Ich-Losigkeit (*muga*) in der Geschichte des japanischen Buddhismus in Zeiten von Kämpfen zwischen rivalisierenden Tempeln, dem Schutz der klösterlichen Domänen und der

---

[17] Laupp/Schmitz, *Budō*;
http://www.shorinryu-marburg.de/content/view/28/43 (14.12.2007); s. Anhang 9.5.2.

[18] Regelung zur Tötung von Lebewesen z.B. in den *Vinaya*-Texten (Texte, welche die Ordensdisziplin regeln) eindeutig: Töten von Lebewesen gilt als schweres Vergehen und wird mit „Exkommunikation" bestraft (Ist an sich in der Handlung schon eine Entfernung von Buddhas Weg, quasi eine „Selbstexkommunikation"), ebenso gilt die Provokation des Tötens, die Duldung und Zustimmung als schwerwiegende Verbrechen (vgl. Demieville 1957:347-348; in Kleine 2002).

Verteidigung der Interessen der Tempel gegenüber den Feudalherren religiös, z.B. anhand von Sutren, legitimiert wurde, zeigt z.B. Christoph Kleine in *Waffengewalt als ‚Weisheit in Anwendung': Anmerkungen zur Institution der Mönchskrieger im japanischen Buddhismus* (2002) (*sōhei*, jap. Mönchskrieger v.a. in der Heian- (794-1185) u. Kamakura-Zeit (1185-1333).[19]

Eine friedliche Interpretation der Art des Umgangs mit von religiösen Bezügen getragenen Kampfkünsten oder auch religiösen „Wegen", die das Bild des (geistigen) Kampfes transportieren, wie z.B. die ostasiatisch geprägten Kampfkunst-Wege, dem *yogā*, dem islamischen *jihād* (s. Kap. 7, Fußn. 6) und der christlichen Askese, bei denen der „Kampf" als ein „spirituelles Ringen" für die Verwirklichung eines höheren Ideals im Menschen verstanden wird, findet sich in *Meditation and the Martial Arts* von Michael L. Raposa (2003). Raposa untersucht dabei die Frage, warum das Bild des Kampfes, sei es gegen äußere oder innere, geistige Feinde in vielen religiösen Traditionen vorkomme. Dabei sei laut Raposa das verbindende Prinzip von *jihād*, Zen, Christlicher Askese, *yogā* und den Kampfkünsten der innere/spirituelle Kampf gegen sich selbst und der damit verbundenen spirituellen Entwicklung und Erfahrung mit dem Ziel von spiritueller Harmonie und universellem Frieden (vgl. Raposa 2003):

> The theme of *Meditation* and the *Martial Arts* is that martial discipline is necessary to bring the soul into such state that it can love and make peace: Raposa has an extraordinary argument here, profound, historically deep, and more relevant than a new energy supply (Robert C. Neville, Theologe, Univ. Boston, Klappentext von Raposa 2003).

Auch bei Dolin findet sich diese Interpretation der Kampfkünste als „Schule des Lebens" statt der Auslöschung von Leben: „Nicht der Sieg über Gegner war das Ziel beim Studium des Kempo [„Kampfkünste"; SK], sondern der Sieg über sich selbst, die Überwindung der eigenen Schwächen und Mängel. Die Schule des Kempo war eine Schule des Lebens" (Dolin 1999:14).

Diese Interpretation deckt sich mit dem innerperspektivischen Verständnis der *dōjōkun*, als ethischer Leitfaden auf dem Weg der

---

[19] Zum Thema Buddhismus bzw. Zen-Buddhismus und Gewalt und Krieg s. auch Kleine (2003), Adolphson (2007), Victoria (1999/2004), Carol R. Tsang (2007) u. in Palmer-Fernandez (2001; *Zen*).

leeren Hand (Karatedō) wie sie im vierten Kapitel dargestellt wurde (s. Kap. 4.5). Auch die Darstellung des Karatedō und die kritische Betrachtung des *bushidō* während des zweiten Weltkriegs in Nagamines Rede *Okinawan Karate and World Peace* (1996) (s. Kap. 5.2.1) und dem Verständnis des Karatedō als Ausdruck der Achtung vor dem Leben und der Vermeidung von Angriffen und Aggression, die auch im Lehrsatz *karate ni sente nashi* – „Im Karate gibt es keinen Erstschlag" (Übers. Keller; Funakoshi 2007(1930):25) zum Ausdruck komme (s. Kap. 4.5 u. 5.2.4), deckt sich mit Raposas Verständnis der Kampfkünste als ein Weg zum Frieden.

Bei der Interpretation des *bushidō* und des *budō* in deutschsprachigen Veröffentlichungen über Karatedō wird ebenso die Wichtigkeit der Gewaltlosigkeit und der Achtung des Lebens thematisiert. Neben dem entsprechenden Punkt der *dōjōkun* („Verzichte auf Gewalt"; Lind 2007:174-235) wird dazu oft der schon angesprochene Leitsatz „Im Karate gibt es keinen Erstschlag" herangezogen, um den Verteidigungsaspekt in der Vermeidung von Aggression und Konfrontation zu betonen: „Ein echter Budoka steht für das Leben und für Harmonie und nicht für Tod und Zerstörung" (Laupp/ Schmitz).[20]

Auch die Partnerübungen und das *bunkai* (s. Kap. 4.1.3) zielt stets auf die Verteidigung und die Reaktion auf einen Angriff ab, die dann in einen Gegenangriff übergehen kann. Der Aspekt der Selbstverteidigung im Karatedō wird oft so interpretiert (z.B. Lind 1997b:176-185), dass Karateka eher Gewalt im Vorfeld durch sicheres Auftreten, richtiges vorausschauendes und besonnenes Verhalten etc. vermeiden sollten, und aggressive physische Gewalt im Sinne von Reaktion auf einen physischen Angriff angemessen und nie übertrieben anwenden sollen. So sei bei Möglichkeit Befreiung und Weglaufen vor einer ernsten Bedrohung und somit die Vermeidung von Verletzungen bei sich und dem Angreifer/den Angreifern immer die beste Wahl, was auch in der *dōjōkun* zum Ausdruck kommt: „Eins ist: Sich vor unbesonnenem Mut in acht nehmen" (Funakoshi, übers. Albrecht 2004:44). Bei ernsthaften Angriffen (z.B. Einsatz von Waffen, mehrere Gegner etc.), welche die Verletzung oder sogar Tötung des Karateka zum Ziel haben, wo Leben und Gesundheit des Karateka bedroht ist, und ein Weglaufen nicht möglich wäre, sei allerdings eher Zögern, Nachdenken und ethische

---

[20]   http://www.shorinryu-marburg.de/content/view/28/43   (14.12.2007); s. Anhang.

Bedenken ein Hindernis und eine Gefahr für sich und andere Beteiligte, und entschlossene, zielgerichtete und effektive Gegenwehr erlaubt, so wie sie auch vom Gesetz (§ 32 StGB: Notwehr) legitimiert sei. Bei einer nötigen Verteidigung von Gesundheit und Leben solle man nur das tun, was nötig ist, dies aber so effektiv wie möglich, um weiteren Schaden zu vermeiden (vgl. Lind 1997b:176-185). Dabei muss allerdings bedacht werden, dass wohl viele Menschen in ihrem Leben eher selten bis gar nicht in eine solche Situation geraten, und das Training des Karatedō auch nicht primär darauf ausgerichtet sei, sondern die persönliche Entwicklung des Karateka im Vordergrund stehe (vgl. z.B. Grabert 1996, Schwibbe 1994). In einem Ausspruch der wohl auf eine Aussage von Mihahira Katsuya (10. Dan Hanshi, *Shorinryū Karatedō*) zurückgeht heißt es: „Der ideale Budoka zeichnet sich dadurch aus, indem er mit der Hand eines Teufels, aber dem Herz eines Buddha den Weg des Budo beschreitet" (Laupp/Schmitz).[21]

Zum Aspekt des Verhältnisses von Karatedō und Gewalt bzw. Gewaltvermeidung gibt es auch einige wissenschaftliche Arbeiten. Einen Beitrag aus der Psychologie liefert z.B. Karsten-Ingo Grabert mit *Karate-Do und Gewaltverhalten – Eine empirische Untersuchung über die Auswirkungen des Trainierens der Kampfkunst Karate-Do auf die Gewaltbereitschaft und das Gewaltverhalten des Trainierenden* (1996). Die Studie zeigt, dass ein Gewaltverhalten von Karateka durch die Beschäftigung mit Karatedō weder erzeugt noch vermehrt wird, dass Karateka sogar weniger zu Gewalt neigen als viele Vergleichsgruppen und dass vielmehr die eigene Persönlichkeitsentwicklung und die Entwicklung sozial-ethischer Werte als wesentliche Bestandteile des Karatedō-Trainings verstanden werden. Einen kulturwissenschaftlichen Beitrag zum Thema Gewalt liefert Gudrun Schwibbe in dem im Buch *Gewalt in der Kultur – Vorträge des 29. Deutschen Volkskundekongress* (Brednich 1994) enthaltenden Beitrag *Karate-Do – Der sanfte Weg? Ergebnisse einer Mikrostudie über Formen der Auseinandersetzung und des Umgangs mit körperlicher Gewalt bei Betreibern einer fernöstlichen Kampfsportart*. In dieser Untersuchung, welche aufschlussreiche Befragungen von Karateka beinhaltet, kommt Gudrun Schwibbe zu dem Schluss, dass der richtige Umgang mit Karatedō zu einer Vermeidung von Gewaltverhalten beiträgt. In eine ähnliche Richtung gehen Arbeiten, die den pädagogischen Nutzen von Karatedō untersuchen. Eine Vielzahl von päda-

---

[21] http://www.shorinryu-marburg.de/content/view/28/43 (14.12.2007); s. Anhang.

gogischen Arbeiten thematisiert die mögliche Rolle des Karatedō in Programmen zur Gewaltprävention. Ein gutes Beispiel dafür ist z.b. die Arbeit von Andrea Gerntke *Karatedō als Sozialpädagogische Interventionsform für desintegrierte, gewalttätige Jugendliche? Eine sozialpädagogische Perspektive auf gewaltmindernde Elemente einer japanischen Kampfkunst* (2002).[22]

5.2.5 Vitale Kraft: Ki, Hara, Vitalpunkte und Gesundheit/Heilung

Die Vorstellung einer vitalen Kraft 氣 (chin. *qì*, jap. *ki*), die sowohl Universum als auch den menschlichen Körper durchdringt und für die Gesundheit des Menschen als auch für äußere Handlungen eingesetzt werden könne wird auch im Karatedō rezipiert. Bei vielen der Praktiken (z.B. *kata* u. *makiwara*) im vierten Kapitel ist die innerperspektivische Rede von dem Nutzen der Techniken für die Entwicklung des inneren *ki*. So taucht z.b. in dem Literaturverzeichnis bei Lind (2007) Kōichi Tōhei auf, dessen Bücher über *ki* wie *Das Ki Buch* (1980) und *Ki im täglichen Leben* (1990) im deutschen Sprachraum verbreitet sind und auch Praktizierende der japanischen Kampfkünste ansprechen soll:

> So vermittelt dieses Buch nicht nur allen Praktizierenden der japanischen Kampfkünste – Aikidō, Jūdō, Kendō, Karate-dō und Kyūdō – die wesentlichen Grundlagen ihres WEGES, sondern es ermöglicht jedem einzelnen von uns, sein Leben harmonisch, kraftvoll und glücklich, ohne Krankheit, Angst und Depression zu gestalten und leistet dabei konkrete Hilfe (Tōhei 1990; Klappentext).

Bei Kōichi Tōhei wird *ki* als eine zentrale innere Kraft dargestellt, deren Ausprägung für Selbstvertrauen, Lebenskraft, innere Ruhe, Zufriedenheit und Gesundheit wichtig sei, wobei der Geist die wichtigste Komponente für die Entwicklung und Aufnahme von *ki* sei:

> Unser Ki ist ein Teil des Ki des Universums, und unser Körper ist das Gefäß, das wir benutzen, um unser Ki zu beschützen. Der Geist ist das uns vom Universum gegebene Mittel, mit dem wir das körperliche Gefäß schützen und hegen und mit dem wir den Austausch unseres Ki mit dem des Universums bewirken und steuern (Tōhei 1990:37).

---

[22] Vgl. zum pädagogischen Einsatz des Karatedo bei jugendlichen Straftätern Wolters 1992.

Auch bei Lind ist der Geist die entscheidende Komponente: „Der Schlüssel zum Erreichen von geistiger Konzentration und Ki liegt in der bewussten Begleitung jeder feinmotorischen Bewegung durch den Geist" (Lind 1997b:39).

Dabei wird die Wichtigkeit des Trainings und die damit verbundene Entwicklung von *ki* betont, weil Menschen mit weniger ausgeprägtem oder negativen *ki* weniger leistungsfähig, unausgeglichener und aggressiver seien (vgl. Egger/Zwick/Chuan/Knoll 2006:45). Auch könne die innere Energie *ki* in äußere Techniken fokussiert werden (vgl. Karamitsos/Binhack 1992:28f), und die Techniken effektiver ausgeführt werden (s. Kap. 4, *kime* und *kiai*, 5.2.6): „Er [kiai; SK] bezeichne die Manifestation des Ki in der Technik" (Lind 2001:323; *kiai*) und „kime ist der äußere Ausdruck der in der Übung erreichten Ki-Kontrolle" (Lind 2001:327; *kime*).

Bei Tōhei spielt die Konzentration auf den zentralen Punkt im Unterbauch (jap. *hara*) des Menschen als Zentrum des Universums eine wichtige Rolle bei der *ki*-Konzentration und der zu erreichenden Einheit von Körper und Geist (vgl. Tōhei 1990:47), was bei Lind bei der idealen Ausführung der Techniken ebenso auftaucht:

> In der traditionellen Übungsauffassung, die die Mitte (Hara) als Ausgangspunkt jeder Bewegung betrachtet, ist die Einheit zwischen Körper und Geist entscheidend. Die korrekt ausgeführte Technik besitzt eine starke Verbindung zur inneren Haltung und bewirkt so das physische und psychische Gleichgewicht. Die aus dem Hara heraus gesteuerte Bewegung ist der Schlüssel zum Verständnis des Budo als Kunst und die Basis jener Verfassung, aus der heraus der Übende eigenständig in die Tiefe forscht und Oberflächliches ablehnt (Lind 2007:124).

Neben der Vorstellung der vitalen Energie *ki* spiegelt auch die im vierten Kapitel bei der Praxis angesprochene Stimulation von Vitalpunkten durch die Übung sowohl Vorstellungen der daoistischen Alchemie als auch der chinesisch-tibetischen Medizin wider (vgl. auch Dolin 1999:13).

Neben der Vorstellung von Gesundheit und Heilung durch die Kultivierung der inneren Energie *ki*, gibt es auch ein Standardwerk des Karate, das neben Kampftechniken auch primär traditionelle chinesische Medizin und Vitalpunktlehre behandelt. Im Westen wurde das Buch namens *Bubishi* (vgl. Kap. 2.2.2.1) auch als „Die Bibel des Karate" (McCarthy 1995) bezeichnet und Habersetzer bezeichnet es als die „Quelle des Karatedō". In der Übersetzung von

McCarthy (1995) ist ein Kapitel allein der chinesischen Medizin und Kräuterkunde gewidmet. Auch das Wissen über die Lehre der Vitalpunkte, die sowohl zu Heilungszwecken als auch zu Kampfzwecken eingesetzt werden kann findet sich in dem Buch. Gerade die Lehre über die Vitalpunkte wird von Lind in seinem Buch *Klassisches Karate-Do – Gesundheits- und Vitalpunktlehre, Trainingsführung, Selbstverteidigung* (1997b) dargestellt, wobei neben Techniken der Selbstmassage auch die negative Stimulation der Vitalpunkte zu Kampfzwecken thematisiert wird, wie z.b. bei dem Nervengeflecht das im Westen als Solarplexus (chin. *jiuwei*, jap. *suigetsu*) bekannt ist: „Ein schwerer Schlag führt zum Tod durch Herzstillstand. Ein gemäßigter Angriff bewirkt Bewusstlosigkeit" (Lind 1997b:81).

5.2.6 Esoterische Elemente: Die fünf Elemente, Mandala, Mudra, Mantra, Jinzū und Kiai

Die vom esoterischen Buddhismus (*mikkyo*) geprägte Lehre von den fünf großen Elementen (jap. *godai*) spielt eine große Rolle in der ostasiatischen Kosmologie. Dabei gelten die fünf Elemente als das Grundgerüst des Makrokosmos, also des gesamten Universums, das sich auch im Mikrokosmos, also in jedem einzelnen Menschen widerspiegelt. Während Wasser, Feuer, Holz, Erde und Metall in der chinesischen Kosmologie die fünf Elemente (chin. *wǔxíng* 五行), also die fünf Wandlungsphasen des Kosmos, die Grundkomponenten des Kosmos bilden, unterscheidet man in der davon abgeleiteten buddhistischen Interpretation Erde, Wasser, Feuer, Luft und Leere als die fünf großen Elemente.[23] Die Wechselwirkungen der Elemente und die Interpretation verschiedener Kampfmethoden und ihre Zuordnung zu bestimmten Elementen spielt vor allem beim *ninjutsu*, den Kampftechniken der japanischen Ninja, eine große Rolle (vgl. Braun 2006:120-125).

Die Lehre der fünf großen Elemente wird aber auch im Karatedō-Lehrbuch von Axel Binhack und Efthimios Karamitsos aufgegriffen.[24] Dabei spiegeln die Elemente verschiedene Techniken (z.B. in der *kata*; s. Kap. 4.1.2), Teile des Menschen sowie Wahrnehmungs-

---

[23] Auch bei Dukes finden sich schematische Darstellungen über das Verhältnis der Elemente (vgl. Dukes 2000:405).

[24] In der Literaturliste von Binhack/Karamitsos 1992 findet sich auch das *Buch der fünf Ringe* (*Gorinsho*) von Miyamoto Musashi (1584-1645), in welchem die Schwertkunst mit der Lehre der fünf Elemente zusammengebracht wird.

und Bewusstseinszustände wieder. In der Zuordnung der Elemente zum menschlichen Körper sei das Element Erde (*chi*) Knochen und feste Körperteile, Wasser (*sui*) sei Blut und Körperflüssigkeiten, Feuer (*ka*) die Stoffwechselprozesse, Luft (*fu*) die Atmung und die Leere (*kū*) das Bewusstsein und der geistig-seelische Bereich (vgl. Binhack/Karamitsos 1992:39). Auf der Ebene des Bewusstseins und der Wahrnehmung könne man in Anlehnung an C.G. Jungs Psychologie Erde („der Realist") als Anerkennung von Realität ohne Wenn und Aber, Sturheit und Konservatismus, Wasser („Gemütsmensch") als gefühlsmäßiges Anpassen, Feuer („Macher") als impulsives Handeln, Wind („Denker") als Nachdenken, Beweglichkeit des Geistes und Leere („Guru") als Meditation, Befreiung und Loslassen umschreiben (vgl. Binhack/Karamitsos 1992:40f).

Bei Binhack und Karamitsos gibt es auch noch eine schematische Darstellung eines „dynamischen inneren Zusammenhanges des Phänomens Karate-Do mit seinen didaktisch-methodischen Grundstrukturen und philosophisch-religiösen Haupteinflüssen" (Binhack/Karamitsos 1992:160). In der schematischen Darstellung werden fünf Ebenen des Karatedō unterschieden, die wiederum den fünf Elementen zugeordnet sind und zusammen im Wechselspiel (*yīn* und *yáng*) den Kreislauf des „Weges der leeren Hand" bilden: Auf der „Phänomenologischen Ebene" des Elements Erde sei Karatedō durch die Wechselwirkung zwischen Körperübung, Kampf und Kunst gekennzeichnet. Auf der zweiten Ebene, der „Didaktischen Ebene" des Wassers greifen Kihon, Kumite und Kata ineinander. Auf der „Methodischen Ebene", der dritten Ebene, die dem Element Feuer zugeordnet wird, ist die Wechselwirkung zwischen den Stufen des Verständnisses „Shu" („Stufe des spontanen anfänglichen Umgangs mit den Lerninhalten"), „Ha" („Stufe des Auseinandersetzens mit den Lerninhalten") und „Ri" („Stufe des meisterhaften, spontanen und situationsangemessenen Umgangs") dargestellt. Dabei wird *shu* als ein leerer Kreis, *ha* als *yīn* und *yáng*-Symbol, das allerdings in *yīn* und *yáng* gespalten ist, und *ri* als komplettes *yīnyáng* -Zeichen (*taìjí*) beschrieben. Auf der vierten Ebene, der „Philosophischen Ebene", die dem Element Wind zugeschrieben wird, zeichne sich Karatedō durch die gegenseitige Beeinflussung und Wechselwirkung zwischen Konfuzianismus, Zen-Buddhismus und Daoismus aus. Die „Religiöse Ebene", die Ebene der Leere, sei durch das Wechselspiel zwischen Himmel und Erde mit dem Menschen dazwischen ausgezeichnet (vgl. Binhack/ Karamitsos 1992:161).

Die Vorstellung durch rituelle Handlungen und dem beständigen Üben der Kampfkünste in Verbindung mit meditativer Praxis „Wundertaten" vollbringen zu können findet sich schon in der traditionellen chinesischen Literatur in den Geschichten über Kampfkunstlegenden.[25] Diese Vorstellungen der Wunderkräfte ist auch von Vorstellungen daoistischer „Magie" und buddhistischer Geisteskräfte erfüllt, die sich auch in Konzepten zeigen, wie „Über Dächer fliegen und auf Mauern laufen"[26] oder auch in der Vorstellung, mittels eines *ki*-Energiefeldes Gewehrkugeln aufhalten zu können innerhalb der durch Kampfkünste beeinflussten Geheimgesellschaften im chinesischen „Boxeraufstand"[27] (1900-1901). In Japan findet man diese Vorstellungen von magischen Wundertaten und übermenschlichen Handlungen besonders in der Ausprägung der Legenden um die Ninja, die oft als Superspione, Superhelden, Meuchler, Zaubermeister, Einsiedler und weise Kampfexperten dargestellt werden (vgl. Braun 2007:7). Der durch daoistische, shintōistische und (esoterisch-) buddhistische (inkl. *yogā*) Vorstellungen sowie religionsübergreifende Elemente des populären Volksglaubens, Magie und Wahrsagerei geprägte „Weg durch Üben Wunderkräfte" (*shugendō*) zu erlangen, findet sich aber auch bei den japanischen asketischen Bergeinsiedlern (*yamabushi,* „sich in den Bergen niederlegen") und den Kriegermönchen (*sōhei*) (näheres s. Braun 2007:35-49).

Die Vorstellung von „magischen Kräften" (skt. *siddhi*) und den „höheren Geisteskräften (skt. *abhijna*) wird in Japan auch als *jinzūriki* (*tsūriki*) oder kurz *jinzū* bezeichnet (vgl. Braun 2006:266). Diese Kräfte finden sich zum einen im dritten Teil des *Yogā-Sutra* des Patanjali, wo allerdings betont wird, dass diese Kräfte ein Nebenprodukt auf dem *yogā*-Weg seien, denen nicht zu viel Bedeutung

---

[25] Eine Untersuchung über „Fakt und Fiktum" der chinesischen Kampfkünste anhand der Untersuchung von Literatur und moderner filmischer Umsetzung findet man bei Schmidt-Herzog 2003.
[26] *fēiyán zǒubì* 飞檐走壁, z.B. im Film *Tiger & Dragon* (*wohu canglong* 臥虎藏龍; Crouching Tiger & Hidden Dragon).
[27] Die Bezeichnung „Boxeraufstand" stammt vom Westen und ist abwertend und abfällig gemeint, da man die Vorstellung lächerlich fand, gegen mit Gewehren bewaffneten Soldaten mit bloßen Händen oder einfachen Waffen anzutreten. Die chin. Bezeichnung lautet Aufstand der „Faustkämpfer für Recht und Einigkeit" (*yihequán* / *I-ho-ch'üan*).

beigemessen werden dürfe, und durch die man sich nicht vom eigentlichen Weg des *yoga* ablenken lassen dürfe (III.1-4 u. 50).[28]

Im Buddhismus werden diese „magischen Kräfte" (skt. *siddhi*) als die „fünf höheren Geisteskräfte" (skt. *abhjina*) bezeichnet. Eine Darstellung dieser Kräfte findet sich vor allem im *Visuddhimagga*. Diese Geisteskräfte, wie über Wasser laufen, Schweben, Schutz in gefahrvollen Situationen und als andere Gestalt erscheinen werden im Mahāyāna-Buddhismus vor allem *bodhisattvas* (skt. „Erwachungswesen") zugeschrieben, können also durch das Voranschreiten auf dem geistig-spirituellen Weg erlangt werden, was sich je nach Tradition durch die Praxis der Meditation, Askese oder wirkmächtiger Handzeichen *mudra* (skt. „Siegel") oder durch Rezitation wirkmächtiger Silben oder Silbenfolgen, den *mantra* (skt.) erreichen lässt (vgl. Braun 2006:268).

Im daoistischen Verständnis einer inneren und äußeren Alchemie können durch verschiedene Praktiken Wunderkräfte erlangt werden. Darunter fallen unter anderem Ernährungsvorschriften, Atemübungen, Körperübungen, Sexualpraktiken und Meditation (vgl. Braun 2006:269).

Die Verbindung zu den japanischen Kampfkünsten zieht z.B. der klassische Text *Taiaki* des Rinzai-Mönchs Takuan (1573-1645). Dabei könne man durch jahrelange Übung der Kampfkünste oder Meditation wunderbare Kräfte erlangen:

> Indem Monat sich an Monat fügt und die Jahre vergehen, sollte es so sein, als erschiene von selbst ein Licht im Dunkel. Du wirst ohne einen Lehrer Weisheit empfangen, und du wirst, ohne es anzustreben, wunderbare Kräfte hervorbringen (Takuan: *Taiaki*, zit. nach Wilson 1982:98).

In der westlichen Rezeption der Kampfkünste spielen diese Wunderkräfte zuerst einmal in der Darstellung in Filmen (vgl. Donohue 2003) eine große Rolle (s. Kap. 2.2.3.2). Daneben werden diese Kräfte vor allem als Teil des „mythologischen Erbes" der Kampfkünste gesehen, die nicht allzu ernst gesehen werden dürfen und realistisch im geschichtlichen Kontext betrachtet werden müssen. Oft wird ihnen auch der Terminus „Mythologie" oder „Aberglaube" angehängt, um die kritische westliche Sicht zu untermauern, dass es sich

---

[28] Das Spektrum der Kräfte reicht von Zukunftsvorhersage (III.16), über Telepathie (III.19), Unsichtbar machen (III.21), Freiheit von Hunger und Durst (III.30), Übernahme anderer Körper (III.38) und Telekinese u.s.w. (vgl. Braun 2006:267).

bei der Vorstellung solcher Kräfte ausschließlich um symbolische oder übertriebene, wenn auch faszinierende, interessante dramaturgische Ausschmückungen handele (vgl. Donohue 2003).

Neben der Darstellung von esoterischen Elementen der Kampfkünste einschließlich der Wunderkräfte im buddhistischen Kontext durch den Vertreter des Mushindō-Kempō-Karatedō Terence Dukes (Shifu Nagaboshi Tomio) (2000), finden sich nur wenige innerperspektivische Bücher zum Karatedō, die sich ernsthaft mit Wunderkräften beschäftigen. Das mag daran liegen, dass Dukes vor allem die Verbindung zur Tradition des esoterischen/tantrischen Buddhismus (jap. *mikkyo*) mit den Kampfkünsten aufzeigen möchte, während die meisten anderen Veröffentlichungen über Karatedō die Verbindung zum Zen-Buddhismus in den Vordergrund stellen.

In deutschsprachigen Büchern über Karatedō (anders als über *ninjutsu*, z.B. Hayes 1985) finden sich daher meist keine Hinweise auf die Entwicklung von übermenschlichen Wunderkräften. Vielmehr wird auf die durch das Üben anwachsenden geistigen Kräfte (jap. *jōriki*) im Verständnis des Zen-Buddhismus verwiesen:

> Mit *Jōriki* ist die Fähigkeit zu einer durchgehenden Konzentration und Geistesgegenwart (Zanshin) gemeint, die jenen Menschen befähigt, in allen Situationen des Lebens angemessen zu handeln. Ein Mensch, der *Jōriki* entwickelt hat, ist niemals Opfer der Umstände. Er ist in der Lage, seine Umgebung in vollkommener Freiheit und Gleichmut zu empfinden und sich in ihr zu bewegen (Lind 2001:267; *Jōriki*).

Aufgrund der vorherrschenden Zuordnung des Karatedō zum Zen bildet das Buch *Karate – Ursprünge, geschichtliche Entwicklung und Tradition einer fernöstlichen Kampfkunst* von Gerhard Schönberger (1992) eher eine Ausnahme innerhalb der deutschsprachigen Veröffentlichungen. Im Kapitel *Nenriki: Die geheimen Kräfte im Karate* (368-380) wird die „esoterische Komponente des Karate" dargestellt, die über Jahrhunderte hinweg nur Auserwählten zugänglich gewesen sei: „Damals wie heute war und ist wahres und fundiertes Wissen rar. Hinzu kam, dass nicht jeder Meister seinen Schüler für würdig befand, in die Kunst des Mikkyo oder Nenriki eingeführt zu werden" (Schönberger 1992:368). In den heutigen Tagen seien die wenigen, die noch dieses Wissen hätten, die Mitglieder der „Dai Nippon Butokukai"[29], wie z.B. der internationale Repräsentant Richard

---

[29] Kurzform *Butokukai*: 1895 gegründet, von der Regierung beauftragt, die verschiedenen Stile des jap. *bujutsu* zu kontrollieren und zu standardisie-

Kim[30], der sowohl Karate-Meister als auch Shingon-Priester in den USA ist (Schönberger 1992:368f). Weiterhin geht Schönberger auf den Ninja-Boom ein, durch den die esoterischen Kräfte zweifelhafte Berühmtheit erlangt hätten (Schönberger 1992:369). Die Bedeutung von *mantras* für die Kampfkünste beschreibt Schönberger ebenfalls: „Man geht in sich, öffnet zwecks besserer Reaktions-, Denk- und Konzentrationsfähigkeit seinen Geist und kultiviert gleichzeitig das Chi (Ki)" (Schönberger 1992:372). Ebenso wird die Bedeutung der *mudra* im Sinne der Kampfkünste beschrieben:

> Zum einen begleiten Mudras kultische Handlungen, zum anderen helfen sie, bestimmte innere Gefühlszustände zu realisieren, indem man festgelegte Fingerzeichen formt und somit in Verbindung mit einer visualisierten Vorstellung Kontakt mit dem in der jeweiligen Übung angesprochenen Buddha aufnimmt. [...] Der menschliche Körper ist lernfähig und kann quasi ‚programmiert' werden. Formt man über einen längeren Zeitraum hinweg des öfteren ein festgelegtes Fingerzeichen und versetzt sich dabei konzentriert in einen bestimmten Gefühlszustand, so wird diese Übung vom Körper gelernt und behalten. Wird dieses Fingerzeichen irgendwann einmal geformt, so weiß der Körper aus Erfahrung, wie er sich zu verhalten hat (Schönberger 1992:373).

Diese Interpretation könnte auch der Grund dafür sein, warum in vielen *kata* Elemente vorkommen, die *mudra* ähneln, von diesen entlehnt sein könnten, oder *mudra* sind, wie z.B. die Schwerthand (*shuto*) (s. Muromoto)[31]. Weiterhin sei auch das *mandala* (skt. „Kreis", symmetrisches Kreisdiagramm) eine wichtige Meditationshilfe und Visualisierungshilfe (Schönberger 1992:474). Die Bedeutung dieses „inneren Trainings" für das Karate sei von größter Bedeutung, da der Geist den Körper regiere, allerdings solle man sich einen autorisierten Lehrer suchen, und keinesfalls im Eigenstudium oder aus Büchern lernen (Schönberger 1992:375, 380).

---

ren (Ausstellung von Lehrerlizenzen und Rangbescheinigungen); vgl. Lind 2001:97; *butokukai* u. Kap. 2.2.2.2).

30 „Hawaiianischer Kampfkunstexperte, 9. Dan, Hanshi des *Butokukai*, Gründer des *Shōrinji ryū*, lebt heute in den USA (Kalifornien), einer der großen klassischen Lehrer Amerikas" (Lind 2001:328; *Kim, Richard*): „Sport-Karate entstand an jener Wegkreuzung zur Moderne, an der sich in allen Kulturen Sinn vom Unsinn getrennt hat" (Richard Kim, zit. n. Lind 2001:328; *Kim, Richard*).

31 http://www.furyu.com/onlinearticles/mudra.html (12.09.2007).

In dem Online-Artikel *Mudra in the Martial Arts*[32] von Wayne Muromoto (BA japanische Literatur und Sprache, 3. *dan iaidō*, Hawaii) wird ebenfalls die oft nicht beachtete Verbindung von esoterischem Buddhismus und den japanischen Kampfkünsten (inkl. Karatedō) behandelt. Die Zuordnung der Kampfkünste als *-dō* (Karatedō, Aikidō u.s.w) im Sinne des Zen sei dabei eine spätere Entwicklung, welche die esoterischen Elemente oberflächlich verdrängt hätte. Muromoto erwähnt ebenso wie Donohue (2003) auch die Rezeption esoterischer Elemente und Wunderkräfte in Filmen wie Star Wars (s. Kap. 2.2.3.2), wo die Jedi-Ritter und ihre Kräfte aus der Verbindung der Samurai mit Elementen des esoterischen Buddhismus verknüpft sind.

Mit der Entwicklung von „Wunderkräften" in der deutschsprachigen Rezeption kann man aber auch die Vorstellung einordnen, durch die Sammlung der inneren Energie (*ki*) in einer Handlung „Wundertaten" vollbringen zu können, wie z.B. durch ein *kiai* 氣合 („Zusammentreffen/Harmonie der Energie"). Der *kiai* sei der mit einer Technik verbundene, idealerweise spontane, aus dem tiefsten Inneren kommende Schrei, mit dem man Gegner lähmen oder sogar verletzen könne (*kiaijutsu*) (vgl. Lind 2001:323f; *kiai, kiaijutsu*):

> Der kiai ist ein Kampfschrei zur Vereinigung von geistiger und körperlicher Energie. Wenn Körper, Geist, Atmung und Stimme in der höchstmöglichen Konzentration zusammenwachsen, wird der gesamte Organismus in diesem Moment eine Einheit (Schlatt 2007:163).

Die Anwendung des *kiai* könne ebenso auch zur Heilung oder Wiedererweckung gebraucht werden:

> There are tales even in modern historical times, of some adepts who could shout (kiai) and knock down birds in flight. Then the mystical kiaijutsu master could shout again and awaiken the birds from their stupor (Muromoto: *Mudra in the Martial Arts*).[33]

Der Grund der Zuordnung „esoterischer Elemente" zum Karatedō scheint bei den jeweiligen genannten innerperspektivischen Autoren (Dukes, Schönberger, Muromoto) vor allem in der als älter angesehenen Tradition des esoterischen Buddhismus gegenüber dem Zen-Buddhismus zu liegen. Gerade Dukes konstruiert die Wurzeln der Kampfkünste in ältesten Formen des Buddhismus, um die Kampf-

---

[32] Ebd.
[33] Ebd.

künste auf dieses festgezimmerte Fundament in ihrer buddhistischen Zugehörigkeit zu begründen. Weiterhin wächst in den letzten Jahren das Interesse am esoterischen bzw. tantrischen Buddhismus in Deutschland, wohingegen das Interesse am Zen-Buddhismus stagniere (vgl. Baatz 2001), was wiederum die Betonung auf die Wurzeln im esoterischen Buddhismus und auch das Interesse der „Kampfkunstexperten" begründen mag:

> In any case, even if you practice only a modern budo, you should bear in mind that many of the rituals and practices arose out of older, more esoteric forms of movements. That being the case, modern budo is therefore more than just punshing and kicking, or seeing who can beat up who. Even with a more practical, scientific foundation, budo's highest goals were to develop a more humane individual, not necessarily a better fighter. Its origins lay partly in a very religious, spiritual world view, in which even the direction you walkes, the steps you took, the way you held your fingers and hand, could create a ripple in the fabric of the spiritual universe. That's quite a responsibility, don't you think? (Muromoto: *Mudra in the Martial Arts*)[34]

So mag es sein, dass in den nächsten Jahren vermehrt Publikationen erscheinen, welche neben der Interpretation der Kampfkünste im Zen-Buddhismus die Herkunft der religiösen Elemente der Kampfkünste im esoterischen Buddhismus verstärkt betonen.

---

[34] Ebd.

Teil III:
Analyse und Schlussbetrachtung

6 Die Rezeption des Karatedō in Deutschland im Spiegel religionswissenschaftlicher Theorien

In diesem abschließenden Analyseteil werden die zuvor gewonnenen Erkenntnisse zusammengeführt und im Spiegel verschiedener Theorien über Kampfkünste im Westen und zur religiösen Gegenwartskultur betrachtet.

Dabei wird zuallererst eine Zusammenfassung des bisher gewonnenen Bildes des Import- und Rezeptionsprozesses des Karatedō in Deutschland geliefert. Danach wird versucht Karatedō in die deutsche Religionslandschaft mittels verschiedener religionswissenschaftlicher Theorien zur religiösen Gegenwartskultur, wie „New Age" oder „New Spirituality" einzuordnen. Dazu wird die innerperspektivische Bildung von Authentizität durch Zuordnung zum Buddhismus als religiöse Übung und Form der Meditation oder als religionsoffene Form einer alternativen „Spiritualität" untersucht. Dabei stellt sich die Frage, inwieweit Karatedō in Deutschland in der Innenperspektive als buddhistische Übung aufgefasst wird, oder ob die offene Zuordnung in einen großen Strom heilsbringender Lehren und verschiedener Religionen in der Ausprägung einer individuellen alternativen „Spiritualität" überwiegt, und wie diese verstanden werden kann. Theoretisch stellt sich dabei auch die Frage der Einordnung des Karatedō in die deutsche Religionslandschaft, und ob Karatedō z.B. als „New Age"-Bewegung gesehen werden kann. Dafür wird auch der mögliche Zusammenhang zwischen der Rezeption des Karatedō und der speziellen Rezeption des Buddhismus, besonders des Zen-Buddhismus in Deutschland skizziert.

6.1 Import und Rezeption des Karatedō in Deutschland – Zusammenfassung der gewonnenen Erkenntnisse

Der, gemessen an der populären Verbreitung des „offiziellen" Karate als Sport und Hobby, relativ kleine Kreise der Betreiber eines sich selbst als traditionell oder klassisch bezeichnenden Karatedō, als Weg für den ganzen Menschen, scheint sich, trotz einiger Unterschiede, durch einige gemeinsame Charakteristiken auszuzeichnen, die im untersuchten Rezeptionsprozess offenbar wurden:

Im Rezeptionsprozess kommt es zu einer konsequenten Anbindung an ostasiatisch verstandene Traditionen inklusive Religionen, die in den Kampfkünsten ihre Widerspiegelung finde (vgl. Dolin 1999:369). Die Kampfkünste werden dabei als „Spiegel und Element" (Filipiak 2001) der traditionellen ostasiatischen Kultur reziipert. Im Versuch Authentizität zu begründen bzw. zu erhalten kommt es dabei zu einer Rückbindung an alte Lehren und Religionen Asiens, und zu einer Einbettung in religiöse Lehren und verschiedene Praktiken (s. Kap. 4 u. 5). Diese Anknüpfung an asiatische Tradition erfolgt zum einen durch Rückbesinnung aus Sportkreisen auf die „Spiritualität der Kampfkünste" (Markowetz/Schlosser-Nathusius 2004:125) und die rückwärtsgewandte Suche nach Gemeinsamkeiten und der Rekonstruktion von Verbindungen zwischen den einzelnen Kampfkünsten und asiatischen religiösen Praktiken und Religionen, wie bei Werner Lind und dem Budō Studien Kreis (BSK), zum anderen durch die Bemühung der Anbindung und Weiterführung eines möglichst authentischen, okinawanischen Karatedō-Systems, wie z.B. bei Joachim Laupp (vgl. Kap. 3). Diese beiden Hauptstränge der Rezeption und des Imports des Karatedō haben beide zum Ziel, ein möglichst authentisches *budō*-System zu begründen und fortzuführen.

Der Eigenanspruch von Werner Lind und dem Budō Studien Kreis ist dabei im Stil wissenschaftlicher Forschung die großen Zusammenhänge und die Geschichte der *budō*-Künste zu erforschen. Die gemeinsame Hauptwurzel der asiatischen Kampfkünste wird dabei in Indien gesehen, und der Wandlungsprozess im Lauf der Geschichte in Ostasien wird als eine Ausdifferenzierung und Ausgestaltung an Tradition verstanden, indem die ostasiatischen Traditionen Einfluss auf die weitere Entwicklung ausübten. Bei dieser wissenschaftlichen Erforschung soll das durch Mythen, Idealisierung und Versportung im Laufe der Geschichte versteckte bzw. verloren gegangene ursprüngliche *budō* wieder an die Oberfläche befördert werden. Dabei werden die Verbindungen zwischen den Kampfkünsten und verschiedener religiöser Lehren und Praktiken Asiens (*yogā*, *qìgōng* etc.) gezogen, und der freundschaftliche offene Austausch der verschiedenen Kampfkünste und Stile wird zum Programm.

Der andere Strang der Rezeption, für den z.B. Joachim Laupp und Fritz Nöpel (s. Kap. 3) exemplarisch stehen, versucht die Authentizität dadurch zu bewahren, dass ein möglichst authentisches System mit zurückverfolgbarer Tradition aus dem Ursprungsland des Karatedō in den Westen bzw. nach Deutschland geholt wird. Dabei spielt es auch eine große Rolle, dass das in sich geschlossene System, welches sich auf namhafte Karate-Lehrer in der Ahnenreihe beruft, möglichst authentisch bewahrt, weitergeführt und weitergegeben wird.

Diese beiden unterschiedlichen Rezeptions- und Importvorgänge stehen jedoch nicht für sich isoliert, sondern tragen sich gegenseitig und laufen parallel. Das zeigt sich z.B. auch an der gegenseitigen Wertschätzung und der Verwendung von Linds Literatur in Kreisen eines traditionellen Karatedō im Sinne des zweiten Hauptrezeptionsstranges. Lind wiederum ist auf die Erforschung von authentischen Systemen aus dem Ursprungsland angewiesen, um seine Forschungen durchführen zu können.

Die Suche nach Gemeinsamkeiten und die Verbindung mit asiatischen Religionen und verschiedenen religiösen Elementen dient somit der Schaffung, bzw. Weiterführung von Tradition und damit der Aufrechterhaltung von Authentizität (s. Kap. 6.2.4).

Gerade diese Authentizität eines spirituellen Weges sorgt durch Exotik und Faszination für das Andere für ein vergrößertes Interesse im Westen. Dabei ist ein weiterer Faktor die Miteinbeziehung westlicher Konzepte im Rezeptionsprozess und damit die Anpassung an ein westliches Bedürfnis nach „Spiritualität", Individualität, Ganzheitlichkeit und religiöser Selbstfindung (vgl. Wedemeyer 2002: 251).

Gerade die Verknüpfung rezipierter asiatischer Inhalte mit westlichen Denkmustern und westlichen Systemen wie westliche Psychologie, Philosophie und primär nichtkirchlicher Religiosität kann man im Sinne von Prohl und Zinser als Facette des „New Age" verstehen (Prohl/Zinser 2002:19).

Im Folgenden wird untersucht, inwieweit die Authentizität des Karatedō im Rezeptions- und Importprozess erzeugt wird. Dabei wird auch der Unterschied der Auffassung von Karatedō als buddhistisch-religiöse Übung oder als Form alternativer „Spiritualität" im Sinne eines „New Age-Karatedō" diskutiert.

6.2 Karatedō als buddhistisch-religiöse Übung oder als alternative Spiritualität und „New Age-Karatedō"?

In der Frage, ob Karatedō eher als buddhistische Übung oder als eine Form der primär westlich geprägten Sinnsuche einer alternativen „Spiritualität" im Sinne eines „New Age-Karatedō" verstanden werden kann, wird im Folgenden sowohl die innerperspektivische Sicht als auch die wissenschaftliche Außenperspektive auf diese Zuordnung hin untersucht.

6.2.1 Innenperspektive: Karatedō und die Zuordnung zu den Religionen

Die Zuordnung zum Buddhismus oder zu einem großen Konglomerat asiatischer Religionen und Lehren ist in der innerperspektivischen Literatur äußerst vielfältig, was einige Beispiele zeigen. Dabei lassen sich drei Hauptformen unterscheiden: Zum ersten wird das große Konglomerat an asiatischen Religionen und Lehren betont, die in den Kampfkünsten ihre Widerspiegelung fänden, letztlich die einzelne Religion aber keine allzu große Bedeutung habe (Lind). Eine weitere Zuordnung findet man bei bekennenden Buddhisten (Dukes, McFarlane) und Wissenschaftlern (Hutter), welche die Einordnung der Kampfkünste als religiöse Übung im buddhistischen Kontext betonen. Eine weitere Gruppe bezeichnet die religiösen Elemente des Karatedō gerne als „Spiritualität" (Markowetz/Schlosser-Nathusius 2004:125) oder „Philosophie hinter dem Sport" (Karamitsos/Binhack, Pflüger), was als eine Form religiöser Apologetik gegen ein bestimmtes Religionsverständnis (oft mit christlichen Kirchen und Institutionen verbunden) beinhaltet.

Das Verständnis von Werner Lind wurde schon in Kap. 3.4 behandelt und soll nur noch einmal kurz auf den Punkt gebracht werden: Für Lind ordnet sich Karatedō in ein großes Konglomerat asiatischer Lehren, Religionen und Praktiken ein, die sich durch eine zusammenhängende Entwicklung, gegenseitige Beeinflussung und durch ähnliche Ziele auszeichnen, was letztlich darin bestehe, ein besserer Mensch zu sein und im Einklang mit dem Universum zu leben. Lind schreibt nie davon, dass ein Karateka einer einzelnen, bestimmten Religion zugehörig sein müsse, sondern vielmehr erscheint es wichtig, dass man die „Essenz der Religionen" im und durch den „Weg der Leeren Hand" (Karatedō) oder allgemeiner dem „Weg des

Kriegers" (*bushidō*) im *budō* leben und dem wahren inneren Selbst zum Sieg über das kleine egoistische illusionäre Ich zu verhelfen:

> Auf einem solchen Weg übt der Mensch keine Technik zu irgendeinem Zweck, sondern er übt sich in der Bindung an das höchstmögliche Ideal. Jede Übung des Weges beinhaltet den Versuch, den Menschen aus seiner Gefangenschaft, aus dem Bannkreis seines kleinen Ich zu befreien (Lind 2007:27).

Für Lind erscheinen die in Wort, Schrift und Institution verdinglichten Religionen und Philosophien nur als Momentaufnahme, äußere Form einer menschlichen Erfahrungsgröße und Hilfe auf dem Weg, die nur durch die eigene Erfahrung an Sinn gewinne. Nur die eigene Erfahrung auf dem Weg transzendiere die in Schriften und Institutionen verfestigte Religion als bloße Form und gehe über diese hinaus:

> Die Übung der Kampfkünste rechtfertigt nur durch dieses Streben ihren Anspruch, eine Kunst des Weges (Dō) zu sein. Als solche lehrt sie, dass das Leben nur so viel Sinn enthält, wie der Mensch ihm zu geben vermag. Keine Philosophie, keine Religion, überhaupt kein System trägt einen Sinn in sich, sie alle sind nur Hilfen, den eigenen Sinn zu finden. Der Mensch, der sich in ihre Formen flüchtet und ohne eigenen Sinn zu leben versucht, ist weniger als ein Tier. Sinn gewinnt ein System nur durch den Weg, der im Dienst eines Höheren steht und die Tendenz, den niederen Trieben nachzugeben bekämpft. Fehlt dieser Sinn, sind auch die Kampfkünste nichts weiter als eine geistlose Parodie mit hochgezüchteter Technik und intellektualisierter Philosophie, ohne menschlichen Wert und ohne Inhalt (Lind 2007:27).

Pflüger ordnet Karatedō in *Karate-Do* (1975) zwar dem Zen-Buddhismus zu, behandelt aber auch kurz die Ursprünge im Daoismus (*yīn* und *yáng*, *wúwéi*) und zieht auch Parallelen zum Taijiquan, das sich jedoch ganz wesentlich vom modernen Karate unterscheide und noch mehr als ganzheitliches System (Heilpraktik) gesehen werden könne (Pflüger 1975:354). Die Interpretation des modernen Schriftzeichens *kara* in Karatedō als „Leere" versteht Pflüger auch als „Leermachen" des Innersten des Karate-Schülers von Selbstsucht und Boshaftigkeit (Pflüger 1975:356). Letztlich sieht Pflüger (1975) Karate aber vorrangig als eine „äußerst vielseitige Sportart", die aber viel mehr, auch erzieherisches und geistiges Potenzial im Hintergrund befördere (Pflüger 1975:11).

Im englischsprachigen Raum betont z.B. besonders Dukes den buddhistischen Hintergrund des Karatedō, wobei er kritisiert, dass in vielen Darstellungen über „Karate" und in vielen Schulen die buddhistischen Bezüge nicht genug beachtet werden würden:

> „Popular works often attempt, by superficialization, to minimize their Buddhist content, and many reputed ‚Masters' do not even know Buddhism's real significance to their art" (Dukes 2000:xxii).

Über das Schriftzeichen Karate schreibt er: „The sanskrit equivalent (only utilized by Buddhis monks) means ‚hand of voidness" (Dukes 2000:488).

Der Religionswissenschaftler Hutter und der Asienwissenschaftler McFarlane ordnen die ostasiatischen Kampfkünste bzw. Karatedō äquivalent zur Innenperspektive dem buddhistischen Kontext zu (s. Kap. 6.2.4).

Im Verständnis der religiösen Elemente des Karatedō als „Spiritualität" (z.B. Markowetz/Schlosser-Nathusius 2004:125) klingt auch die in der Einleitung schon angesprochene Verwendung des Begriffs als religiöse Apologetik in Form einer polemisierten Überlegenheit einer inneren menschlichen religiösen Kraft und Erfahrung gegenüber der institutionalisierten als festgefahren verstandenen Religion an (vgl. z.B. Bochinger 1995:525f).

Nach der Zusammenfassung der innerperspektivischen Sicht der Zuordnung zu Religion/-en wird in den nächsten Unterkapiteln auf den Zusammenhang der Karatedō-Rezeption und der Buddhismusrezeption in Deutschland sowie der wissenschaftlichen Außenperspektive der Zuordnung des Karatedō zu asiatischen Religionen und der dadurch erzeugten Authentizität eingegangen.

6.2.2 Karatedō und Aspekte der Buddhismusrezeption in Deutschland

> Zen ist ein Weg der Erfahrung in jeder Religion.
> Pater Johannes Kopp S.A.C. Ho-un-Ken (Kath. Ordenspriester und Zen-Meister): *Schneeflocken fallen in die Sonne – Christuserfahrung auf dem Zen-Weg*, 1994:31.[1]

Die Rezeption besonders des Zen-Buddhismus in Deutschland ist ein zu großes Feld, um hier umfassend betrachtet zu werden. Daher werden im Folgenden nur die Haupteinflüsse mit ihren Hauptvertretern der Zen-Rezeption auf die Rezeption des Karatedō in Deutschland vorgestellt. Dabei wird auch der Frage nachgegangen, inwieweit Karatedō als buddhistischer Übungsweg verstanden wird, und inwieweit Karatedō als ein „geschicktes Mittel" zur Verbreitung des Buddhismus gesehen werden kann.

Das Interesse am Zen-Buddhismus in Deutschland wurde maßgeblich durch Autoren wie D.T. Suzuki in Verbindung mit dem romantischen Bild des Samurai durch Inazo Nitobe (s. Kap. 5.2.1) angefacht (vgl. Baatz 2001:160-163). Dabei wurde Zen von japanischen Zen-Apologeten wie Suzuki als etwas typisch Japanisches dargestellt und auch im Westen so rezipiert:

> In der Auseinandersetzung japanischer Denker mit der eindringenden Kultur des Westens wird das Selbst-Erwachen, das Selbst-Gewahrsein des Zen-Buddhismus als „unmittelbare Erfahrung" interpretiert. Zugleich wird damit dem Westen gegenüber die Besonderheit der Religion Japans hervorgehoben; in den Darstellungen vor allem von Daisetz Teitaro Suzuki ist das der Zen-Buddhismus (Baatz 2001:162).

Diese Image-Kampagne und Selbstdarstellung des Zen als „typisch japanische" Religion ist vor allem ein Produkt des Modernisierungsprozesses und durch westliche Elemente und Denkmuster beeinflusst (Kyōtō-Schule, Nishida Kitaro, D.T. Suzuki, Inazo Nitobe). Im Zuge der Modernisierung der Meiji-Zeit (1868-1912) galt der Buddhismus als Bestandteil des alten Feudalsystems als abergläubisch, rückständisch, ausländisch, unjapanisch, korrupt und moder-

---

[1] Parallel: *yogā* als Erfahrungsweg für alle Religionen, als „Wissenschaft der Religionen" (Vishnu-Devananda 2001:13).

nisierungsfeindlich (vgl. Victoria 1999:20-31). Der „neue Buddhismus" (Scharf 1993) wurde durch Aufklärung, Antiklerikalismus, Rationalismus, Empirismus, Pragmatismus und dem deutschen Idealismus beeinflusst und zu einem Buddhismus stilisiert, der ohne Dogmen auskomme, der die persönliche Erfahrung ins Zentrum rücke, und der in Japan in reinster Form überliefert sei. Die ritterlichen Tugenden und spirituellen Einsichten der Samurai, als Träger der japanischen Kultur und des Zen-Buddhismus stilisiert (vgl. Baatz 2001:160-163).

Von Suzuki wird auch ein Bild transportiert, das westliches von östlichem Denken unterscheidet. Bei dieser Art Ost-West-Polemik wird das Denken und Erfahren des Ostens als „Ganzheitlich" und das des Westens als differenziert, dualistisch und analytisch gesehen, was auch zu den typischen westlichen Problemen wie Ausbeutung der natürlichen Ressourcen, psychischen und physischen Krankheiten etc. führe, und die Erfahrung durch Zen könne dieses zerstörerische dualistische Denken überwinden.[2]

Neben der Lektüre von „Zen-Apologeten" (Prohl 1999) wie Suzuki im „Lese-Buddhismus" (Baatz 2001:163) des Westens sind im deutschsprachigen Raum für die Rezeption der Wegkünste im Geiste des Zen, wie auch dem Karatedō vor allem die Namen Karlfried Graf Dürckheim, Hugo M. Enomiya-Lassalle und Eugen Herigel zu nennen, die auch in den Literaturverzeichnissen der innerperspektivischen Karatedō-Literatur zu finden sind. Auch die Bücher von Taisen Deshimaru-Roshi, vor allem *Zen in den Kampfkünsten Japans* (1978) taucht in den Literaturverzeichnissen ständig auf (z.B. Lind 2007). In Linds Hauptwerk *Budō – Der geistige Weg der Kampfkünste* sind alle Autoren bis auf Lassalle in der Bibliographie vertreten (s. auch Kap. 3.4). Auch in dem Hauptwerk von Pflüger *Karate-Do* (1975) werden im Literaturverzeichnis unter geistiger Hintergrund Dürckheim und Herigel aufgeführt und in Binhack/ Karamitsos (1992) wird ebenfalls Dürckheim zitiert.

Da Dürckheim Zen mit Daoismus, Ganzheits- und Gestaltungstherapie, C.G. Jungs analytischer Psychologie, der romantischen Religiosität eines Novalis, Meister Eckhart und Julius Evolas Konzept des

---

[2] Eine gute Übersicht über den Prozess der Ost-West-Polemik, des Orientalismus bzw. Okzidentalismus und der „Easternization" liefert Pardridge (2006:87-118). Eine Übersichtstabelle von Krus und Blackwell über die probagierten Unterschiede im östlichen und westlichen Denken findet sich ebenso bei Partridge (108).

Initialischen verbinde, bezeichnet Offermanns ihn auch als „ersten deutschen New Age-Zen-Buddhisten" (vgl. Offermanns 2002:305). Bergler hingegen ordnet Dürckheim als „christlichen Zen-Buddhisten" ein (Bergler 1981).

Eine Einbindung buddhistischer Praxis in das Christentum versucht der Jesuit Hugo M. Enomiya-Lassalle (1898-1990). Als Japanmissionar kam Lassalle 1929 nach Japan und beschäftigte sich dort mit der Zen-Meditation, die er als wertvolle religiöse Übung auch für Christen verstand (Baatz 2001:164). 1960 veröffentlichte Lassalle sein erstes Buch zu dem Thema: *Zen – Weg zur Erleuchtung*. Aber erst durch das II. Vatikanum (1962-65) wurde die Verbindung von Zen und Christentum ermöglicht.[3]

Herigel hingegen widmete sich der Kunst des Bogenschießens (*kyūdō*) in Verbindung mit Zen, und sein Buch *Zen in der Kunst des Bogenschießens* (1951) wurde schnell zu einem Klassiker der Zen-Literatur im Westen und zum Bestseller unter den Zen-Büchern in Deutschland (vgl. Baatz 2001:165) und zu einem Aufhänger ähnlicher Bezüge von verschiedenen „Künsten" zum Zen.[4] Die Zuordnung der Künste, wie dem Bogenschießen oder dem Blumenstecken (*ikebanadō*) zum Zen wurde im deutschen Sprachraum eifrig rezipiert (vgl. Baatz 2001:168) und bildet auch den Rückhalt der Zuordnung des Karatedō als Kunst auf dem Zen-Weg.[5]

Diese Zen-Literatur und die daraus gegründeten Zen-Gruppierungen in Deutschland bezeichnet Baatz auch als „Samurai-Zen" (2001:168). Die charakteristischen Gemeinsamkeiten seien zum einen eine oft nicht bewusste aber vorhandene Zuordnung und Anbindung an japanische Zen-Institutionen, die oft durch Lehrtradition der Weitergabe vom Meister zum Schüler begründet und weitergetragen werde. Weiterhin zeichnet diese Gruppierungen die charakteristische These aus, Zen sei das Herz aller Religionen

---

[3] „Nichts von alledem, was in den Religionen wahr und heilig ist, wird von der katholischen Kirche verworfen. Überall werden von ihr jene Handlungs- und Lebensweisen, jene Vorschriften und Lehren aufrichtig ernst genommen, die, wenngleich sie von dem, was sie selbst für wahr hält und lehrt, in vielem abweichen, doch nicht selten einen Strahl jener Wahrheit wiederspiegeln, die alle Menschen erleuchtet" (II. Vatikanum; *Über das Verhältnis der Kirche zu den nichtchristlichen Religionen*; 2.).

[4] Beispielsweise *Zen in der Kunst des Malens* (Brinker 1985), *Zen und die Kunst ein Motorrad zu warten* (Pirsig 1978).

[5] Die Zuordnung zum Zen ist z.B. beim Bogenschießen umstritten (vgl. Yamada 2001).

(vgl. Baatz 2001:168). So bezeichnete z.B. Yamada Kōun Roshi (1907-1989), der die erste Generation christlicher Zen-Meister wie Lassalle unterrichtete, Zen sei keine „Religion" an sich, sondern eine experimentelle Wahrheit, die hinter allen Religionen liege (vgl. Sharf 2002:151). Gerade dieses Verständnis, die Essenz der Religionen sei Erfahrung des Absoluten, und alle Religionen nur Hilfen auf dem Weg, ermöglichte zum einen die Einbindung des Zen im Christentum (z.B. Lassalle), als auch die Haltung von Lind, die Religionen an sich hätten keine Bedeutung, sondern die Erfahrung sei wichtig (s. Kap. 6.2.1): „Man muss nicht Buddhist sein, um zum Erwachen zu kommen, und im Erwachen selbst negiert man den Buddhismus oder seine Religion und Institution und geht darüber hinaus (Arokiasamy 1995:128).

So gibt es eine große Vielfalt der Umgänge mit Zen-Buddhismus in Deutschland. Während die einen bekennende Buddhisten wurden, betteten andere (z.B. Lassalle) Zen als Erfahrungsweg in ihre Religion (Christentum) ein, oder Zen wurde als Teil eines großen Konglomerats an heilsbringenden Lehren und Religionen aufgenommen (z.B. Lind).

In der Frage, ob praktizierende Karateka über Karatedō zum Buddhismus kommen, finden sich einige interessante Angaben in Internetforen bzw. Gästebüchern. Dazu zwei Beispiele: „Ich fing 1964 mit 14 Jahren an, Karate-Do zu üben. Heute, nach vier Jahrzehnten bin ich zwar 5. DAN, aber immer noch Anfänger. Trainiere auch heute noch täglich. Kam auch über das Do im Karate zum Buddhismus".[6] In einem anderen Profil bekennt sich ein Karateka ebenfalls zum Buddhismus und auch als politisch aktiv: „5 DAN Karate-Do, Buddhist und Kandidat der Grünen".[7] Der individuelle Umgang und die mögliche Hinwendung zum Buddhismus durch die Praxis des Karatedo müsste anhand von empirischen Untersuchungen weiter untersucht werden (s. Kap. 7).

Von buddhistischer Seite gibt es jedenfalls Überlegungen, den Buddhismus über vereinfachte und praktische Zugänge wie die

---

[6] http://www.matsubayashiryu.de/gb4/guestbook.php (14.09.2007).
[7] http://www.karate-do.de/htdocs/ger/brett.html (14.09.2007).

ostasiatischen Kampfkünste inklusive Karatedō als ein „geschicktes Mittel" (Skilful Means)[8] im Westen zu verbreiten und zu lehren. In dem Beitrag *Buddhism and the Teaching of Judo* von David Waterhouse[9] in *Teaching Buddhism in the West – From the Wheel to the Web* (Hori/Hayes/Shields 2002) wird diese Möglichkeit behandelt. Hier geht es zwar nicht explizit um Karatedō, aber die Überlegungen zur Weitergabe des Buddhismus durch die Praxis des *jūdō* lässt sich exemplarisch übertragen. Waterhouse kam über die Lektüre von Suzuki, Herigel und Watts zum Zen-Buddhismus und zum *jūdō* und zum Studium der Japanologie (vgl. Waterhouse 2002:119). Waterhouse sieht in der Praxis des *jūdō* eine erzieherische Funktion: "I suspect that the best case for jūdō (or indeed for other martial paths, martial arts and martial sports) can be made from the standpoint of educational philosophy" (131). Durch die weißen Anzüge, die *dōjō*-Rituale, die Meditation im Sitzen und die Erfahrung nicht verbaler Kommunikation im Körperkontakt miteinander würde die Möglichkeit begründet, Erfahrung und Wissen auf nicht-verbale Weise durch Körpererfahrung zu gewinnen (vgl. Hori/Hayes/ Shields 2002:xix). Waterhouse sieht weiterhin die Rolle des *jūdō*-Lehrers mit der eines *bodhisattva*[10] verknüpft, der seine Schüler selbstlos auf dem Weg zur Erleuchtung führt und unterstützt (132). Dabei seien solche Bilder, Symbole und Metaphern, wie z.B. die Vorstellung des *bodhisattva* ob aus dem Buddhismus oder einer anderen Lehre wichtige Instrumente:

> The human brain likes to use images more than words, and the human spirit is fired by imagined goals more often than by reason. [...] In jūdō practice and in other endeavours, I therefore give myself license to invoke metaphors, if they

---

[8] Geschickte Mittel (Skilful Means, skt. *upaka-kauśala*) sind ein Konzept im Mahāyāna-Buddhismus. Buddha habe sich aufgrund der unermesslichen Tiefgründigkeit und Reichweite des im Mahayana vollkommen offenbarten *dharma* (Lehre) „geschickter Mittel" wie Parabeln (z.B. z.B. die *Parabel vom brennendem Haus* im *Lotus-Sūtra*) bedient, um die Wahrheit dadurch zu vermitteln, ohne die Menschen direkt mit der nicht erfassbaren Wahrheit der Lehre zu konfrontieren (vgl. Keown 2001:80). Für eine umfassende Beschäftigung mit der Thematik der geschickten Mittel s. Pye 1978/2003.

[9] Prof. East Asiean Studies, Univ. Toronto. Unterrichtet Buddhismus und buddhistische Künste (inkl. *judō*) seit 1990 (vgl. Hori/Hayes/Shields 2002:xviii).

[10] Skt. „Erwachungswesen". Ideal im Mahāyāna-Buddhismus: Altruistisches Handeln, um Mitmenschen vom Leiden zu befreien.

will serve the purpose at hand-whether from Shingon or from Zen or from anywhere else (Waterhouse 2002:133).

Auch bei Werner Lind taucht die Vorstellung auf, dem Schüler durch die Kampfkünste die inhaltliche Essenz der Lehre zu vermitteln. Der Lehrer sei dabei nicht dazu da, Können zu vermitteln, sondern den Weg (*dō*) zu zeigen, der sich besser über den Umweg statt über die direkte Vermittlung zeigen lasse: „Dazu bedient er [der Lehrer; SK] sich einer Kunst, deren Ziel jedoch über das Erlernen der Form hinaus in einer inneren Auseinandersetzung besteht, woraus die Möglichkeit zum Weg entsteht" (Lind 2007:34).

6.2.3 Außenperspektive: Die Karatedō-Rezeption als Facette des „New Age"

Das gehäufte Aufkommen der Einbeziehung ostasiatischer Religionen, und die Zuordnung des Karatedō in das reichhaltige Angebot heilsbringender Lehren Asiens, wie z.B. bei Lind, kann bei der Rezeption des Karatedō im Westen und speziell in Deutschland als Facette des „New Age" verstanden werden. So ordnen Prohl und Zinser in *Zen, Reiki, Karate – Japanische Religiosität in Europa* (2002) den Strom der „religiösen Importe" (13) aus Asien als Facette des „New Age" und damit als Teil der abendländischen Religionsgeschichte ein. Dabei unterscheiden Prohl und Zinser offenbar institutionalisierte Religion auf der einen Seite und alternative „Spiritualität" und „New Age" auf der anderen Seite:

> Die Beiträge des Bandes zeigen, dass sich japanische Religion in institutionalisierter Form in Europa kaum behaupten konnte. Das, was in Europa als japanische Religion oder „Spiritualität" gilt, erweist sich bei genauerem Hinsehen als vielseitig einsetzbares Instrument zur Bekräftigung einer als alternativ präsentierten Form der Religiosität von der Lebensreformbewegung der Jahrhundertwende bis zum New Age der Gegenwart (Prohl/Zinser 2002:19f).

Um diese Einordnung der Rezeption asiatischer Importe als Facette des „New Age" zu verstehen, wird kurz der Begriff „New Age" in seiner religionswissenschaftlichen Verwendung definiert:

„New Age" ist ein Begriff der Theoriebildung, der nicht ganz eindeutig ist, sondern vielmehr ein vielfältig verwendeter Sammelbegriff für die Veränderung von gegenwärtiger Religion in hochindustriellen Ländern ist. Bochinger bezeichnet „New Age" auch als „Reflex ungeklärter Verhältnisbestimmung zwischen Religion und Moderne" (Bochinger 1995:76). Der Begriff „New Age" wird oft dazu verwendet, ein nicht immer einheitliches Phänomen der abendländischen Religionsgeschichte zu umschreiben. Dabei wird „New Age" oft im Sinne einer „säkularisierten und wiederverzauberten Zeitalterlehre" oder als „Chiffre für nichtkirchliche Religiosität" (Bochinger 1995:516) verwendet (vgl. Bochinger 1995). „New Age" ist dabei oft ein Sammelbecken im Sinne einer vielfältigen Bewegung mit ebenso vielfältigen Inhalten, unter anderem spielt die Rezeption von Esoterik, Okkultismus, (ein aus der Kirche losgelöster) Spiritualismus, nicht-christlichen Religionen und Lehren aus der Psychotherapie- und Selbsterfahrungsszene eine große Rolle (vgl. Bochinger 1994 u. Heelas 1996). Dabei speist sich „New Age" durch das Bedürfnis nach individuell angepasster „Religiosität", die sich aufgrund der christlichen Kirchengeschichte jenseits der Kirchen etablierte (vgl. Bochinger 1994).[11] Für Bochinger ist „New Age" trotz der auch vorkommenden Einbindung von nicht-abendländischen Religionen und neueren wissenschaftlichen Bezügen (z.B. Psychologie), vor allem ein typisches Produkt der abendländischen Religionsgeschichte mit älteren ideengeschichtlichen Traditionen im Hintergrund und keineswegs nur ein Produkt des 20. Jahrhunderts (vgl. Bochinger 1995:206).

Bei der Interpretation des Karatedō als Facette des „New Age" kann man auch die Bezüge zu westlicher Psychologie und dem wissenschaftlichen Zugang einordnen. So werden Bezüge zu der Psychologie C.G. Jungs bei der Interpretation der fünf Elemente bei Binhack und Karamitsos (1992:39) aufgegriffen (s. Kap. 5.2.6), und Offermanns sieht in Karlfried Graf Dürckheim, den z.B. Lind eifrig rezipiert, den „ersten deutschen New Age-Zen-Buddhisten" (Offermanns 2002:305). Auch der Eigenanspruch von Lind und dem BSK, einer Suche zu den Wurzeln des *budō* auch nach wissenschaftlichen Maßstäben (s. Kap. 3.4) passt in das Konzept des „New Age". Im Kontext einer Sinnsuche nach westlichen Maßstäben, einer Suche nach Selbstverwirklichung und der Ausprägung eines „spirituellen Selbst", wird Karatedō eine Art Instrument zur Bekräftigung einer alternativen Religiosität und Spiritualität, die als Facette des „New Age" verstanden werden könne (vgl. Prohl/Zinser 2002:19). Parallel sieht Prohl in der Rezeption des Zen-Buddhismus im Westen (s. Kap. 6.2.2) in *Zur Darstellung des japanischen Zen-Buddhismus in westlicher Literatur* (1999) ebenfalls Kennzeichen der „New Age"-

---

[11] „New Age" wird nicht nur als ein westliches Phänomen gesehen. Auch Phänomene in Japan werden als „New Age" bezeichnet: Vgl. z.B. Gebhardt 2001, 2002 u. Prohl 2000.

und „Esoterik-Szene" (324). Die Hauptgründe der Zuordnung zum „New Age" würden sich in der Suche nach einem privaten Erleuchtungserlebnis und dem „wahren spirituellen Selbst" finden. Dabei mutiere Zen zu einem „Werkzeug der Selbstsuche" (325). Die religiösen Überlieferungen der Kulturen der Welt würden bei dieser „neugeschaffenen Selbst-Religion" (325) als Hilfe angesehen, wobei die Unterschiede letztlich nur äußerlich gedeutet werden, und es auf die inneren Werte der Lehren ankomme, statt auf die Lehre selbst (vgl. Prohl 1999:324): „Die von Intellektuellen neugeschaffene Selbst-Religion des Zen hat sich im New Age zu einer Religion der Massen gemausert, wobei religiöse Schriften wie die der erörterten Autoren [Suzuki, Herigel, Watts, van de Wetering; SK] als Medium der Prophetie fungieren" (Prohl 1999:325).

Auch die Tradition der Rezeptionsverläufe von asiatischen „Körperpraktiken", wie bei Wedemeyer (s. Kap. 3) in eine „offizielle" und eine „inoffizielle" Verbreitung unterteilt, kann im Kontext des „New Age" gesehen werden. So ist der Rezeptionsverlauf laut Wedemeyer vor allem durch ein westliches Streben nach Individualismus, Ganzheitlichkeit, Selbstfindung und dem Bedürfnis nach gegenkirchlichen Sinnsystemen gekennzeichnet (vgl. Wedemeyer 2002:251).

Auch Höllinger teilt in der befragungszentrierten Auswertung *Das Interesse östlicher Religionen unter Studierenden* die Mitglieder von buddhistischen Gemeinschaften mit dauerhafter Bindung religionssoziologisch als „neue religiöse Bewegungen" und spirituelle Techniken asiatischer Herkunft, wie *yogā*, Zen, *taijíquán* (und somit auch Karatedō) etc. an die man sich nur locker bindet, die man aus Büchern oder Workshops rezipiert, als Typus der „New Age-Bewegung" ein (vgl. Höllinger 2001:173). Dabei trennt Höllinger die beiden Gruppierungen durch unterschiedliche Charakteristiken: Die „neuen religiösen Bewegungen" würden sich durch feste Bindung des Einzelnen an die Gemeinschaft und durch hohe moralische Ansprüche und intensive religiöse Praxis auszeichnen und sich somit „dem Typus sektenhafter Religiosität" annähern, während sich die zahlenmäßig größere Gruppe der „New Age"-Bewegung durch eine individualistische „diffuse religiöse Sinnsuche" (179) ohne große Bindungen und einem religiösen Eklektizismus der Elemente verschiedener religiöser und esoterischer Traditionen auszeichnen würde (173). Bei der Befragung in Deutschland lesen 51% der Befragten Bücher über „östliche Religion/Spiritualität", und 43% der Befragten haben angegeben, „östliche spirituelle Praktiken" (wie *yogā, taijíquán*) zu betreiben. Dabei haben aber nur 4%

angegeben diese regelmäßig zu betreiben, während 30% solche Praktiken ein paar Mal ausprobiert und 9% diese öfter betrieben haben (vgl. Höllinger 2001:178). Gerade weil nur 4% regelmäßig diese Praktiken betreiben, schließt Höllinger wohl darauf, dass die Praktiken im „New Age" weniger verbindlich und dauerhaft sind, als bei der Gruppe, die er als „neue religiöse Bewegung" einordnet. So übersieht er bei dem von ihm als „New Age-Bewegung" eingeordneten Praktiken wie *yogā*, Zen und *taijíquán*, dass es durchaus Gruppierungen gibt, bei denen seine Merkmale von „neuen religiösen Bewegungen" (Bindung, längerfristige Ausübung, hohe moralische Ansprüche) ebenso greifen. Damit passt z.B. das Bild einer *dōjō*-Gemeinschaft beim Karatedō und eine intensive Praxis einzelner Karateka nicht in Höllingers Bild des „New Age", sondern müsste in seinem Sinne dann als „neue religiöse Bewegung" eingeordnet werden.

Der außenperspektivisch durchaus vertretbare Bezug der Rezeption der ostasiatischen Kampfkünste bzw. Zen-Buddhismus in Deutschland zum „New Age" z.B. bei Prohl und Zinser (2002) sowie bei Offermanns (2002:305) und Höllinger (2001:173), taucht innerperspektivisch nicht auf, was auch daran liegen mag, dass allein der Begriff „New Age" in Deutschland nie so populär war, nicht als werbewirksames Etikett wie z.B. in den USA verwendet wurde und vor allem aus Kirchenkreisen und der Theologie eine negative oder zumindest eine abgrenzende Konnotation besitzt, die auch das Bild in der Gesellschaft mitprägt (vgl. Bochinger 1995:528-534), was dazu führen mag, dass Karateka und Zen-Praktizierende sich nicht gerne als „New Age" Anhänger bezeichnen. Somit gibt es hier einen markanten Bruch zwischen Innen- und Außenperspektive im Sinne eines TWB-Factors (Tension with Believer Factor; vgl. Pye 1999:188-205).

Bei der Zuordnung der Karatedō-Rezeption im Westen als Facette des „New Age" muss daher auch die kritische Betrachtung Bochingers auf die Verwendung des Begriffs „New Age" beachtet werden: Bochinger weist darauf hin, dass „New Age" religionswissenschaftlich oft dort gebraucht werde, wo die Definition von Religion schwierig erscheine. Diese Definitionsschwierigkeit sei zum einen auf die fehlende Arbeitsdefinition von „Religion" in der Religionswissenschaft und zum anderen auf die abgrenzende Verwendung des Begriffs „New Age" zum abendländisch geprägten Religionsbegriff in der Theologie zurückzuführen: „Die öffentliche Perspektivenverengung im Blick auf die Neuen religiösen Bewegungen ist daher ihrerseits die Folge der Perspektivenverengung der Theologie gegenüber der ‚Rückseite der Moderne'" [„New Age", SK] (Bochinger 1995:534). In der Religionswissenschaft sei die nicht geklärte Definition von Religion und „New Age" eine Frage der methodischen Unklarheit, die stets mitreflektiert werden müsse:

> Wenn die Problematik dieses Grundbegriffs [Religion; SK] des eigenen Faches bei der Forschung nicht stets mitreflektiert wird, schlägt die methodische Unklarheit zurück auf die konkrete Arbeit. Dies offenbart sich besonders in zeitgeschichtlichen Arbeitsgebieten, in denen die ‚Religionshaltigkeit' des Gegenstandes nicht von vorneherein vorausgesetzt werden kann (wie z.B. beim Gegenstand ‚New Age'), ist aber [...] ein generelles hermeneutisches Problem, das auch in anderen Arbeitsgebieten der Religionswissenschaft klärungsbedürftig ist (Bochinger 1995:529).

Methodisch ist dabei zu hinterfragen, wie sinnvoll und angebracht die Verwendung des Begriffs „New Age" ist, sofern man einen Gegenstand untersucht (wie z.B. die Karatedō-Rezeption), wo diese Zuordnung innerperspektivisch nicht getragen und unterstützt wird, und noch wichtiger, wo die Verwendung dadurch gerechtfertigt wird, dass die Zuordnung des Gegenstands zu „Religion" nicht ganz eindeutig erscheine. Dabei ist zu reflektieren, ob die Zuordnung zu einem ungenauen und teils theologisch und gesellschaftlich geprägten apologetischen Begriff wie „New Age" angebracht ist, und warum der Begriff in einem bestimmten Kontext Verwendung findet. Bochinger zumindest sieht in dieser Problematik die Aufgabe der Religionswissenschaft als klärende Instanz im Dialog mit der Theologie:

> Religionswissenschaft sollte sich daher im eigenen Interesse von der im deutschen Sprachraum besonders ausgeprägten Selbstabschottung gegenüber der Theologie befreien. Nur so kann die theologische Dominierung religionsspezifischer Themen in der Öffentlichkeit hinterfragt und sich einen eigenen Platz in der öffentlichen Wahrnehmung von ‚Religion' erschließen (Bochinger 1995:529).

Auch die Einteilung in japanische institutionalisierte Religion auf der einen und die Rezeption von Elementen japanischer Religion als individuell geprägtem „New Age" im Westen auf der anderen Seite (z.B. Prohl) greift beim Karatedō schon daher nicht, weil viele *dōjō* institutionell an japanische Institutionen angegliedert sind (s. Kap. 3.5), und somit selber eine Form japanischer institutionalisierter Religion oder Religiosität sind bzw. sich als solche gebaren.

Zumindest die häufige innerperspektivische Bezeichnung der religiösen Elemente des Karatedō als „Spiritualität" oder „Religiosität" in Abgrenzung zur abendländischen institutionalisierten „Religion" könnte neben den genannten Merkmalen (Individualität, Eklektizismus etc.) als „New Age" Merkmal gedeutet werden, aufgrund der genannten Probleme (Polemik und Apologetik) mit dem Begriff „New Age" passt die Bezeichnung religiöse Übung oder „Spiritualität" besser auch mit der Innenperspektive überein, sofern diese Begriffe im Arbeitsprozess kritisch hinterfragt werden.

Im folgenden Abschnitt wird darauf eingegangen, inwieweit der Bezug des Karatedō zu asiatischen Religionen zur Bildung von Authentizität und Werbung dient.

6.2.4 Karatedō als buddhistisch-religiöse Übung und Form alternativer „Spiritualität" und Religiosität: Eine Frage der Authentizität und Werbung?

Mehr als der Bezug zum „New Age" wird, sowohl in Wissenschaftskreisen als auch bei Praktizierenden, der Bezug zu den asiatischen Religionen, besonders dem Buddhismus thematisiert. Bei der Zuordnung des Karatedō zu den verschiedenen asiatischen Religionen, religiöser Lehren und Praktiken stellt sich die Frage, inwieweit diese Zuordnung und das Verständnis als Teil der buddhistischen Praxis oder einer religionsoffeneren „Spiritualität" einen bestimmten Zweck, z.B. der Werbung auf dem „Markt der Religionen" (Zinser 1997) verfolgt:

> Häufig ist auch die Rede von der ‚Spiritualität' des Zen, des Reiki oder asiatischen Kampfsportarten wie Aikido. Angesichts der Vieldeutigkeit des Begriffs ist jedoch zu bezweifeln, ob es sich bei solchen Zuordnungen nicht vor allem um religiöse Apologetik und Polemik handelt (Prohl/Zinser 2002:15).

Apologetik und Polemik meint dabei wohl die Verwendung des Begriffs „Spiritualität" als religiöse Apologetik in Form einer polemisierten Überlegenheit einer inneren menschlichen religiösen Kraft und Erfahrung gegenüber der institutionalisierten als festgefahren verstandenen von Theologie und Kirche geprägten „Religion" (vgl. z.B. Bochinger 1995:525f).

Für Prohl und Zinser erweist sich gerade das Label „japanisch" und „spirituell" als äußerst werbewirksam:

Hierzulande erweisen sich die Label „japanisch" oder „spirituell" als wirksame Werbekategorien, mit denen Heil- und Meditationstechniken, Sport und Wellnessmethoden, ja sogar Kosmetika oder Nahrungsmittel aufgewertet werden können. Ihre Attraktivität beziehen diese Label aus der Exotik, die Japan auch im 21. Jahrhundert noch zugeschrieben wird. Das Fremde und Unverständliche strahlt offenbar für Gesundheit, Erfüllung und Glück Suchende einen nicht zu überbietenden Reiz aus (Prohl/Zinser 2002:19f).

Dolin sieht in der westlichen Rezeption der Kampfkünste sogar eine großangelegte Missionierungswelle von Ost nach West:

Kempo wird heute in großem Umfang dazu ausgenutzt, die ‚japanische', ‚chinesische' oder ‚koreanische' Moral in den Ländern des Westens zu propagieren. Die Erfolge der neu aufgetretenen Missionare in den USA, Frankreich, Italien und der BRD sind um ein Vielfaches größer als die Erfolge des ‚heiligen' Francesco Xavier, eines Jesuitenpaters des 16. Jahrhunderts, der Hunderttausende von Einwohnern Japans und Chinas zum christlichen Glauben bekehrt hat (Dolin 1999:371).

Bei dieser regelrechten Missionierung erstaunt Dolin die „blinde Bewunderung" der „Geheimnisse des Karate" und spricht sich für eine umfassende wissenschaftliche Beschäftigung mit der Thematik aus: „Eine unbedingte Lobpreisung der ‚Weisheiten des Ostens' ist ebenso falsch wie eine unbegründete Leugnung" (Dolin 1999:371).

Während Prohl und Zinser die asiatischen „religiösen Importe", wie auch Karatedō als „alternativ präsentierte Form der Religiosität" im Sinne des „New Age" verstehen, und dabei die institutionalisierten japanischen Religionen und „Spiritualität" davon abgegrenzt sehen (s. Kap. 6.2.2 u. vgl. Prohl/Zinser 2002:19f), betonen oder diskutieren andere Wissenschaftler den buddhistischen Kontext:

Hutter betont, dass die von ihm genannten Kampfkünste (*kyūdō, kendō, karatedō*) als Meditationsform dem ostasiatisch-buddhistischen Kontext zugeordnet werden können, wobei die Zuordnung zum Zen-Buddhismus, so unübersehbar sie auch sei, kritisch betrachtet werden müsse, da die Kampfkünste vor allem eigenständige, allerdings von der ostasiatischen Kultur (inklusive der Religionen) geprägte Künste geblieben seien (vgl. Hutter 2001a:215). In diesem Sinne bezeichnet z.B. der Sinologe Filipiak die chinesischen Kampfkünste als „Spiegel und Element der traditionellen chinesischen Kultur" (Filipiak 2001). Die Zuordnung zum Zen habe – laut

Hutter – dabei auch der gegenseitigen Popularisierung gedient, ist sozusagen ein werbewirksames Etikett auf dem „Markt der Religionen" (Zinser 1997):

> Im Kontext des Buddhismus ist dabei hervorzuheben, dass diese Kampfkünste dadurch aber fähig waren, wesentlich zur Popularisierung des Zen-Buddhismus v.a. in Japan in der zweiten Hälfte des 2. Jt.s n. Chr. beizutragen (Hutter 2001a:215).

Die Zuordnung der Kampfkünste allgemein zum Buddhismus wird auch innerhalb buddhistischer Gelehrter im Westen viel diskutiert. Dazu ein Beispiel:

Über religiöse Inhalte in den Kampfkünsten Chinas und Japans allgemein diskutieren der christliche Theologe und buddhistische Gelehrte John P. Keenan[12] und der kampfkunstpraktizierende Asienwissenschaftler Stewart McFarlane[13] in einer Reihe von Artikeln. Der Bezug der Kampfkünste zum Buddhismus wird dabei unterschiedlich bewertet:

Keenan (1989) sieht in *Spontaneity in Western Martial Arts – A Yogācāra Critique of Mushin (No-Mind)* den Bezug zum Buddhismus eher kritisch, wehrt sich gegen diese Zuordnung und argumentiert, dass der geistige Zustand des „leeren Geistes" (*mushin*) vorrangig vom Kunstverständnis des Daoismus (*wúwéi*, Ohne-Tun) geprägt sei, und die gepriesene buddhistische Ethik in den Kampfkünsten eine Verflachung der hohen ethischen Maxime des Buddhismus darstelle, da z.B. in bestimmten Situationen eine Ausnahme (z.B. Verletzen oder Töten von Lebewesen zur Selbstverteidigung oder ein vermeintlich höheres Ideal) als vertretbar hingestellt werde. Weiterhin sei die Zuordnung zur buddhistischen Soteriologie unangebracht, da die Praxis der Kampfkünste keine echte Erleuchtung hervorzubringen vermöge: „Although the dropping off conceptual, discriminative thought is not itself awakening, it is a step in the right direction, a step that can be taken in any art, craft or sport" (Keenan 1989:298). Für Keenan sind die Kampfkünste daher nicht mit der Lehre des Buddha in Einklang zu bringen:

---

[12] Prof. Em. für "Religion", Priester der episkopalen Kirche, Gelehrter am *Nanzan Institute for Religion and Culture* in Japan, Vertreter eines Dialogs zwischen Christentum und Buddhismus.

[13] Direktor für „Asian Studies", Liverpool Hope University College; Spezialgebiete: Chinesische Religion und „Buddhist Studies".

> These Taoist themes have traditionally been part and parcel of martial arts in East Asia. I recommend that they be recognized as Taoist and not identified with the attainment of the Buddha mind. They may indeed be practices that tend toward insight and awareness, but the Buddha Dharma is more than that, much more than that (Keenan 1989:298).

Gegen Keenans Verständnis der Kampfkünste als ein „warmed-over Taoist" im Sinne eines Sports argumentiert McFarlane in *Mushin, Morals amd Martial Arts – A Discussion of Keenan's Yogācāra Critique* (1990). Keenans Verständnis der Kampfkünste sei oberflächlich und fehlgeleitet und schließe einige Bereiche aus, wie z.B. die moralische und soziale Dimension der Kampfkünste, die nicht mit einem individuellen Sport vergleichbar sei und sehr wohl buddhistische Bezüge aufweise:

> Serious martial arts training in an appropriate moral framework can foster values and qualities of humility, patience, cooperation, discipline, self-control, mental clarity, and physical health as well as facilitate the joy of play and non-competitive achievement (McFarlane 1990:415).

In der sich weiter entwickelnden Diskussion zwischen Keenan und McFarlane über die „Mystique of Martial Arts" (Keenan 1990, McFarlane 1991), stimmt Keenan zu, dass seine Sicht (1989) oberflächlich, provokativ und ambitioniert war (Keenan 1990), wobei er einräumt, dass es neben der von ihm dargestellten Entwicklung der Kampfkünste als eine nicht traditionelle Form des Sports, die sich nur aus Gründen der Mystisierung in den Mantel der buddhistischen Tradition einkleide, auch Praktizierende der Kampfkünste gebe, die ein echtes Verständnis des Buddhismus durch die Kampfkünste praktizieren (vgl. Keenan 1990). McFarlane weist darauf hin, dass die Missverständnisse zwischen Keenan und seiner Position daher rührten, dass Keenans Verständnis des Buddhismus auf einer buddhistisch gelehrten Ebene, als nicht Praktizierender der Kampfkünste, eine kritische Sicht auf die Praxis des Buddhismus durch die Kampfkünste hervorbringe. Diese kritische Sicht sei auch durch Vorurteile geprägt, wie sie durch Filme, wie *Karate Kid* (USA 1984, s. Kap. 2.2.3.2) transportiert würden, so dass ein Bild entstehe, als sei der Buddhismus nur ein oberflächliches rezipiertes Instrument, nur ein kleidendes Mäntelchen, um den Sport interessant zu machen. Das beste Mittel, diese Vorurteile abzubauen, sei eine eigenes ernsthaftes Training der Kampfkünste (McFarlane 1991:365).

Dieser Einwand, man müsse sich selbst auf den Weg machen, um beurteilen zu können, was die Kampfkünste in Bezug zu Religionen,

Buddhismus oder spiritueller Erfahrung haben, findet sich auch bei Werner Lind wieder: „Nur wer diesen Weg bereit ist zu gehen, kann je erfahren, was die Kampfkünste wirklich sind" (Lind 1997b:11). Diese Art religiöse Apologetik gegen ein rationales Zergliedern findet sich in Bezug auf religiöse Erfahrung auch bei dem systematischen Theologen Rudolf Otto. Nur wer fähig sei, die apriorische Erfahrung des Heiligen zu machen, könne seine Ausführungen über das Heilige als zentrale irrationale religiöse Erfahrungsgröße einer „tieferen Religion" überhaupt verstehen: „Wer das nicht kann oder wer solche Momente überhaupt nicht hat, wird gebeten, nicht weiter zu lesen" (vgl. Otto 1917/2004:2 u. 8). Die Behauptung, nur Praktizierende hätten den richtigen Zugang zu den Kampfkünsten dient wiederum auch der Bildung von Authentizität der Kampfkünste und bietet auch eine wirksame Apologetik gegenüber wissenschaftlichen Zugängen, die nicht in das Konzept der innerperspektivischen Authentizität der Kampfkunst passen.

Die Einbettung des Karatedō in die verschiedenen Religionen, ob im Sinne einer „Invention of Tradition"[14] rückwärts gerichtet rekonstruiert oder wirklich vorhanden, erscheint letztlich innerperspektivisch gesehen als eine Frage der Authentizität des Karatedō im Sinne einer Existenzberechtigung einzelner Stile. Indem einzelne Stile propagieren, sie wären näher an der alten Wahrheit, authentischer, richtiger als andere, oder kompatibel und kombinierbar mit anderen Lehren und Systemen (z.B. *qìgōng, taìjíquán*, TCM) hat dies auch eine gewisse Werbewirkung. Neben der Werbewirkung ist die Authentizität des Stils auch für den Einzelnen wichtig, da jeder Karateka andere Maßstäbe setzt, was Karatedō für ihn bringen soll. Die Authentizität wird dann oft unterschiedlich fokussiert, sei es der gesundheitliche Aspekt, der Effektivitätsfaktor als Selbstverteidigung oder religiöser Weg oder als Art zu leben (vgl. Ashkenazi 2002).

Diesen Vorgang untersucht z.B. der Ethnologe Ashkenazi, der auch selbst u.a. „Karate" praktiziert (s. Jones 2002:239) in *Ritual and the Ideal of Society in Karate* (2002), wobei er Karate als eine Form von Ritual betrachtet:

> Modern practice in a karate *dojo* (training hall) is rigid and thaught as if it were immutable, and karate activities dem-

---

[14] Eine „Erfundene" bzw. in ihre jeweilige Gegenwart rekonstruierte, aber in eine bestimmte Vergangenheit zurückprojizierte Tradition (vgl. Hobsbawm/Ranger 1992).

onstrate a high degree of ritualization: It is a serious performance; it is stylized, regular, and invariant; it is a public display of public conventions. One way of examining karate activities, therefore, is by viewing the activities as a ritual form. Ritual is intended to be unchanging, invariant, and it is actively defended or promoted against change (Ashkenazi 2002:101).

Dabei untersucht Ashkenazi die Ritualisierung, Vermarktung und Einbettung des Karatedō in die soziale Matrix im Zuge des Veränderungsprozesses vom notwendigen Kampf zur Kampfkunst in der Moderne. Ashkenazis Argumentation basiert dabei auf verschiedenen Theorien. Zum einen besage die Theorie von Hobsbawm/ Ranger (1983), dass Traditionen sich je nach der gewünschten Authentizität anpasse, es auch zu einer „Invention of Tradition" kommen kann, was sich auch auf Karate beziehen lasse: „,Tradition', to which most karate training appeals is one form or another, is a constantly mutating statement of ideology" (2002:100). Eine andere Theorie von Donohue (1990, 1991, 1993) besage, dass Karate eine Teilhabe und Erfahrung transzendentalen Verhaltens sei. Zusammengenommen schließt Ashkenazi, sei durch die Ritualisierung von Wissen (z.B. Verehrung der Höherstehenden), die in der „Tradition" verankert sei, der soziale Zusammenhalt gestärkt und die gesellschaftliche Funktion innerhalb einer *dōjō*-Gemeinschaft geregelt, was auch das Überleben der Kampfkünste und der Karatelehrer ermögliche. Durch die Ritualisierung der Tradition sei gewährleistet, dass die Lehrenden die Kontrolle über das Wissen inne haben, was auch eine Vermarktung ermögliche, und somit die finanzielle Absicherung der Lehrer sichere, indem Schüler sie für ihre Dienste bezahlen, was wiederum zur Folge hat, dass die Tradition des Karate, trotz niedriger Wehrnotwendigkeit und militärischer Nutzbarkeit in der Moderne fortbestehen konnte (Ashkenazi 2002:115).

Auch innerperspektivisch wird dieser Vorgang der Authentisierung und Zuordnung zu Religionen wahrgenommen und auch kritisch betrachtet. So schreiben Florian Markowetz (2. Dan Shōtōkan Karatedō) und Uschi Schlosser-Nathusius (3. Kyu Shōtōkan Karatedō) in dem von Ihnen herausgegebenen Buch *Kampfkunst als Lebensweg* (2004):

> Wer im Westen traditionelle Kampfkünste lernt und lehrt, betont meist die spirituellen Einflüsse ihrer Heimat. Dies hilft, Kampfkunst neben der körperlichen auch als geistige Bereicherung zu erleben – wie es die Aufsätze und Interviews in diesem Buch lebhaft beschreiben. Grundsätzlich

kann Vorsicht bei der Übernahme fremder Sitten aber nicht schaden. Mit Begriffen aus dem fernöstlichen Geistesleben wird viel Schindluder getrieben, um Mitglieder für Kampfkunstvereinigungen zu werben und damit Geld zu machen. Oft müssen Schüler nach einer Weile erkennen, dass ihre Lehrer nur Halbwissen haben und dies als Wissenschaft ausgeben oder das sie noch nie im Leben länger als drei Minuten meditiert, geschweige denn eine Ausbildung in Meditationsmethoden oder Qi-Arbeit auf sich genommen haben. Begriffe wie Zen, Dao oder Qi sind gern verwendete Etiketten, die Kundschaft anlocken sollen. Ähnliches gilt für die mancherorts gepflegte Samurai-Romantik. Ein ernsthafter Kampfkünstler muss nicht westliche Werte unkritisch durch asiatische ersetzen, um so ein besserer Mensch zu werden. Hier hilft nur: genau hinschauen und viel fragen (2004:8f).

Laut Markowetz und Schlosser-Nathusius sei es daher unerlässlich, sich mit den Grundzügen chinesischer und japanischer „Geisteskultur" zu beschäftigen, um die auch bei uns anzutreffenden „wahrhaft wunderbaren Qigong-Lehrer, Kampfkunst- und Zen-Meister" als solche richtig beurteilen zu können (2004:9).

Interessant in dem Zusammenhang ist auch die konsequente Vermeidung des Wortes „Religion" in dem obigen Zitat (vgl. auch Kap. 3.6). Stets wird von spirituellen Einflüssen, geistiger Bereicherung und japanischer Geisteskultur und Geistesleben geschrieben. In einem späteren Kapitel ist auch von der „Spiritualität der Kampfkünste" die Rede (2004:125), und die Religionen Asiens, wie der Zen-Buddhismus und der Daoismus werden auch als „spirituelle Bewegungen Asiens" (127) bezeichnet. Erst im Kontext eines heutigen Miteinanders und friedlichen Nebeneinanders der „Religionen und Weltanschauungen" in Japan taucht der Begriff Religionen auf, um zu verdeutlichen, dass die verschiedenen Einflüsse der Religionen Asiens in den Kampfkünsten zu finden seien, und diese Vermischung nichts Außergewöhnliches sei: „Auch kann man nicht erwarten, dass die Religionen so klar voneinander abzugrenzen sind wie bei uns" (2004:127). Dieses offene Verständnis kann sowohl im Sinne eines „New Age"-Charakteristikums, als auch als Ablehnung eines von Absolutheitsansprüchen und als starr wahrgenommenen, vom gebrochenen Kirchenverständnis geprägten Religionsbegriffs gedeutet werden. Wie schon in Kap. 3.6 behandelt, taucht diese religiöse Apologetik durch die Verwendung von alternativen Begriffen wie „Spiritualität" gegenüber institutionalisierter Religion auf, was zum einen damit zusammenhängt, dass die „inoffizielle" Rezeption des Karatedō vor allem durch ihren spirituellen und religiösen Kontext in Untergrundströmungen oft in Form von gegengesellschaftlichen Alternativkulturen popularisiert wurde, die oft ein gebrochenes Verhältnis zu „Religion", was oft mit christlichen Kirchen gleichgesetzt wurde, hatten (vgl. Wedemeyer 2002: 249f u. Schweidlenka 2001).

Da innerperspektivisch von „Spiritualität" oft auch im Bezug zum Buddhismus die Rede ist und die Bezeichnung „New Age" problematisch ist, werden im folgenden Abschnitt noch andere Möglichkeiten der theoretischen Einordnung des Karatedō in die deutsche Religionslandschaft vorgestellt. Wobei kurz auf religionswissenschaftliche Theorien zur religiösen Gegenwartskultur eingegangen wird.

6.3 Außenperspektive: Die Rezeption des Karatedō im Spiegel von Theorien zur religiösen Gegenwartskultur: Religion oder Spiritualität?

Wie im untersuchten Rezeptionsprozess ersichtlich, ist der Umgang mit Karatedō äußerst vielfältig. Für manchen steht der gesundheitliche Aspekt oder die Fähigkeit zur Selbstverteidigung im Vordergrund, während andere in Karatedō ihren Lebensweg, ihre Art zu Leben gefunden haben, und einen Weg zur „spirituellen Entwicklung":

> Als ich 1952 mit dem Karate-Studium begann, hatte ich natürlich nicht die Absicht, mich mit Zen, geschweige denn mit einer anderen spirituellen Lehre zu befassen. Nichts lag mir ferner. Wenn mir damals jemand gesagt hätte, wohin mich mein Weg eines Tages führen würde, hätte ich das wohl als Nonsens abgetan: Zen und Mystik waren für mich ein und dasselbe, und ich brüstete mich damit, ein Pragmatiker zu sein. Erst nach mehreren Trainingsjahren kam ich zu der Erkenntnis, dass der innere Sinn der Kampfkünste darin liegt, die innere spirituelle Entwicklung des Menschen voranzutreiben (Hyams 2007).

Dabei erweist sich Karatedō als eine im Westen erfolgreich rezipierte Praxis im Kontext einer modernen neuen Religiosität und Sinnsuche, wie das folgende Zitat von Dolin skizziert:

> Für die Erfolge des Kempo [jap. „Weg der Faust", chin. *quánfǎ*, SK] nach dem zweiten Weltkrieg lassen sich viele Ursachen anführen. Die Krise der moralischen Wertvorstellungen in der technokratischen Zivilisation des Westens lies die Ju-

gend in ganz unerwartete Richtungen nach Auswegen aus der Sackgasse suchen. Viele hielten die östliche Philosophie für ein Allheilmittel gegen die Krankheit des Jahrhunderts, indem sie Hinduismus, den Daoismus und den Buddhismus in eigener Weise zu interpretieren versuchten. Als eine der rätselhaftesten und anziehendsten Formen der ‚Weisheit des Ostens', die auch eine gewisse praktische Bedeutung besaß, erwies sich das Kempo (Dolin 1999:15).

Bei der Vielfalt der verwendeten Begriffe der Einordnung des Karatedō und vergleichbarer Praktiken in die deutsche Religionslandschaft als buddhistisch-religiöse Übung, östliche Philosophie, importierte Tradition, spirituelle Praxis, als Art neuen religiösen Lebens oder einer neuen „Spiritualität" taucht das Problem auf, dass die religionswissenschaftliche Definition des Begriffs „Religion" und das innerperspektivische Verständnis von „Religion" äußerst vielfältig ist. Bochinger schreibt sogar von einem Fehlen einer Arbeitsdefinition des Begriffs „Religion" in der Religionswissenschaft, was dazu führe, dass nicht ganz eindeutige Phänomene mit oft innerperspektivisch polemisch oder apologetisch verwendeten Begriffen, wie „New Age" oder „Spiritualität" und „Religiosität"[15] bezeichnet werden (Bochinger 1995:534).

In dem verschiedenen Gebrauch der Termini „Religion", „Spiritualität" und „New Age" spiegelt sich vor allem die beobachtete Entwicklung des Wandels der Religion im Westen und dem vermehrten Aufkommen undogmatischer, subjektiver Vorstellungen von Religion und noch mehr die verzweifelte wissenschaftliche Bemühung, die als neue Phänomene wahrgenommene Entwicklung der Säkularisierung[16] und Privatisierung von Religion(-en) in begriffliche Ordnungssysteme zu fassen und von dem althergebrachten Verständnis von „Religion" als einem von Theologie und Kirche geprägten Begriff abzugrenzen. Sowohl inner- als auch außenperspektivisch wurden besonders Begriffe wie „Religiosität" und „Spiritualität" verwendet, um zu verdeutlichen, dass ein Bezug zur

---

[15] „Religiosität" wird auch eher als eine Privatisierung der „Religion", mit inneren eigenen Überzeugungen und individuell gelebter Frömmigkeit verstanden; vgl. Knoblauch *Die Verflüchtigung der Religion ins Religiöse*; In Luckmann 1991.

[16] Eine Studie über den religiösen Wandel in Deutschland und verschiedene Verwendung und Deutungen des Begriffs und des Phänomens „Säkularisierung" liefert Pollak 2003.

transzendenten Ebene und geistigen Entwicklung bestehe, aber man nicht unbedingt einer institutionalisierten Religion angehöre.

So problematisch der Begriff „New Age" auch ist, so undeutlich ist aber auch die Bezeichnung „Spiritualität". Auch hierbei taucht wieder die Schwierigkeit auf, dass der Begriff „Spiritualität" äußerst vielfältig verwendet wird und inner- und außenperspektivisch divergiert und dadurch oft unklar definiert ist: „Der Terminus Spiritualität ist mit seiner doppelten Bedeutung ein gutes Beispiel für die Gründe der Verständigungsschwierigkeiten zwischen Angehörigen kirchlicher und spiritualistischer Reformbewegungen in der Gegenwart" (Bochinger 1995:525). „Spiritualität" wird z.B. als eine Art individueller geprägter Gegenbegriff zu Religion (oft als Institution, Dogma, sinnentlehrte Rituale, christliche Kirchen etc. verstanden), oder auch als religiöse Apologetik in Form einer polemisierten Überlegenheit gegenüber der institutionalisierten als festgefahren verstandenen Religion verwendet. Außerdem findet der Begriff auch noch Verwendung als eine Variante der Religion mit persönlicher Erfahrung im Mittelpunkt, als eine innewohnende religiöse Kraft im Menschen oder als eine Form der „Frömmigkeit".[17]

Mit dem Phänomen dieser „Neuen Spiritualität" beschäftigt sich u.a. Paul Heelas, welcher die gegenwärtige Veränderung der Religion und die Hinwendung zur Spiritualität als „spirituelle Revolution" ("The spiritual Revolution") bezeichnet (2002). Während Religion oftmals im Sinne einer „überpersonalen" („supra-self") Tradition gesehen wird, die durch verschiedene Mittel (z.B. Bücher, Rituale) Wahrheit für Generationen transportiert, sei für die „Spiritualität" der „HS factor" („higher self factor"), also das Streben nach einem höheren „spirituelleren" Selbst das verbindende Prinzip und Ziel (Heelas 2002:375). Diese „Spiritualität" könne sowohl innerhalb der großen Traditionen ausgelebt werden, oder übertraditionell, individuell, unter Einbeziehung verschiedener Traditionen, Religionen und Lehren gebildet werden, was Heelas als „New Age spiritualities of life", der inneren spirituellen Kraft im Menschen bezeichnet: „Spiritualities which equate spirituality with the life which we are

---

[17] Zur Problematik, Undeutlichkeit, Vieldeutigkeit und Vielfalt in der Verwendung des Begriffs "Spiritualität" als ein „Begriff in der Schwebe" zwischen angeblicher Weltanschauungsfreiheit und Religiosität (vgl. Dehn 2002:119) s. neben Prohl/Zinser 2001:14f auch Bochinger 1994:385-393, Bochinger 1995:525f u. Heelas 2002.

born with, and all the potential which this experienced as possessing" (375).

Eine neue Bezeichnung, für die Art der spätmodernen Religiosität, die sich oft als „Spiritualität" bezeichnet, führen Gebhardt, Engelbrecht und Bochinger in ihrem Beitrag *Die Selbstermächtigung des religiösen Subjekts* (2005) ein. Dabei bezeichnen sie den Idealtypus spätmoderner Religiosität als „spirituellen Wanderer". Der Begriff beschreibt einen Vorgang religiöser Individualisierung ohne spezielle Festlegung auf eine bestimmte Religion: „'Wanderer' gehen von einer Pluralität gleichwertiger spiritueller Wege aus, die nichtsdestotrotz in der gleichen ‚höheren Allgemeinheit' münden und deshalb alle experimentierend erforschbar und frei kombinierbar sind" (151). Dabei entziehe sich der „Wanderer" gerne jeglicher sozialer und kirchlicher Kontrolle über ihre „Spiritualität", sie seien gerne die „Herren ihrer Religion" (vgl. 151). Auch wenn dieser Wanderer traditionelle als eng gedeutete Kirchlichkeit ablehne, gebe es auch in Kirchenkreisen Wanderer, die sich „ihrer Religion" verbunden fühlen, sich aber nur selektiv aus dem Angebot ihrer Religion bedienen, und nur das, was brauchbar erscheint leben, und auch offen gegenüber anderen Religionen und Praktiken sind. (vgl. 151).

Wird der Typus des „spirituellen Wanderers" auf Karatedō angewendet, gibt es Karateka, die sich ihrer Ursprungsreligion (z.B. Christentum) verbunden fühlen, sich aber auch spirituellen Nutzen durch die Praxis des Karatedō und anderer östlicher Praktiken, wie z.B. der Zen-Meditation versprechen (s. Kap. 7). Auf der anderen Seite gibt es bekennende Buddhisten unter den Karateka, die auch den Wert anderer Religionen für den Weg des Menschen anerkennen. Auch in den Werken von Werner Lind werden aus den verschiedenen Religionen die Elemente aufgegriffen und verwendet, die in die Interpretation des *budō* passen (vgl. Kap 3.4 u. 6.2.1). Somit liefert der Begriff „spiritueller Wanderer" zumindest einen theoretischen Arbeitsbegriff, der die Probleme des Begriffs „New Age" und die Vieldeutigkeit und Unklarheit des Begriffs „Spiritualität" zu umschiffen versucht.

Wenn die Praxis des Karatedō als Form einer „alternativen Spiritualität" oder „Spirituelle Praxis" (vgl. Wuthnow 2004) bezeichnet wird, zeigen die Beispiele dieser Arbeit, dass es dabei ebenso verschiedene Ausprägungen gibt, die mehr oder weniger an traditionelle, institutionalisierte Religion gebunden sind. Somit gibt es eine Spannbreite zwischen dem Verständnis von Karatedō als Religion über „Spiritualität" bis hin zum „New Age". Dazu muss auch unterschieden werden, ob diese Zuordnung innerperspektivisch oder außenperspektivisch gebraucht wird, und wie sie im jeweiligen Blickwinkel Verwendung findet, ob die Bezeichnungen z.B. innerperspektivisch als Apologetik genutzt werden. Außenperspektivisch wird anhand der verschiedenen Bezeichnungen versucht nur verschiedene Facetten von „Religion" zu erfassen, weil der Begriff „Religion" oftmals unklar definiert ist, oder aus verschiedenen Gründen (z.b. wegen dem Bezug zum abendländisch geprägten Religionsverständnis als kirchliche Institution) abgelehnt wird.[18] Innerperspektivisch wird oft von der „Spiritualität" oder auch Philosophie des Karatedō geschrieben, um den Wert des eigenen Verständnisses von „Spiritualität" im Sinne einer polemischen Apologetik eines individuelleren und besseren Weges gegenüber kirchlicher und theologisch als verengt wahrgenommenen „Religion" zu bekräftigen und zu verteidigen.

Aber auch Religionsdefinitionen können bei Karatedō greifen. So stellt z.B. Waardenburg in *Religion und Religionen* (1986) einige wesentliche Merkmale von Religion zusammen. Besonders die drei Hauptmerkmale der „Religiös gedeuteten Wirklichkeit" (*nirvana, dào/dō*), der „Religiös gedeuteten Erfahrung" (*satori/kensho*) und der „Religiös gedeuteten Normen" (*dōjōkun*) kann man auch beim Karatedō in Deutschland finden. Waardenburg unterscheidet auch impliziter von expliziter Religion, weil Religionen immer gedeutete Religionen seien (Waardenburg 1986:233). So könnte man Karatedō, wenn sie von Anhängern als Religion wahrgenommen wird als explizite oder aber, wenn sie nicht als Religion bezeichnet und wahrgenommen wird, als implizite (unsichtbare) Religion im Waardenburgschen Sinne bezeichnen:

> Die impliziten Religionen sind solche, deren religiöse Bedeutung oder Wirkung von den Menschen als selbstverständlich hingenommen wird; sie sind sich nicht bewusst, dass es sich eigentlich um eine „religiöse" Bedeutung mit „religiöser" Wirkung handelt (Waardenburg 1986:234).

In einem ähnlichen Sinn kann auch die von Luckmann eingeführte Bezeichnung der „Unsichtbaren Religion" (*The Invisible Religion* 1967) für Phänomene, die sich weniger substanziell sondern funktional definieren, verwendet werden.

---

[18] Überlegungen über die Unterschiede der Bezeichnungen der Innen- bzw. Außenperspektive bei der Typologisierung neuer religiöser Phänomene der Säkularisation, „New Age" und „Spiritualität" liefert z.B. Pardridge 2006:24-29.

Bei der Zuordnung von Karatedō als Religion muss allerdings auch berücksichtigt werden, dass innerperspektivisch, z.B. bei Lind eher die überreligiöse Funktion des Karatedō als religiöse Praxis oder Weg, der die Religionen an sich transzendiere, betont wird, was parallel zum Verständnis des Zen als Erfahrungsweg der Wahrheit hinter den Religionen gebraucht wird (s. Kap. 6.2.2). Karatedō wird daher oft nicht als Religion an sich gesehen: „Studying karate is not always the study of religion. Many chose to do this and find it very rewarding but karate alone is not a religion" (Greg Scott).[19] Aber auch bei solcherart innerperspektivischer Aussagen muss individuell hinterfragt werden, was für ein Religionsbegriff und Religionsverständnis zugrunde gelegt wird. Oft wird der Begriff „Religion" innerperspektivisch vermieden und umschifft, indem Karatedō als eine in religiöse und philosophische Hintergründe Asiens eingebettete für die Entwicklung des ganzen Menschen wertvolle Übung gesehen wird, die je nach Intention und beabsichtigter Verknüpfung innerperspektivisch als religiös, buddhistisch, spirituell oder philosophisch klassifiziert wird (s. z.B. Kap. 3).

---

[19] Shōtōkan Karate of America:
http://shotokanforgardengrove.com/article1.htm (17.09.2007).

7 Schlussbetrachtung und Ausblick

Ziel dieser Arbeit war es zum einen, die Rezeptionsgeschichte (Teil I: Kap. 2 u. 3) und die Inhalte der Rezeption des Karatedō primär in Deutschland vorzustellen und in Bezug zu ihrem „Religionsgehalt" zu untersuchen (Teil II: Kap. 4 u. 5). Das zweite Hauptziel war es, die Karatedō-Rezeption zu analysieren und im Spiegel von Theorien zu religiöser Gegenwartskultur zu betrachten (Teil III: Kap. 6), um Karatedō in die deutsche Religionslandschaft einordnen zu können. Dabei sollte untersucht werden, inwieweit Karatedō als eine religiöse Übung, d.h. als Teil einer primär buddhistisch verstandenen Praxis oder einer weniger religionsgebundenen, mehr individuell geprägten Form alternativer „Spiritualität" verstanden werden kann.

Dazu wurde zunächst die Geschichte des Karatedō in Asien und die Verbreitung im Westen, sowie die Ursprungslegende der Herkunft aus dem chinesischen Shaolin-Tempel und die Einflüsse Bodhidharmas und somit des Zen-Buddhismus dargestellt. Auch der Anpassungsprozess von einem notwendigen Kampf zu einer Kampfkunst in der Moderne wurde skizziert (Kap. 2). Im Anschluss daran wurde die spezielle Rezeptionsgeschichte des Karatedō in Deutschland untersucht. Dabei wurden drei verschiedene Ebenen der Rezeption unterschieden. So wird Karatedō sowohl als Sport, als auch als philosophisch angereicherte körperliche und geistige Übung oder aber als Möglichkeit der Anknüpfung an alte Traditionen und Religionen Asiens rezipiert. Hierbei führt die Frage der „richtigen Interpretation" des „wahren Karatedō" unter Karateka zu teils polemischen Auseinandersetzungen, indem z.B. Karatedō als Weg strikt von der Ausübung und „Verwässerung" als Sport getrennt wird (Kap. 3). Nach diesem grundlegenden Teil der Rezeptionsgeschichte wurden die verschiedenen Elemente der Praxis des Karatedō, die als religiöse „Wegkomponenten" verstanden werden können, inhaltlich vorgestellt (Kap.4). Im Anschluss daran wurden die Bezüge zu den einzelnen Religionen Asiens und verschiedener religiöser Elemente auf ihre Einbettung in das Karatedō-Verständnis anhand inner- wie auch außenperspektivischer Darstellungen primär in Deutschland untersucht (Kap. 5). Im abschließenden Kapitel wurden die gewonnenen Erkenntnisse analysiert und im Kontext religionswissenschaftlicher Theorien zum Wandel der „Religion" in der Moderne bzw. Postmoderne diskutiert. Dabei wurden die verschiedenen Versuche der Einordnung der Praxis des Karatedō und anderer östlicher Praktiken sowohl als buddhistisch-religiöse Übung (z.B. Hutter, McFarlane, Tworuschka), als „neue religiöse Bewegung" (Höllinger) und als Facette einer neuen religiösen Lebensart (Prohl/Zinser, Höllinger) behandelt, die sowohl inner- wie auch außenperspektivisch mehr oder weniger offensichtlich als „Religion" gedeutet und verstanden werden ("New Age", „Spiritualität", „spiritueller Wanderer", „implizite Religion") (Kap. 6).

Neben den möglichen außenperspektivischen Zuordnungen, z.B. zum „New Age", können innerperspektivisch drei Ebenen des Religionsgehalts unterschieden werden: Zum einen hilft die Zuordnung zu Religionen, dem Buddhismus oder zur alternativen „Spiritualität" der Bildung und Aufrechterhaltung von Authentizität und beinhaltet so auch oft eine Existenzberechtigung der ostasiatischen Kampfkünste in der Moderne nicht als Kampftechnik zum Überleben, sondern als spiritueller/religiöser Weg für das Leben und für den ganzen Menschen. Damit beinhaltet diese Zuordnung auch eine gewisse Apologetik gegenüber anderen Religionen. Durch die Bezeugung des Religionsgehaltes wird Rechenschaft über den Wert des Karatedō auf dem „Marktplatz der Religionen" (Zinser 1997) abgelegt. Damit verknüpft ist zweitens auch die Zuordnung zur Sphäre der „Religion" und "Spiritualität". Durch die religiösen und spirituellen Horizonte Asiens gewonnene Faszination für das Andere und Exotische, spricht Karatedō den im individuellen spirituellen Selbst sinnsuchenden Menschen an, was der Werbewirkung und der Verbreitung zugute kommt. Als dritte Ebene steht die konkrete individuelle Religiosität und „Spiritualität" des einzelnen Karateka. Letztendlich muss die religiöse Überzeugung des praktizierenden Karateka auch außenperspektivisch ernst genommen werden, egal ob sie buddhistisch oder individuell im Sinne einer „New Age-Spiritualität" oder als „Spiritueller Wanderer" gelebt oder wissenschaftlich eingeordnet wird, oder die typologisch konstruierten Grenzen verwischen.

Religionswissenschaftlich darf die Zuordnung „New Age" nicht als Abwertung und Abgrenzung einer individuellen Form der Religion gegenüber institutionalisierter Religion Verwendung finden, wie es z.B. in einigen Aussagen Prohls zum Ausdruck kommt, wenn sie z.B. schreibt, dass der Zen-Buddhismus im Westen für eine Selbstsuche herhalten müsse und durch die Individualisierung zu einer „neugeschaffenen Selbst-Religion" mutiere (Prohl 1999:325): „Ohne Frage werden als Projektionsfläche für Wünsche, Hoffnungen und Phantasien Religionen fremder Völker – in der Gegenwart immer enger – herhalten müssen" (324). Auch das schon verwendete Zitat

(s. Kap. 6.2.3; vgl. Prohl/Zinser 2002:19f) über die Dualisierung von japanischer institutionalisierter Religion auf der einen und der selektiven Verwertung und Veränderung im westlichen „New Age" auf der anderen Seite polemisiert stark und wertet Formen neuen religiösen Lebens ab. Bei der Verwendung solcher Begriffe sollte auch bedacht werden, dass Religionen ständig an die Gegebenheiten angepasst werden, und der stetige Wandel nur bedingt durch neue Begriffe wie „New Age" wiedergegeben werden müsste, um dieses nicht unbedingt neue Phänomen (vgl. Bochinger 1995:206) begrifflich neu einzukleiden.

Da sich Tradition und Religionen, wie der Buddhismus, im Importprozess zwangsläufig verändern, wie Prohl beinahe wehmütig angesichts des Zen-Buddhismus sieht (Prohl 1999), führt auch zu Überlegungen von buddhistischer Seite, neue Bezeichnungen einzuführen, indem z.B. der westliche Buddhismus als drittes Fahrzeug neben Hinayāna (skt. „kleines Fahrzeug") und Mahāyāna (skt. „großes Fahrzeug") als Navayāna (skt. „neues Fahrzeug") bezeichnet wird, um dem Umstand gerecht zu werden, dass sich das Bild des Buddhismus im Westen teilweise stark von dem gelebten Buddhismus in Asien unterscheidet, und auch Elemente der Wissenschaft, der Psychologie etc. mit einfließen (vgl. Keown 2001:151).[20] Diese Vermischung könnte außenperspektivisch wiederum als „New Age" bezeichnet werden, wie z.B. bei der Zen-Rezeption im Westen durch Prohl (1999).

Ich persönlich finde es wichtiger als die Typologisierung von religiösen Phänomenen, Gläubige ernst zu nehmen und nicht ein individuelles Verständnis von möglicherweise institutioneller geprägten Glaubensformen im Ursprungsland als weniger ursprünglich, wahr oder richtig abzugrenzen. Wenn ein Karateka seine Praxis des Karatedō, als buddhistische Übung, oder als bereichernden Aspekt seines Lebens, als Ausdruck seiner Art zu leben und als Möglichkeit seines spirituellen, moralischen Wachsens betrachtet, muss dies als das was es ist wahrgenommen und wissenschaftlich neutral untersucht werden. Verallgemeinernde Einteilungen in Kategorien wie

---

[20] „Warum sollte es im Laufe der Zeit nicht einen westlichen Buddhismus geben, ein Nava-yana oder ‚neues Fahrzeug' – kein Kunstprodukt, sondern aus gleichen Wurzeln wie alle anderen Formen des Buddhismus natürlich gewachsen, d.h. aus dem Bericht des Buddha über seine Erleuchtung?" Christmas Humphreys (1901-1983), Gründer Präsident der englischen Buddhist Society; aus *Sixty Years of Buddhism in England* (1986:80); (vgl. Keown 2001:152).

z.B. dem „New Age" führen oft nur zu einer vorweggenommenen Einengung der Sicht auf das Phänomen, da das Phänomen dann nur unter der Schablone „New Age" betrachtet wird. Dennoch haben solche Kategorien und Typisierungen ihre Daseinsberechtigung als Arbeitsbegriffe, um zumindest eine gewisse Ordnung zu erhalten, und vor allem, um über Phänomene sprechen zu können, ohne immer erst ausführlich klarzustellen, was man eigentlich meint (z.B. Bochinger 1995 religionswissenschaftliche Analyse von „New Age" mit 600 Seiten!). Wichtig erscheint es mir nur, kritische Begriffe, die verschiedene Verwendungen finden (z.B. außen- und innerperspektivisch), z.B. als Chiffre für ein nicht ganz einheitliches Phänomen nichtkirchlicher Religiosität wie beim „New Age", im Arbeitsprozess kritisch zu reflektieren. So können die Theorien zu „New Age" „Spiritueller Wanderer" etc. bei der Einordnung des Phänomens Karatedō zwar hilfreich sein und sogar in einigen Fällen greifen, erscheinen aber angesichts ihrer Definition als Suche nach einem individuellen spirituellen Selbst fragwürdig, wenn sich ein Karateka dauerhaft an ein *dōjō* einer Tradition oder dem Buddhismus bindet, um in der Gemeinschaft zu wachsen, und so einige Merkmale des „New Age" nicht zutreffen.

Weiterhin ist es wichtig, die Vielfalt von importierten asiatischen Praktiken wie dem Karatedō differenziert zu betrachten. Meiner Meinung nach ist es wenig hilfreich, wie Prohl/Zinser (2002) und Höllinger „spirituelle östliche Praktiken" und „religiöse Importe" als Einheitsbrei dem „New Age" zuzuordnen. So nennt Höllinger als „spirituelle östliche Praktiken" nur „Yoga, Zen und Tai Chi [*taijíquán*, SK]" mit einem „etc.", was eine große Verallgemeinerung zulässt. In dem Buch von Prohl und Zinser werden die einzelnen Praktiken auch nicht wirklich differenziert, auch wird nicht klar, welches Verständnis von Karate im Buchtitel gemeint ist (Sport/Wegkunst, japanisch/okinawanisch?).

Auch bei der Betrachtung der Rezeption des Karatedō in Deutschland oder im Westen allgemein als Rekonstruktion der Rückbindung an als alt verstandene Traditionen Asiens als „Invention of Tradition" (vgl. Ashkenazi 2002 u. Kap. 6.2.4) im Sinne der Theorie von Hobsbawm und Ranger (1983) muss beachtet werden, dass auch eine innerperspektivisch geschlossene und als authentisch verstandene Tradition oder eine Religion im Laufe der Geschichte Wandlungen und neu geschaffene Tradition erfahren hat: „Lebende Religionen wandeln sich ohne Unterlass" (Greschat 1988). So gesehen ist jede Tradition irgendwie im Sinne Hobsbawn und Ranger eine „Invention of Tradition" und dies sollte weder als Gütesiegel noch zur Abwertung einer Tradition benutzt werden. Vielmehr sollten die Veränderungen wahrgenommen werden, als die man sie erforschen kann, wie z.B. die Veränderungen sich selbst als authentisch bezeichnender Systeme des Karatedō durch den japanischen Einfluss und die Anpassung an die Bedingungen der Moderne.

So war es das Anliegen dieser Arbeit, die Grundlagen einer differenzierten Betrachtung des Phänomens Karatedō unter religionswissenschaftlicher Perspektive speziell in Deutschland zu schaffen. Dabei konnte vor allem gezeigt werden, dass der Umgang mit Karatedō äußerst vielfältig ist. Da in diesem Arbeitsrahmen die Auswahl der Bücher den Blick beschränkt und nur einen Ausschnitt liefern konnte, und es so gut wie keine religionswissenschaftlichen Arbeiten über dieses spezielle Gebiet gibt, steht diese Arbeit für einen Versuch der Einordnung des Karatedō in die deutsche Religionslandschaft. Für eine tiefergehende Untersuchung müssten vor allem individuelle Verständnisse der Praxis des Karatedō untersucht werden. Neben der Untersuchung von Biographien wie von Nicol (2002) und Schmidt (1998) und Selbstdarstellungen von einzelnen Lehrern, wie in (Markowetz/Schlosser-Nathusius 2004), wären empirische Untersuchungen einzelner *dōjō* und Stilrichtungen sowie der behandelten Autoren und Karate-Lehrer (Namen s. z.B. Kap. 3.5) sicherlich aufschlussreich. Neben dem individuellen Verständnis einzelner Karateka wäre auch das Verhältnis der Schulen untereinander sowie deutscher Meister zu japanischen Meistern in Deutschland interessant.

Neben der Einbettung des Karatedō in die ostasiatischen Religionen (s. Kap. 5) wäre auch die Erforschung der möglichen individuellen Einordnung des Karatedō in ein individuelles islamisches oder christliches Verständnis aufschlussreich. Da es ab der Mitte des 20. Jahrhunderts verstärkt vorkommt, dass Nicht-Buddhisten (im Westen) sich mit der Praxis des Zen und den verschiedenen Zen-Künsten, inklusive der ostasiatischen Kampfkünste und dem Karatedō, beschäftigten, gibt es von Praktizierenden eventuell auch Interpretationsversuche, die neu aufgenommenen asiatischen Wege mit der eigenen Ursprungsreligion, wie z.B. dem Christentum und dem Islam, zu interpretieren bzw. zu verbinden, ohne sich gänzlich zum Buddhismus zu bekennen. So wäre auch das individuelle Verständnis des Karatedō als religiöse Übung von christlichen Karateka ein interessanter Forschungsansatz. Aus Gesprächen mit christlich geprägten Karateka konnten diese Bezüge zumindest als individuelles Verständnis einzelner Karateka in Betracht gezogen werden. Der individuelle Umgang mit ostasiatisch geprägten

Kampfkünsten und Karatedō als Möglichkeit eines spirituellen/religiösen Weges zu Gott ist dabei allerdings nicht pauschal zu benennen, sondern müsste anhand empirischer Forschung, z.B. durch Interviews, gewonnen werden, die den gesetzten Rahmen dieser Arbeit sprengt. Dennoch ist der Bezug zu interessant, um ihn nicht zumindest in seiner Möglichkeit darzustellen. Dieses kleine Beispiel soll daher nur ein Appetithäppchen und eine Anregung sein:

Da sich im Zuge der Zen-Rezeption in Deutschland auch eine christliche „Zen-Kontemplation" (Kopp 1994, Klappentext), als „Christuserfahrung auf dem Zen-Weg" etablierte (vgl. Kap. 6.2.2), scheint die Verbindung von buddhistischer Praxis und Christentum auch für christliche Karateka von Bedeutung zu sein. So interpretierte ein katholisch-christlicher Karateka, der christliche „Zen-Kontemplation" in der Ausprägung des Jesuitenpaters Hugo Enomiya M. Lassalle (1898-1990) bzw. des Pallottinerpaters Johannes Kopp (*1927)[21] praktiziert, in einem Gespräch seinen Weg durch Karatedō mit christlichen Bezügen. Dabei wurde die Existenz einer, von dem Jesuitenpater und Japanmissionar Hugo Enomiya M. Lassalle geprägten und vom II. Vatikanum legitimierten, christlichen „Zen-Kontemplation" und die Interpretation des Zen im Kontext einer christlichen, buddhistisch interpretierten Mystik die Grundlage seines Verständnisses von Karatedō als buddhistische Praxis und Weg für sein Verständnis eines „katholisch-buddhistischen Christentums". Dabei verwies er auch auf das Zitat eines der einflussreichsten katholischen Theologen des 20. Jahrhunderts, Karl Rahner: „Der Fromme, der Christ der Zukunft, wird Mystiker sein, oder er wird nicht sein." Die „Zen-Kontemplation", die schon durch die Bezeichnung eine Verbindung von Christentum (Kontemplation) und Buddhismus (Zen) sei, wäre eine gute Möglichkeit, wertvolle buddhistische Praxis wie das *zazen* (Sitzmeditation) und das Karatedō für Christen lebbar zu machen: „Zen ist ein Weg der Erfahrung in jeder Religion. [...] Zen-Kontemplation wird für viele Christen zu

---

[21] Kath. Ordenspriester und Zen-Meister; Schüler u.a. von Lassalle, erhielt 1985 durch Kōun Yamada Roshi (s. Baatz 2001) in Kamakura, Japan, die Lehrbefähigung. „CHRISTUS ist in euch, die Hoffnung auf die Herrlichkeit (Kol. 1,27)." Leben aus der Mitte – Zen-Kontemplation: „Eine wesentliche Hilfe für ein sich vertiefendes Gebet, das bei regelmäßiger Übung den Alltag einbezieht, mit kleinen Schritten den großen WEG ZUM WAHREN SELBST erschließt und für Christen eine Motivation sein kann zum kontemplativen Gebet" P. Johannes Kopp S.A.C: Ho-un-Ken; http://www.leben-aus-der-mitte.de (10.11.2007).

einem Weg der Glaubenserfahrung. Die Überwindung des dualistischen Denkens ist in unserer Zeit eine Frage um Sein und Nichtsein" (Kopp 1994:31 u. Klappentext). Im Sinne dieser Interpretation könnten für nicht-buddhistische Zen-Praktizierende der Zen-Weg und die damit verbundenen Künste (wie Karatedō) zu einem religionsoffenen Weg der mystischen Praxis für ihre jeweilige Religion, wie z.B. dem Christentum oder dem Islam interpretiert werden.

So ist auch die Verbindung von Islam und ostasiatisch geprägten Kampfkünsten nicht neu. Gerade in Südostasien gibt es eine lange Tradition der Verbindung von Islam und z.B. chinesisch geprägten Kampfkünsten, wobei die Kampfkünste als ein Weg der inneren „spirituellen" Entwicklung gesehen werden: „Kung fu is part of our long history as Muslims in seeking to learn and develop within ourselves (Hwaa Irfan, Schreiber für Gesundheit und Wissenschaft auf Islamonline).[22]

In vielen deutschen Moscheen gibt es zwar Angebote von ostasiatisch geprägten Kampfkünsten, inklusive Karatedō,[23] aber der individuelle Umgang mit ostasiatisch geprägten Kampfkünsten ist dabei äußerst vielfältig. Die Spannweite der Interpretation als reiner Sport, als Möglichkeit der „Integration durch Sport"[24] oder gar als Instrument der Vernichtung im Dienste eines äußeren *jihād* als „heiliger

---

[22] http://www.islamonline.net/servlet/Satellite?c=Article_C&cid=1157962510859&pagename=Zone-English-HealthScience%2FHSELayout (18.12.07).
[23] bspw. http://türkische-moschee-niederkassel.de/katrate.html (18.12.07).
[24] ZDF Dokumentation: *Karate und Koran, Integration durch Sport:* Ebru Shikh Ahmad (dreimalige europäische Karatemeisterin türkischer Herkunft): „Gemeinsames Training baut Vorurteile ab: Jeder trägt beim Karate einen weißen Anzug, jeder ist gleich, egal aus welcher Schicht er wird gleich behandelt. Und wenn die Kinder das sehen, dann wollen sie das nachmachen, die beste Vorbereitung auf ihre jetzige Integrationsaufgabe."
http://infokanal.zdf.de/ZDFde/inhalt/3/0,1872,7118627,00.html; (09.11.2007).

Krieg"[25] oder ein in das individuelle Verständnis des Islam integrierter durch die Mystik geprägter Weg zu Gott ist nicht pauschal zu benennen und äußerst vielfältig. Eine Verbindung von Kampfkünsten und dem islamischen inneren *jihād* als Kampf gegen eigene menschliche Unzulänglichkeiten und Triebe (*nafs*) zieht z.b. Raposa (2003). Raposa sieht das einheitliche religiöse Prinzip von Kampfkünsten, *yogā*, christlicher Askese und islamischen *jihād* in einem inneren Kampf zu Höherem und universellem Frieden (vgl. Raposa 2003). Der genaue Zusammenhang von Islam und Karatedō in einem individuellen Verständnis des Islam und des Karatedō müsste wiederum durch empirische Forschung gewonnen werden.

Auch die im zweiten Kapitel skizzierte neuere Eröffnung von monastischen Shaolin-Tempeln in Deutschland birgt Möglichkeiten empirischer Forschung eines mit der Karatedō-Rezeption verwandten Phänomens. Hierbei stellt sich die Frage, ob es sich bei solchen Phänomenen aufgrund der monastischen Struktur um eine weitergehende Realisierung und Import von ostasiatischen Religionen und Institutionen handelt, als es bei einem eher individuellen oder zumindest nicht monastischen, *dōjō*-gebundenen Umgang mit Karatedō der Fall ist. Außerdem sollte in diesem Zusammenhang geklärt werden, welches Spektrum an Umgang mit Karatedō und verwandten Phänomenen in Deutschland vorherrscht. Das Spektrum erstreckt sich dabei offensichtlich von einem individuellen Umgang über Institutionen (*dōjō*, Schulen) mit mehr oder weniger lockerer Anbindung bis hin zu buddhistisch-monastischen Institutionen (Shaolin-Tempel).

Als abschließende Betrachtung möchte ich an den Beginn dieser Arbeit anknüpfen, nämlich der offensichtlichen Faszination und

---

[25] „How can I train Myself for Jihad?"; 4.2 Martial Arts (andere Punkte sind Survival, Outdoor Training, Firearms Training, military Training u.s.w.) (http://www.warbirdforum.com/jsource2htm; 23.11.2007). Die Interpretation von *jihād* als „Heiliger Krieg" taucht erst in der Moderne in der Konfrontation mit Kolonialmächten und den Bemühungen Fremdherrschaft und damit wirtschaftliche, gesellschaftliche u. kulturelle Beeinflussung vom Westen zu bekämpfen. Krieg sei im Sinne des Islam eigentlich nie „heilig". Im eigentlichen Sinne bedeutet *jihād* (Anstrengung, Abmühen, Einsatz): „Gehorche nun nicht den Ungläubigen, sondern setze dich damit [d.h. mit dem Koran] mit großem Einsatz [*djihād*] auseinander" (Sure 25,52). Ein weiteres Verständnis des *jihād* gerade innerhalb der islamischen Mystik meint den inneren Kampf gegen innere Triebe (*nafs*) (vgl. z.B. Tworuschka 1999:97; *djihad*). Für einen Verständnis des inneren *jihād* im Kontext von Kampfkünsten s. Raposa 2003.

Verbreitung von asiatischen Praktiken im Westen. In der Frage, warum z.B. Kampfkünste eine so große Faszination ausüben, kann auch darin gesehen werden, dass sie neben der Möglichkeit persönlicher spiritueller, religiöser und ethischer Entfaltung auch einen gewissen praktischen Nutzen (Gesundheit, Selbstverteidigung, Selbstbewusstsein, Ausgeglichenheit u.s.w.) und ästhetischen Ausdruck durch harmonische oder eindrucksvolle Bewegungen beinhalten, was sie, so Binhack, im Westen attraktiver als z.b. die reine Zen-Meditation als Sitzmeditation oder andere Wegkünste wie das Blumenstecken oder die Teezeremonie mache (vgl. Binhack 1998:241).

In jedem Fall scheint die Zuordnung zu asiatischen Religionen, religiösen und spirituellen Praktiken einen Großteil der Faszination und der erfolgreichen Verbreitung der asiatischen Kampfkünste im Westen auszumachen, sofern nach mehr als nach Sport gesucht wird: „Als eine der rätselhaftesten und anziehendsten Formen der ‚Weisheit des Ostens', die auch eine gewisse praktische Bedeutung besaß, erwies sich das Kempo [jap. „Weg der Faust", chin. *quánfǎ*, SK]" (Dolin 1999:15). Dieser praktische Bezug mag auch daran gekoppelt sein, dass das menschliche Leben und der Prozess der Zivilisation und Kultur direkt oder metaphorisch als Kampf gesehen werden kann, der in den Kampfkünsten seine Widerspiegelung findet (vgl. Binhack 1998 u. Kap. 5.2.1 dieser Arbeit).

In der Frage, ob Karatedō in Deutschland als religiöse (evtl. buddhistische) Übung oder neue religiöse Bewegung oder eher als Form einer alternativen, individuell geformten und religionsoffenen „Spiritualität" und somit als Facette des „New Age" verstanden werden kann, gibt es kein allgemein gültiges Ergebnis, vielmehr den Hinweis, das individuelle Verständnis der Praktizierenden gesondert zu betrachten, statt eine nicht für alle Praktizierenden zutreffende verallgemeinernde Zuordnung zu propagieren. Oft lassen sich die individuellen Verständnisse auch nicht klar differenzieren, und oft kommt es zu einer Vermischung, z.B. durch Bekenntnis zum Buddhismus aber einer offenen Haltung gegenüber anderen Religionen inklusive der Miteinbeziehung individuell passender Elemente oder der angesprochenen Möglichkeit der Praxis des Karatedō als Weg der religiösen Erfahrung für Christen oder Muslime.

Wenn eine Einteilung im Sinne der im sechsten Kapitel angesprochenen Theorien vorgenommen werden sollte, könnte die beginnende „diffuse religiöse Sinnsuche" (Höllinger 2001:179) und die lockere, offene Anbindung an die Praxis des Karatedō eher als

Facette des „New Age" oder eine Form des „Spirituellen Wanderers" eingeordnet werden. Die, oft erst nach langjähriger Praxis bei wenigen Praktizierenden sich entwickelnde intensivere Auseinandersetzung mit Karatedō und auch der festen, lebenslangen Bindung an eine *dōjō*-Gemeinschaft, könnte im Sinne Höllingers z.B. als „neue religiöse Bewegung" mit den von Höllinger aufgestellten Merkmalen (feste Bindung des Einzelnen an die Gemeinschaft, hohe moralische Ansprüche und intensive religiöse Praxis) eingeordnet werden.

Auf der anderen Seite kann die intensive Praxis des Karatedō im Westen bzw. in Deutschland, ohne schwammige Begriffe wie „New Age", „Spiritualität" oder auch neue religiöse Bewegung interpretiert werden. Der Import und Rezeptionsprozess des Karatedō könnte beispielsweise als eine Wanderung kultureller Praxis interpretiert werden. Also als ein Versuch von Menschen, eine kulturell gebundene asiatische Tradition inklusive der transportierten Religionen in einen anderen sozialen und kulturellen Kontext zu versetzen und dort teils angepasst weiterzuführen und als Übung für den ganzen Menschen zu leben.

Um pauschale Einteilungen und Typologien zu vermeiden, sind, wie schon erwähnt, empirische Forschungen individueller Umgänge mit Karatedō nötig und sicherlich auch aufschlussreicher im Bezug auf das individuell gelebte Verständnis.

Jedenfalls bietet das Themenfeld der ostasiatischen Kampfkünste und ihr Import und die Rezeption im Westen noch viele Möglichkeiten und noch nicht erschlossene Forschungsfelder für verschiedene Fachbereiche. Auch die Zusammenarbeit z.B. mit der Japanologie und dem Vergleich des individuellen Umgangs mit Karatedō in Japan, wie z.B. die Befragungen japanischer Karateka zu ihrem Verständnis der Lehrauffassungen des Karatedō bei Bittmann (1999) könnte weiterhin aufschlussreiche Ergebnisse über den Import und Rezeptionsprozess im Westen liefern.

8 Literaturverzeichnis

8.1 Übersetzungen klassischer Texte

Lǎozǐ 老子: Dàodéjīng 道德經
DEBORN, Günther (Übers.)
2001 *Lao-Tse: Tao-Tê-King. Das Heilige Buch vom Weg und von der Tugend*, Stuttgart [1961].
WILHELM, Richard (Übers.)
1989 *Lao-Tse: Tao Te King*. München [Jena 1911].
ZHENGKUN, Gu (Übers.)
1995 *Lao Zi: The Book of Tao and Teh, Chinese-English Classics Series with Chinese Phonetic Symbols*, Peking University Press, Beijing.

Kǒngfūzǐ: Lùnyǔ
MORITZ, Ralf (Übers.)
2002 *Konfuzius: Gespräche (Lun-Yu)*, Stuttgart [1982].

Bhagavadgītā
BOXBERGER, Robert (Übers.) / GLASENAPP, Helmuth von (Hg.)
2003 *Bhagavadgita. Das Lied der Gottheit*, Stuttgart [1955].

8.2 Übersetzungen japanischer Quellentexte

TAKUAN, Sōhō 沢庵宗彭
1999 *Zen in der Kunst des kampflosen Kampfes*, München. Übers. Eggert [*The unfettered Mind*], [17. Jh].
2006 *Das Tor zur heiteren Gelassenheit. Zen und Kampfkunst*, Frankfurt a. M. Übers. Keller/Yamada [17.Jh.].

MIYAGI, Chōjun 宮城長順
1999 *Karatedō gaisetsu* 唐手道概説 [*Allgemeine Darlegungen zum Weg der Chinesischen Hand*], Manuskript [1939]. In: Bittmann, Heiko: *Karatedo: Der Weg der Leeren Hand. Meister der vier großen Schulrichtungen und ihre Lehre: Biographie-Lehrschriften-Rezeption*, Ludwigsburg und Kanazawa.

MIYAMOTO, Musashi 宮本武蔵
2006 *Das Buch der fünf Ringe. Klassische Strategien aus dem alten Japan*, München. Übers. Yamada [*Gorin no sho* 五輪書, 17. Jh].

YAMAMOTO, Tsunetomo 山本常朝
2003 *Hagakure – Der Weg des Samurai*, München. Übers. Keller [1716 葉隱].

8.3 Literatur

ADOLPHSON, Mikael S.
2007 *The Teeth and Claws of the Buddha. Monastic Warriors and Sohei in Japanese History*; University of Hawaii Press, Honululu.

ALBRECHT, Andreas F.
2004 *Dōjōkun: Die Ethik des Karate-dō*, Lauda.

AROKIASAMY, Arul M.
1995 *Warum Bodhidharma in den Westen kam oder Kann es ein europäisches Zen geben?*, Nördlingen.

ASHKENAZI, Michael
2002 *Ritual and the Ideal of Society in Karate*. In: Jones, David E.: *Combat, Ritual and Performance: Anthropology of the Martial Arts*, Praeger, Westport, 99-119.

BAATZ, Ursula
2001 *Zen-Buddhismus im Westen. Samurai-Zen oder Graswurzel-Zen*. In: Manfred Hutter (Hrsg.): *Buddhisten und Hindus im deutschsprachigen Raum. Akten des Zweiten Grazer Religionswissenschaftlichen Symposiums (2.-3. März 2000)*, Frankfurt am Main 2001, 159-173.

BAIER, Karl
1998 *Yoga auf dem Weg nach Westen. Beiträge zur Rezeptionsgeschichte*, Würzburg.

BAUMANN, Martin
1995 *Deutsche Buddhisten. Geschichte und Gemeinschaften*, Marburg.

BERGLER, Manfred
1981 *Die Anthropologie des Grafen Karlfried von Dürckheim im Rahmen der Rezeptionsgeschichte des Zen-Buddhismus in Deutschland*, Erlangen.
1984 *Ein Abriss der Rezeptionsgeschichte des Zen-Buddhismus in Deutschland*. In: Zeitschrift für Religions- und Geisteswissenschaft XXXVI/1, 39-52.

BINHACK, Axel
1998 *Über das Kämpfen. Zum Phänomen des Kampfes in Sport und Gesellschaft*, Frankfurt am Main.

BINHACK, Axel/KARAMITSOS, Efthimios
1992 *Karate-Do: Philosophie in der Bewegung. Geistige Inhalte des Karate-Do und deren Anwendung*, Wiesbaden.

BITTMANN, Heiko
1999 *Karatedo: Der Weg der Leeren Hand. Meister der vier großen Schulrichtungen und ihre Lehre: Biographie-Lehrschriften-Rezeption*, Ludwigsburg und Kanazawa.

BLOMBERG, Catharina
1977 *Samurai Religion*, Uppsala.
1994 *The Heart of the Warrior. Origins and religious Background of the Samurai system in feudal Japan*, Japan Library, Sandgate, Folkestone, Kent.

BOCHINGER, Christoph
1995 *„New Age" und moderne Religion. Religionswissenschaftliche Analysen*, 2. überarb. Aufl., Gütersloh [1994].

BOSSERT, Thomas
2005 *Triathlon-Do: Der Weg zum Triathlon-Manager*, Hamburg.

BRAUN, Julian
2006 *Der ‚gemeinsame Weg von Schwert und Pinsel' – Philosophie und Ethik der japanischen Kriegskünsten der Tokugawa-Zeit (1603-1868)*, Dissertation an der Fakultät für Kulturwissenschaften der Eberhard Karls-Universität Tübingen, http://w210.ub.uni-tuebingen.de/dbt/volltexte/2006/2455/index.html (04.08.2007).
2007 *Ninjutsu – Geschichte und Gegenwart*, Mering [2001].

BRINKER, Helmut
2000 *Zen in der Kunst des Malens*, Bern/München/Wien [1985].

DESHIMARU-ROSHI, Taisen
1975 *Zazen. Die Praxis des Zen*, Leimen. Übers. Myōsen.
1978 *Zen in den Kampfkünsten Japans*, Heidelberg/Leimen. Übers. Myōsen [*Zen et Arts Martiaux*, 1977].

DOLIN, Alexander / POPOW, German / TOLSTIKOW, Wladimir
1999 *Kempo. Die Kunst des Kampfes. Geschichte und Techniken der ostasiatischen Kampfsportarten*, Berlin. Übers. Pickenhain [1986]

DONOHUE, John J.
1990 *Training Halls of the Japanese Martial Traditions: A symbolic analysis of ‚Budo Dojo' in New York*. In: Anthropos St. Augustine 85 (1/3), 55-63.

1991 *The Dimensions of Disciplineship: Organizational paradigm, mystical transmission, vested interest, and identity in the Japanese martial arts.* In: Ethnos 56(1/2), 19-38.
1993 *The Ritual Dimensions of ‚karate-do'.* In: Journal of Ritual Studies 7(1), 105-121.
1994 *Warrior Dreams. The martial Arts and the American Imagination,* Bergin & Garvey, Westport.
2002 *Wave People: The Martial Arts and the American Imagination.* In: Jones, David E. (Hg.): *Combat, Ritual and Performance: Anthropology of the Martial Arts,* Praeger, Westport, 65-80.
2002 *Herding the Ox, Wielding the Sword.* In: Jones, David E. (Hg.): *Combat, Ritual and Performance: Anthropology of the Martial Arts,* Praeger, Westport, 223-234.

DRAEGER, Donn F.
1996 *Modern Bujutzu and Budo. Martial Arts and Ways of Japan Vol. 3,* Weatherhill, New York [1978].
2007 *Classical Bujutzu. Martial Arts and Ways of Japan Vol. 1,* Weatherhill, New York [1975].
2007 *Classical Budo. Martial Arts and Ways of Japan Vol. 2,* Weatherhill, New York [1975].

DRAEGER, Donn F. / SMITH, Robert W.
1980 *Comprehensive Asian Fighting Arts.* New York. [1969].

DUKES, Terrence (Shifu Nagaboshi Tomio)
2000 *The Bodhisattva Warrior: The Origin, Inner Philosophy, History and Symbolism of the Buddhist Martial Arts Whithin India and China,* Motilal Banarsidas, Delhi.

DUMOULIN, Heinrich
1951 *Bodhidharma und die Anfänge des Ch'an Buddhismus,* Monumenta Nipponica 7, No. 1, 67-83.
1985 *Geschichte des Zen-Buddhismus, Bd. 1: Indien und China,* Bern.
1986 *Geschichte des Zen-Buddhismus, Bd. 2: Japan,* Bern.
1990 *Bodhidharmas Lehre des Zen-Buddhismus. Frühe chinesische Zen-Texte,* Zürich.
1995 *Spiritualität des Buddhismus,* Mainz.

DÜRCKHEIM, Karlfried Graf
1967 *Hara. Die Erdmitte des Menschen,* Bern, München/Wien.
1978 *Die Übung des Leibes auf dem inneren Weg,* München.

EGGER, Robert / ZWICK, Hartmut / CHUAN, Shi Yong / KNOLL, Sabine
2006 Mehr Energie durch Shaolin-Qi Gong. Die Übungen der Mönche für Stressabbau und Leistungssteigerung, Wien/New York.

FAULIOT, Pascal
2000 Martial Arts Teaching Tales of Power and Paradox: Freeing the Mind, Focusing Chi and Mastering the Self, Inner Traditions Bear and Company, Ronchester.
2003 Die Kunst zu siegen, ohne zu kämpfen. Geheimnisse und Geschichten über die Kampkünste, München.

FAURE, Bernhard
2005 Bodhidharma. In: Jones, Lindsay (Hg.): Encyclopedia of Religion, Second Edition, Vol. 1, 993-996.

FIGL, Johann (Hg.)
2003 Handbuch Religionswissenschaft. Religionen und ihre zentralen Themen, Innsbruck.

FILIPIAK, Kai
2001 Die chinesische Kampfkunst. Spiegel und Element der traditionellen chinesischen Kultur, Leipzig.

FRITSCHE, Jürgen
2006 Sportanthropologische Untersuchung zur Konstitutionstypolpogie von Kampfkünstlern der Sportart Karate (Elitekarateka), Frankfurt am Main.

FROMM, Martino
2003 Vitalpunktstimulation in den Kampfkünsten, Norderstedt.

FUNAKOSHI, Gichin
1993 Karate-dō. Mein Weg, Heidelberg/Leimen. [Karate-dō. My Way of Life, 1975].
2007 Karate-dō. Die Kunst, ohne Waffen zu siegen, München. [Karate-dō nijukkajo to sono Kaishaku, 1938].

GEBHARDT, Lisette
2001 Japans neue Spiritualität, Wiesbaden.
2002 A Nobel Laureate as a „New Age": The Case of Ōe Kenzaburō. In: Prohl, Inken/ Zinser, Harmut: Zen, Reiki, Karate – Japanische Religiosität in Europa, Münster, 267-280.

GEBHARDT, Winfried / ENGELBRECHT, Martin / BOCHINGER, Christoph
2005 *Die Selbstermächtigung des religiösen Subjekts. Der spirituelle Wanderer als Idealtypus spätmoderner Religiosität.* In: ZfR 13, 133-151.

GERNTKE, Andrea
2002 *Karatedō als Sozialpädagogische Interventionsform für desintegrierte, gewalttätige Jugendliche? Eine sozialpädagogische Perspektive auf gewaltmindernde Elemente einer japanischen Kampfkunst*, Diplomarbeit Sozialpädagogik an der Universität Trier, http://www.argedon.de/akka/theorie/karatepaedagogik.pdf (02.07.2007).

GRABERT, Karsten-Ingo
1996 *Karate-Do und Gewaltverhalten. Eine empirische Untersuchung über die Auswirkung des Trainierens der Kampfkunst Karate-Do auf die Gewaltbereitschaft und das Gewaltverhalten der Trainierenden*, Frankfurt am Main.

GREEN, Thomas A. / SVINTH, Joseph R. (Hg.)
2003 *Martial Arts in the Modern World*, Praeger, Westport.

GRESCHAT, Hans-Jürgen
1988 *Was ist Religionswissenschaft?*, Stuttgart.
2003 *Buddhismus.* In: Figl, Johann (Hg.): *Handbuch Religionswissenschaft*, Innsbruck.

GREVE, Gabriele
1994 *Buddhastatuen. Who is Who. Ein Wegweiser zur Ikonografie von japanischen Buddhastatuen*, Bensheim.

GRIMES, Ronald L.
2002 *Zen and the Art of Not Teaching Zen and the Arts: An Autopsy.* In: Hori, Victor Sogen / Hayes, Richard P. / Shields, James Mark: *Teaching Buddhism in the West. From The Wheel to The Web*, Rudledge Curzon, London.

GU, Hyosong
1999 *Kampf und Bewegung. Eine kulturhistorische-bewegungstheoretische Analyse am Beispiel des ostasiatischen Kampfsports*, Dissertation Sportwissenschaft an der Univerität Hamburg, http://deposit.ddb.de/cgi-bin/dokserv?idn=95934120X (04.08.2007).

HABERSETZER, Roland
2002 *Karate für Meister. Mit Körper und Geist*, Berlin.
2004 *Bubishi. An der Quelle des Karatedō*, Chemnitz. [*Bubishi – à la source des karaté do*, 1995].
2005 *Koshiki Kata. Die klassischen Kata des Karatedō*, Chemnitz. (*Koshiki no kata – les formes anciennes*, 1994].
2006 *Kobudō – 1. Bō, Sai*, Chemnitz.
2007 *Kobudō – 2. Nunchaku, Tonfa, Polizei-Tonfa*, Chemnitz.

HAMMITZSCH, Horst
1957 Zum Begriff „Weg" im Rahmen der japanischen Künste. In: Nachrichten der Gesellschaft für Natur- und Völkerkunde Ostasiens, Nr. 82, 5-14.

HAYES, Stephen K.
1985 *Ninja 1. Die Lehre der Schattenkämpfer*, Niedernhausen.

HEELAS, Paul
1996 *The New Age Movement. The Celebration of the Self and the Sacralization of Modernity*, Oxford.
2002 The Spiritual Revolution. From Religion to Spirituality. In: Woodhead, Linda/ Fletscher, Paul (Hg.): *Religions in the Modern World: Traditions and Transformations*, London.

HEELAS, Paul / WOODHEAD, Linda / SEEL, Benjamin (Hg.)
2005 *The Spiritual Revolution. Why Religion is Giving Way to Spirituality*, Malden. Oxfort

HERIGEL, Eugen
2001 *Zen in der Kunst des Bogenschiessens*, München [1951].

HOBSBAWM, Eric / RANGER, Terrence
1992 *The Invention of Tradition*, Cambridge [1984].

HÖLLINGER, Franz
2001 Das Interesse an östlichen Religionen unter Studierenden. Ergebnisse einer internationalen Befragung. In: Hutter, Manfred (Hg.): *Buddhisten und Hindus im deutschsprachigen Raum. Akten des Zweiten Grazer Religionswissenschaftlichen Symposiums (2.-3- März 2000)*, Frankfurt am Main, 173-186.

HOLCOMBE, Charles
2002 Theater of Combat. A Critical Look at the Chinese Martial Arts. In: Jones, David E.: *Combat, Ritual and Performance: Anthropology of the Martial Arts*, Praeger, Westport, 153-175.

HORI, Victor Sogen / HAYES, Richard P. / SHIELDS, James Mark
2002 *Teaching Buddhism in the West. From The Wheel to The Web*, Rudledge Curzon, London.

HYAMS, Joe
2005 *Der Weg der leeren Hand. Zen in der Kunst des Kampfes*, Darmstadt. Übers. Poppe [*Zen in the Martial Arts, 1979*].

HUTTER, Manfred
2001a *Das ewige Rad. Religion und Kultur des Buddhismus*, Graz/Wien/ Köln.
2001b (Hg.) *Buddhisten und Hindus im deutschsprachigen Raum. Akten des Zweiten Grazer Religionswissenschaftlichen Symposiums (2.-3 März 2000)*, Frankfurt am Main.

JÄGER, Willigis / QUARCH, Christoph
2004 „*...Denn auch hie sind Götter": Wellness, Fitness, Spiritualität*, Freiburg i. Br.

JONES, David E. (Hg.)
2002 *Combat, Ritual and Performance: Anthropology of the Martial Arts*, Praeger, Westport.

JOHNSON, Nathan
2000 *Barefoot Zen: The Shaolin Roots of Kung Fu and Karate*, Red Wheel/Weiser/Conari, Newburyport.
2006 *The Great Karate Myth: Unravelling the Mystery of Karate*, The Wykeham Press, Winchester.

KEENAN, John P.
1989 *Spontaniety in Western Martial Arts. A Yogācāra Critique of Mushin (No-Mind)*. In: Japanese Jopurnal of Religious Studies 16/4, 287-298.
1990 *The Mystic of Martial Arts: A Response to Professor McFarlane*. In: Japanese Journal of Religious Studies 17/4, 421-432.

KEOWN, Damian
2001 *Der Buddhismus. Eine kurze Einführung*, Stuttgart.

KLEINE; Christoph
2002 *Waffengewalt als ‚Weisheit in Anwendung': Anmerkungen zur Institution der Mönchskrieger im japanischen Buddhismus*. In: Prohl, Inken / Zinser, Harmut: *Zen, Reiki, Karate – Japanische Religiosität in Europa*, Münster, 155-186.
2003 *Üble Mönche oder wohltätige Bodhisattvas? Über Formen, Gründe und Begründungen organisierter Gewalt im japanischen Buddhismus*. In: ZFR 11, 235-258.

KLENS-BIGMANN, Deborah
2002 Towards a Theory of Martial Arts as Performance Art. In: Jones, David E. (Hg.): *Combat, Ritual and Performance: Anthropology of the Martial Arts*, Praeger, Westport.

KNOBLAUCH, Hubert
1991 Die Verflüchtigung der Religion ins Religiöse. In: Luckman, Thomas: *Die unsichtbare Religion*, Frankfurt, 7-44.
1997 Die Sichtbarkeit unsichtbarer Religion: Subjektivierung, Märkte und die religiöse Kommunikation. In: ZfR 5, 179-202.
2003 *Qualitative Religionsforschung. Religionsethnographie in der eigenen Gesellschaft*, Paderborn.

KOCH, Alois P.
2002 Sport als säkulare Religion. In: Stimmen der Zeit, Feb. 2002, 90-102, http://conspiration.de/koch/sport/religion.html (17.10.2007).

KOPP, Johannes
1994 *Schneeflocken fallen in die Sonne. Christuserfahrung auf dem Zen-Weg*, Annweiler.

KÜNG, Hans
1990 *Projekt Weltethos*, München.

KÜNG, Hans / CHING, Julia
1988 *Christentum und chinesische Religion*, München/Zürich.

KURE, Mitsuo
2006 *Samurai. Bushido – Der Weg des Kriegers*, Stuttgart. Übers. Rolff [*Samurai. An Illustrated History*, 2002].

LASSALLE, Hugo M. Enomiya
1960 *Zen. Weg zur Erleuchtung: Einführung und Anleitung*, Wien.
1987 *Zen und christliche Spiritualität*, München.

LAUPP, Joachim
2003 Interview mit Sensei Joachim Laupp von Susanne Speicher (BSK); http://www.budostudienkreis.de/BSK/inter17.htm (05.08.2007).
2007 Sensei Laupp 8. Dan Kyoshi und Manuel Schmitz 2. Dan: *BUDO – Von der Bezwingung des Gegners zur Bezwingung des Selbst*, http://www.shorinryu.de; Tradition; Philosophie (14.12.2007); http://www.shorinryu-marburg.de/content/view/28/43 (14.12.2007).
http://www.shorinryu.de; *kihon* (14.10.2007).
http://www.shorinryu.de; *Bunkai* (14.10.2007).

http://www.shorinryu.de; *makiwara* (14.10.2007).
http://www.shorinryu.de; *kumite* (14.10.2007).

LEFFLER, Andreas
2004 *Das Bushido Prinzip: Lebe wie ein Samurai*, München.
2006 *Das Bushido Prinzip 2: Der Weg ist das Ziel*, München.
2007 *Bushido – Der Weg des Kriegers heute*, München.

LEGGETT, Trevor
1978 *Zen and the Ways*, Routledge & Kegan Paul, London.

LIND, Gabi
2000 *Qigong für alle Kampfkünste*, Berlin.

LIND, Werner
1991 *Die Tradition des Karate*, Heidelberg/Leimen.
1997a *Okinawa Karate. Geschichte und Tradition der Stile. Eine wissenschaftliche Studie des Budo Studien Kreises über den Ursprung und Inhalt der klassischen Karate-Stile aus Okinawa und Japan*, Berlin.
1997b *Klassisches Karate-Do. Gesundheits- und Vitalpunktlehre, Trainingsführung, Selbstverteidigung*, Berlin.
2001 *Lexikon der Kampfkünste: China, Japan, Okinawa, Korea, Vietnam, Thailand, Burma, Indonesien, Indien, Mongolei, Philippinen, Taiwan u.a.*, einm. Sonderaufl., Edition BSK, Berlin [1. Aufl.: *Ostasiatische Kampfkünste, Das Lexikon*, Berlin 1992, 6. Aufl. 1999].
2005 *Karate-Grundlagen: Kihon-Kumite-Kata*, Bensheim.
2006 *Karate Kihon*, Bensheim.
2007 *Budo. Der geistige Weg der Kampfkünste*, 6. Aufl., Hamburg [1992].

LINSE, Ulrich
1991 *Asien als Alternative? Die Alternativkulturen der Weimarer Zeit: Reform des Lebens durch Rückwendung zu asiatischer Religiosität*. In: Kippenberg, Hans G. / Luchesi, Brigitte: *Religionswissenschaft und Kulturkritik*, Marburg, 325-364.

LITTLE, Stephan
2000 *Daoist Art*. In: Kohn, Livia (Hg.): *Daoism Handbook*, Leiden, 709-747.

LOTT, Ray M.
2004 *The American Martial Arts Film*, Jefferson.

LOWRY, Dave
2002 *Traditions: Essays on the Japanese Martial Arts and Ways*, Tuttle Publishing, North Clarendon.
2004 *Clouds in the West: Lessons from the Martial Arts of Japan*, The Lyons Press, Guilford.
2004 *Pinsel und Schwert: Vom Geist der Kampfkünste*, Lauda. Übers. Felber [*Sword and Brush: The Spirit of the Martial Arts*, 1995]
2006 *In the Dojo: A Guide to the Rituals and Etiquette of the Japanese Martial Arts*, Shambhala Publications Inc., Boston.

LUCKMANN, Thomas
1991 *Die unsichtbare Religion*, Frankfurt am Main.

MALEK, Roman
2003 *Konfuzianismus* und *Daoismus*. In: Figl, Johann (Hg.): *Handbuch Religionswissenschaft*, Innsbruck.

MALISZEWSKI, Michael
1992a *Medical Healing and Spiritual Components of Asian Martial Arts: A Preliminary Field Study Exploration*. In: DeMarco, Michael (Hg.): Journal of Asian Martial Arts No. 2, Via Media Publishing Company, 24-55.
1992b *Meditative-Religious Traditions of Fighting Arts and Martial Ways*. In: DeMarco, Michael (Hg.): Journal of Asian Martial Arts 1 No. 3, Via Media Publishing Company, 1-104.
1996 *Spiritual Dimensions of the Martial Arts*, Tuttle Co., Singapore.
2005 *Martial Arts. An Overview* [1986]. In: Jones, Lindsay (Hg.): *Encyclopedia of Religion*, Second Edition, Vol. 8, 5730-5733.

MARKOWETZ, Florian / SCHLOSSER-NATHUSIUS, Uschi (Hg.)
2004 *Kampfkunst als Lebensweg*, Heidelberg/Leimen.

MATSUMURA, Sokon / KELLER, Guido (Hg.)
2006 *Bubishi. Handbuch der Karate-Kampfkunst*, Frankfurt.

MCCARTHY, Patrick
1995 *The Bible of Karate Bubishi*, Tuttle Publishing, North Clarendon.
1999 *Ancient Okinawan Martial Arts. Koryu Uchinadi*, Tuttle Publishing, North Clarendon.

MCFARLANE, Stewart
1990 *Mushin, Morals, and Martial Arts: A Discussion of Keenan's Yogācāra Critique*. In: Japanese Journal of Religious Studies 17/4; 397-420.

1991 Stewart Mc Farlane: *The Mystic of Martial Arts: A Reply to Professor Keenans Response*, In: Japanese Journal of Religious Studies 18/4, 355-368.
1994 *Fighting Bodhisattvas and Inner Warriors: Buddhism and the Martial Traditions of China and Japan*. In: Buddhist Forum, 185-210.
1995 *Warrior Myths and Tales of Power. Asian Martial Arts in the West*. Demos Vol. 6, 44-45.

MILLMAN, Dan
2000 *Der Pfad des friedvollen Kriegers*, München, Übers. Homas Linquist [*Way of the Peaceful Warrior. A Book that Changes Lives*, 1980].
2001 *Die Goldenen Regeln des friedvollen Kriegers. Ein praktisches Handbuch*, München, Übers. Annemarie Döring. [*No Ordinary Moments. A Peaceful Warriors Guide to Daily Life*, 1992].

MING, Sifu Shi Yan
2006 *The Shaolin Workout: 28 Days to Transforming Your Body, Mind and Spirit with Kung Fu*, Rodale.

MUROMOTO, Wayne
2007 *Mudra in the Martial Arts*. In: Furyu Online Budo Journal of classical Martial Arts, http://www.furyu.com/onlinearticles/mudra.html (12.09.2007).

MUSUO, Shin'ichirō
2000 *Daoism in Japan*. In: Kohn, Livia (Hg.): *Daoism Handbook*, Leiden, 821-842.

NAGAMINE, Shoshin
1996 *Okinawan Karate and World Peace*. In: Furyu Online Budo Journal of classical Martial Arts; http://www.furyu.com/archieves/issue8/NagSpeec.html (28.08.2007).
1998 *The Essence of Okinawan Karate-Dō*, Tuttle Publishing, North Clarendon. [1976]

NICOL, Clive Williams
2002 *Moving Zen: Zen in der Bewegung. Eine Reise in das Herz des Karate*, Lauda. Übers. Sàlat [*Moving Zen: Karate as a Way to Gentleness*, 1975].

NITOBE, Inazo 新渡戸稲造
2000 *Bushidō – Die Seele Japans*, Heidelberg. [*Bushido – The Soul of Japan. An Exploration of Japanese Thoughts*, 1899].

NÖPEL, Fritz
2004 *Dōjōkun – Das Edle bewahren*. In: Markowetz, Florian / Schlosser-Nathusius, Uschi (Hg.): *Kampfkunst als Lebensweg*, Heidelberg/Leimen, 11-31.

NORRIS, Chuck
2001 *Zen-Kampfkunst im täglichen Leben. Entdecke die verborgene Kraft in dir*, Heidelberg/Leimen. Übers. Rau [*The Secret Power Within. Zen Solutions to Real Problems*, 1999].

OEHSEN, Elke von
1988 *Einführung in Karate mit einer Klasse der Fachoberschule*, Bremen.

OFFERMANNS, Jürgen
2002 *Der lange Weg des Zen-Buddhismus nach Deutschland. Vom 16. Jahrhundert bis Rudolf Otto*, Lund, Stockholm.

OKASAKI, Teruyuki / STRICEVIC, Milorat V.
1998 *Modernes Karate. Das große Standartwerk*, Niedernhausen.

OTTO, Rudolf
1923 *Das ganz Andere*, Gotha.
2004 *Das Heilige. Über das Irrationale in der Idee des Göttlichen und sein Verhältnis zum Rationalen*, München [1917].

PALMER, Bill
1995 *The Encyclopedia of Martial Art Movies*, New York.

PALMER-FERNANDEZ, Gabriel
2004 *Encyclopedia of Religion and War*, New York.

PARTRIDGE, Christopher
2005 *The Re-enchantment of the West. Alternative Spiritualities, Sacralization, Popular Culture and Oculture Vol. 1*, London.
2006 *The Re-enchantment of the West. Alternative Spiritualities, Sacralization, Popular Culture and Oculture Vol. 2*, London.

PFLÜGER, Albrecht
1975 *Karate-Do. Das Handbuch des modernen Karate*, Wiesbaden.
1988 *Fit mit Karate*, Niedernhausen.
2007 *Das Profil des Karate in der TSG Leonberg (Grundregeln, die beachtet und geachtet werden müssen)*, (s. Anhang): http://www.karate-in-leonberg.de/karateinleonberg/start_home.htm. (13.12.07).
2007 *Karate für über 35 jährige*, http://www.karate-in-leonberg.de (13.12.2007).

PIRSIG, Robert M.
1978   *Zen in der Kunst ein Motorrad zu warten*, Frankfurt am Main.

POLLAK, Detlef
2003   *Säkularisierung – ein moderner Mythos? Studien zum religiösen Wandel in Deutschland*, Tübingen.

PREBISH, Charles S. / BAUMANN, Martin (Hg.)
2002   *Westward Dharma, Buddhism beyond Asia*, University of California Press, Berlekey.

PROHL, Inken
1999   *Versinken im Nichts. Zur Darstellung des japanischen Zen-Buddhismus in westlicher Literatur*. In: Grözinger, Karl E. / Rüpke, Jörg (Hg.): *Literatur als religiöses Handeln*, Berlin 1999, 309-325.
2000   *Die „spirituellen Intellektuellen" und das „New Age" in Japan*, Hamburg.

PROHL, Inken / ZINSER, Hartmut (Hg.)
2002   *Zen, Reiki, Karate – Japanische Religiosität in Europa*, Münster.

PYE, Michael
1999   *Methodological integration in the study of religions*. In: Ahlbäck, Tore (Hg.), Donner Institute for Research in Religious and Cultural History (Hg.): *Approaching Religion*, Åbo, Finland, 1:188-205.
2003   *Skilful Means. A Concept in Mahayana Buddhism*, London [1978].

RAPOSA, Michael L.
2003   *Meditation and the Martial Arts*, University of Virginia Press, Charlottesville.

RATSCHKE, Lothar
2004   *Dō – Ein Lebensweg*. In: Markowetz, Florian / Schlosser-Nathusius, Uschi (Hg.): *Kampfkunst als Lebensweg*, Heidelberg/Leimen, 33-61.

ROBINET, Isabelle
1995   *Die Geschichte des Taoismus*, München, [Paris 1991].

RUFFERT, Karl-Heinz
2007   *Entwicklung des Karate in der ehemaligen DDR. Ein Erlebnisbericht*:
http://www.chronik-karate.de/textdateien/zeitzeugen/001_Karlheinz_Ruffert_Entwicklung%20des%20Karate%20in%20der%20ehemaligen%20DDR.pdf; (12.12.2007).

SALDERN, Matthias von (Hg.)
1998 Budo in heutiger Zeit, Lüneburg.

SADLER, Arthur Lindsay
1978 The Maker of Modern Japan – The Life of Shogun Ieyasu, London [1937].

SALDERN, Matthias von/NEUMANN, Ulf/PÖHLER, Ralf
2003 Der friedfertige Krieger. Budo als Methode der Gewaltprävention, Marburg.

SCHLATT
2007 Enzyklopädie das Shōtōkan-Karate, Lauda.

SCHLUMMBERGER, Martin
1995 Zen in der Körperarbeit. In: DAO 3:13-16.

SCHMIDT, Stan
1998 Die leere Hand. Selbstbegegnung auf dem Weg des Karate-Dō, Lauda. Übers. Schlatt [Meeting Myself. Beyond Spirit of the Empty Hand, 1997].

SCHMIDT-HERZOG, Thomas
2003 Fakt und Fiktion in der Chinesischen Kampfkunst. Untersuchung von Fakt und Fiktion in der chinesischen Kampfkunst anhand eines Vergleichs von kontemporärer Kampfkunstpraxis in China mit ihrer Darstellung in den Romanen des Hongkonger Autoren Jin Yong, Magisterarbeit am sinologischen Seminar der Ruprecht-Karls-UniversitätHeidelberg, http://www.kampfkunst-als-lebensweg.de/Magister_Schmidt-Herzog.pdf (12.01.2008).

SCHNYDER, Ivo
1981 Sport und Zen. Buch zur Bewusstseinsentfaltung. Selbstbiographie, Kaltbrunn.
1990 Die Kunst des lebendigen Lebens. Westliche Zen-Kunst am Beispiel des Skilaufs. Die Fragwürdigkeit akademischer Bildung, Kaltbrunn.

SCHÖNBERGER, Gerhard
1992 Karate. Ursprünge, geschichtliche Entwicklung und Tradition einer fernöstlichen Kampfkunst, Frankfurt am Main.

SCHWEIDLENKA, Roman
2001 *Buddhismusrezeption der Gegenkultur und Alternativbewegung im deutschen Sprachraum seit 1968.* In: Hutter, Manfred (Hg.): *Buddhisten und Hindus im deutschsprachigen Raum. Akten des Zweiten Grazer Religionswissenschaftlichen Symposiums (2.-3- März 2000),* Frankfurt am Main, 199-212.

SCHWIBBE, Gudrun
1994 *Karate-Do – Der sanfte Weg?* In: Brednich, Rolf W./Hartinger, Walter (Hg.): *Gewalt in der Kultur. Vorträge des 29. Dt. Volkskundekongresses 1993,* Bd. 1, Passau, 27-60.

SEYDEL, Jürgen
2007 *Jugenderinnerungen und Kriegsreportagen: Lebenserfahrungen des ersten deutschen Karate-Pioniers,* Kamen.

SHARF, Robert H.
1993 *The Zen of Japanese Nationalism.* In: History of Religions 33, 1-43.
2002 *The Uses and Abuses of Zen in Twentieth Century.* In: Prohl, Inken / Zinser, Harmut: *Zen, Reiki, Karate – Japanische Religiosität in Europa,* Münster, 143-154.

SUDBRACK, Josef
2002 *Mystik. Sinnsuche und die Erfahrung des Absoluten,* Darmstadt.

SUZUKI, Daisetz T.
1976 *Die große Befreiung. Einführung in den Zen-Buddhismus,* Bern/München/Wien [Leipzig 1939].
1982 *Leben aus Zen,* Frankfurt am Main [München 1955].

SVINTH, Joseph R.
2003 *Martial Arts Meet The New Age. Combatives in the Eartly 21 Century American Military.* In: Green, Thomas A. / Svinth, Joseph R. (Hg.): *Martial Arts in the Modern World,* Praeger, Westport.

TOHEI, Kōichi
1979 *Ki im täglichen Leben,* Heidelberg/Leimen. Übers. Van der Velde / Kristkeitz [*Ki in Daily Life,* 1978].
2002 *Das Ki-Buch. Der Weg zur Einheit von Geist und Körper,* Heidelberg/Leimen.

TSANG, Carol Richmond
2007 *War and Faith. Ikko Ikki in Late Muromachi Japan,* Harvard, Cambridge.

TWORUSCHKA, Udo
1999   Lexikon. Die Religionen der Welt, Gütersloh.

VICTORIA, Brian A.
1999   Zen, Nationalismus und Krieg. Eine unheimliche Allianz, Berlin.
2004   Zen at War, 2. Ed., London, [New York 1997].

VISHNUDEVANANDA
2001   Das große illustrierte Yoga Buch, Braunschweig [1969].

WAARDENBURG, Jacques
1986   Religionen und Religion. Systematische Einführung in die Religionswissenschaft, Berlin.

WATERHOUSE, David
2002   Buddhism and the Teaching of Judo. In: Hori, Victor Sogen / Hayes, Richard P. / Shields, James Mark: Teaching Buddhism in the West. From The Wheel to The Web, Rudledge Curzon, London.

WEBSTER-DOYLE, Terrence
2002   Karate. Die Kunst des leeren Selbst, Heidelberg.

WEDEMEYER, Bernd
2002   Von Asien nach Europa, Aspekte zur Rezeptionsgeschichte fernöstlicher Körperpraktiken. In: Prohl, Inken / Zinser, Harmut: Zen, Reiki, Karate – Japanische Religiosität in Europa, Münster, 249-266.

WEST, David
2006   Chasing Dragon. An Introduction to the Martial Arts Film, London.

WILSON, Scott William
1982   Ideals of the Samurai. Writings of Japanese Warriors, Burbank.

WINTER, Stefan
2003   Zen Bibliographie nach Sachgebieten, Frankfurt am Main.

WOHLFART, Günter
2000   Zen und Haiku oder Mu in der Kunst HaiKühe zu hüten nebst anderen Texten für Nichts und wieder Nichts, Stuttgart.
2001   Der Philosophische Daoismus. Philosophische Untersuchungen zu Grundbegriffen und komparative Studien mit besonderer Berücksichtigung des Laozi (Lao-tse), Köln.

WOLTERS, Jörg-Michael
1992 *Kampfkunst als Therapie. Die sozialpädagogische Relevanz asiatischer Kampfsportarten, aufgezeigt am Beispiel des sporttherapeutischen „Shorinji-Ryu" (Karatedo) zum Abbau der Gewaltbereitschaft bei inhaftierten Jugendlichen*, Frankfurt am Main.

WOODHEAD, Linda / FLETSCHER, Paul (Hg.)
2002 *Religions in the Modern World: Traditions and Transformations*, London.

WUTHNOW, Robert
2004 *Spirituality and spiritual Practice*. In: Fenn, Richard K. (Hg.): *The Blackwell Companion to Sociology of Religion*, Malden.

YAMADA, Shoji
2001 *The Myth of Zen in the Art of Archery*. In: Japanese Journal of Religious Studies, 28/1-2, 1-30.

ZINSER, Hartmut
1997 *Der Markt der Religionen*, München.

8.4 Verzeichnis der verwendeten Internetseiten

Kapitel 1:

Studio *Fit and Fight* in Marburg:
http://www.fit-und-fight.de (22.08.2007).

Dr. Jörg Wolters, Erziehungswissenschaftler, Therapeut und Karatemeister:
http://www.shoto-kempo-kai.de/mondo20.html (22.08.2007).

Marburg Shambhala Meditationszentrum:
http://www.marburg.shambhala.info/index.php?id=2300 (22.08.2007).

Shaolin Tempel Deutschland e.V.:
Berlin: http://www.shaolin-Tempel.eu (22.08.2007).
Kaiserslautern: http://www.shaolintempel.de (22.08.2007).

Julian Braun, *wadō* („Wege zur Harmonie"):
http://www.tengukai.de (10.12.07).

Kritik an Terrence Dukes (*Mushin Kempo Association*, MKA):
http://website.lineone.net/~mushindo/ (13.10.2007)

Kapitel 2:

Shaolin Training in China:
http://shaolin-wushu.de/main_fr.htm?training.htm
(15.09.2007).

Wikipedia; *Karate, Film und Medien*:
http://de.wikipedia.org/wiki/karate, *Film und Medien*
(14.01.08)

Kapitel 3:

Wikipedia; *Karate*:
http://de.wikipedia.org/wiki/karate (14.01.08).
http://de.wikipedia.org/wiki/karate, *Film und Medien*
(14.01.08)

Wikipedia; Seydel:
http://de.wikipedia.org, *Seydel* (08.09.2007).

Fotos und Briefe von Elvis Presley an Seydel:
http://www.elvisclubberlin.de/germany/seydel.htm
(08.09.2007).

Homepage Albrecht Pflüger:
http://www.karate-in-leonberg.de (13.12.07).

Albrecht Pflüger:
Das Profil des Karate in der TSG Leonberg (Grundregeln, die beachtet und geachtet werden müssen): http://www.karate-in-leonberg.de/karateinleonberg/start_home.htm. (13.12.07).
Karate für über 35 jährige:
http://www.karate-in-leonberg.de, *Karate für über 35 jährige*
(13.12.2007).

Homepage Fritz Nöpel :
http://www.yuishinkan.com (10.09.2007).

DKV (Deutscher Karate Verband) :
http://www.karate.de (12.12.2007).

Dr. Karl-Heinz Ruffert:
Entwicklung des Karate in der ehemaligen DDR. Ein Erlebnisbericht:
http://www.chronik_karate.de/textdateien/zeitzeugen/001_Karlheinz_Ruffert_Entwicklung
%20des%20Karate%20in%20der%20ehemaligen%20DDR.pdf;
(12.12.2007).

Karate-Verein Strahlsund:
: http://www.karate-stralsund.de/PAGES/wir.htm (12.12.2007).

DKV: Geschichte des Karate:
: http://www.karate.de/dkv_infos/dkv/geschichte-des-dkv.html (12.12.2007).

MDR Dokumentationsreihe *Geheim: Die unbekannte Seite der DDR*, 2003:
: Teil 2 von Peter Lützenkirchen: *Die lautlosen Kämpfer*, Erstausstrahlung 30.07.2003:
: http://www2.mdr.de/doku/896571.html (12.12.2007).

Online Sportprogramm Universität Marburg:
: http://www.uni-marburg.de/zfh (10.09.2007).

Seidō in Marburg:
: http://www.seido-marburg.de (1.09.2007).

Dōjōkun Seidō in Marburg:
: http://www.seido-marburg.de/dojokun.pho5 (1.09.2007)

Shidōkan Shirasagi Dōjō Marburg:
: http://www.shorinryu-marburg.de (15.01.2008).
: http://www.shorinryu-marburg.de; *das traditionelle Dōjō* (05.01.2008).

Shidōkan Shirasagi Honbu Dōjō Düsseldorf:
: http://www.shorinryu.de (15.01.2008).

Laupp 2003: *Interview mit Sensei Joachim Laupp* von Susanne Speicher (BSK); http://www.budostudienkreis.de/BSK/inter17.htm (05.08.2007).

Sensei Laupp 8. Dan Kyoshi und Manuel Schmitz 2. Dan: *BUDO - Von der Bezwingung des Gegners zur Bezwingung des Selbst*:
: http://www.shorinryu.de; Tradition; Philosophie (14.12.2007).
: http://www.shorinryu-marburg.de/content/view/28/43 (14.12.2007).

Budo Studien Kreis (BSK)
: http://www.budustudienkreis.de (05.01.2008).

Kapitel 4 :

Das Traditionelle *dōjō*:
: http://www.shorinryu-marburg.de; *das traditionelle Dōjō* (05.01.2008).

Joachim Laupp:
http://www.shorinryu.de; *kihon* (14.10.2007).
http://www.shorinryu.de; *Bunkai* (14.10.2007).
http://www.shorinryu.de; *makiwara* (14.10.2007).
http://www.shorinryu.de; *kumite* (14.10.2007).

Nagamine Shoshin: *Okinawan Karate and World Peace* (1996):
http://www.furyu.com/archieves/issue8/NagSpeec.html
(28.08.2007).

Theoretische Grundlagen des Shotokan Karate-Dō; Christian Sroka 1999:
http://www.karate-do.de/htdocs/ger/allgemeines/
gruss.html#REI (29.11.2007).
http://www.karate-do.de/htdocs/ger/allgemeines/
gruss.html (29.11.2007).

Kapitel 5:

Shorinryu Cottbus: „Konfuzius sagt..."
http://www.wagehome.de/shorinryu (18.01.2008).

Hagakure („Hinter den Blättern"); Auch als die „Samurai-Bibel" bezeichnet:
http://www.angkor-verlag.de/html/hagakure_tb.html
(12.12.07).

Samurai-Seminar für Führungskräfte *Führungsstark mit der Strategie der Samurai* mit Joachim Laupp, 8. Dan. (s. Kap. 3.5) und Mary Niegot 3. Dan, Diplom-Psychologin, http://www.kime-coaching.de (21.01.2008).

Wayne Muromoto: *Mudra in the Martial Arts*:
http://www.furyu.com/onlinearticles/mudra.html
(12.09.2007).

Kapitel 6:

Über Karate zum Buddhismus:
http://www.matsubayashiryu.de/gb4/guestbook.php
(14.09.2007).
http://www.karate-do.de/htdocs/ger/brett.html
(14.09.2007).

Shotokan Karate of America:
http://shotokanforgardengrove.com/article1.htm
(17.09.2007).

Kapitel 7:

P. Johannes Kopp S.A.C; Christliche Zen-Kontemplation: http://www.leben-aus-der-mitte.de (10.11.2007).

Hwaa Irfan, Schreiber für Gesundheit und Wissenschaft auf Islamonline:
http://www.islamonline.net/servlet/Satellite?c=Article_C&cid=1157962510859&pagename=Zone-English-HealthScience%2FHSELayout (18.12.07).

Beispiel für Karate in der Moschee:
http://türkische-moschee-niederkassel.de/katrate.html (18.12.07)

ZDF Dokumentation: *Karate und Koran, Integration durch Sport:* Ebru Shikh Ahmad
http://infokanal.zdf.de/ZDFde/inhalt/3/0,1872,7118627,00.html; (09.11.2007).

How can I train Myself for Jihad?
http://www.warbirdforum.com/jsource2htm; 23.11.2007

9 Anhang

9.1 Zeichenliste zentraler Begriffe und Stile des Karatedō

budō 武道: „Weg(e) der Kampfkünste", „Kampfkunst-Weg". Oft als Oberbegriff für die japanischen Kampfkünste gebraucht.

bunkai 分解: „Zersetzung, Auseinandernehmen". Analyse der Techniken.

bushi 武士: „Krieger". (Aristokratische) Krieger des feudalen Japan.

bushidō 武士道: „Weg des Kriegers". Religiös geprägter Weg des Kriegers mit Disziplin, Verhaltens- und Ehrenkodex.

dō (chin. *dào*) 道: „Weg", auch Lehre, Prinzip, Methode, Grundsatz.

dōjō 道場: „Übungsort des Weges".

dōjōkun 道場訓: „Unterweisungen (*kun*) des Übungsortes des Weges (*dōjō*)". Praktische Anleitung zur Übung der rechten Haltung durch angemessenes Verhalten.

Gōjūryū 剛柔流: „Schule des Harten und Weichen". Einer der vier großen japanischen Stile mit okinawanischen Wurzeln (Miyagi Chōjun).

karate/okin. *tōde* 唐手: „chinesische Hand". Ältere Schreibweise von *karate*.

karate 空手: „Leere Hand". Neue japanisierte Schreibweise für *karate* ab ca. den 1930er Jahren. Gründe: Japanischer Nationalismus und die möglichen Assoziation mit dem Konzept der „Leere" (*sunyata*) des Zen-Buddhismus.

karatedō 空手道: „Weg der leeren Hand". Der angehängte Begriff *dō* 道 („Weg") verweist dabei auf die Einordnung des Karatedō in die traditionellen japanischen „Weg-Künste" im Geiste des Zen-Buddhismus.

kata 型: „Form, Muster, Modell, Typus, Stil". Eine genau festgelegte Abfolge von Bewegungen, Schritten und Techniken zur Verschlüsselung, Übung und Weitergabe eines Karate-Systems.

kempō/quánfǎ 拳法: „Methode/Gesetz der Faust", Oft als Oberbegriff für die ostasiatischen „Kampfkünste" gebraucht.

ki (chin. *qì*) 氣: „vitale Energie".

kiai 氣合: „Zusammentreffen bzw. Harmonie der Energie". Harmonisierung und Manifestation von *ki* in der Technik, äußert sich oft als „Kampfschrei".

kihon 基本: „Grund(lage), Fundament". Die Grundtechniken eines Kampfkunstsystems.

kime 極め: „Entscheidung". „Brennpunkt". Fokussierung der Kraft, Zentrum der Kraft einer Technik durch Anspannung und Entspannung zur richtigen Zeit in Verbindung mit der richtigen Atmung und Körperhaltung.

kobudō 古武道 oder 子武道: „alte" (in Bezug auf mittelalterlich), bzw. „junge/kleine Kriegskunst". In Bezug auf Karatedō ein Oberbegriff für auf Okinawa entwickelte Waffensysteme, die zumeist einfache Waffen und Alltagsgegenstände beinhaltet.

kumite 組手: „verbundenen Hände", „Begegnung der Hände", „Handgemenge". Die Übung des Kampfes mit einem Partner.

Kyokushinkai 極真会: „Gesellschaft des Meisters der Wahrheit". Neuerer, 1955 aus der Kombination von Shōtōkanryū und Gōjūryū gegründeter japanischer Wettkampfstil mit Vollkontakt-Regeln.

makiwara 巻藁: *maki* = Holz, *wara* = Stroh. Ein Schlagpfosten als Übungsgerät.

ryū 流: „Schule, Stil".

Samurai 侍: „Diener" (vom Verb *saburau* „Dienen"). Samurai war ursprünglich eine höhere Rangbezeichnung innerhalb der *bushi*. Nur ein Krieger ab dem Rang eines Samurai hatte das Recht, Lang- und Kurzschwert (*katana* u. *wakizashi*) zu tragen (*nihonzaschi*: „Zwei-Schwerter-Mann").

Seidō 誠道: „wahrhaftiger/aufrichtiger Weg". Neuerer, 1976 aus dem Kyokushinkai in Verbindung mit Zen-Prinzipien gegründeter japanischer Karatestil.

Shitōryū 糸東流: „Schule der Ito[su] und Higa[onna]". Einer der vier großen japanischen Karatestile mit Wurzeln in Okinawa.

Shōrinryū 小林流: „Schule des jungen Waldes". Oberbegriff für die okinawanischen Kampfsysteme mit primär erkennbaren Einflüssen aus den „äußeren Stilen" des chin. *quánfǎ* (z.B. *xiàolínquán*). Shōrin ist die japanische Aussprache von chin. Shaolin (*xiàolín*).

Shōreiryū 昭霊流: „Schule der leuchtenden Seele/Inspiration". Oberbegriff für die okinawanischen Kampfsysteme mit primär

Einflüssen aus den inneren Stilen des chin. *quánfǎ* (z.B. *taìjíquán, bāguàquán, xíngyìquán*).

Shōtōkanryū 松濤館流: "Haus der Kiefernwoge". Auf Funakoshis erstes japanisches Karate-dōjō (Shōtōkan) zurückgehender japanischer Karatestil mit Wurzeln in Okinawa. Einer der vier großen japanischen Stile.

Wadōryū 和道流: „Schule des Weges der Harmonie". Einer der vier großen japanischen Stile.

9.2 „Zwanzig Paragraphen der Leeren Hand" von Funakoshi Gichin (Shōtōkan)

Vermutlich zu Beginn der 1930er Jahre verfasst und 1934 im Werk *Karate kenkyū* („Forschungen zur Leeren Hand") das erste Mal publiziert (vgl. Bittmann 1999:104. Zitiert nach Werner Lind und mit Japanisch ergänzt:[1]

1. Der Weg des Karate beginnt und endet mit Respekt (*rei*).
   一、空手は礼に初まり礼に終ることを忘るな 。
   karate wa rei ni hajimari rei ni owaru koto o wasuru na.

2. Im Karate gibt es keinen Erstschlag.
   二，空手に先手無し 。 *karate ni sente nashi.*

3. Karate ist ein Helfer der Gerechtigkeit (*gi*).
   三、空手は義の補け。 *karate wa gi no tasuke.*

4. Erkenne zuerst dich selbst, dann den anderen.
   四、先づ自己を知れ而して他を知れ。
   mazu jiko o shire shikoshite hoka o shire.

5. Intuition (*shinjutsu*) ist wichtiger als Technik.
   五、技術より心術。 *gijutsu yori shinjutsu.*

6. Befreie den Geist (*kokoro*; [„Herz", SK]) und halte ihn ruhig.
   六、心は放たん事を要す。 *kokoro wa hanatan koto o yōsu.*

7. Unglück geschieht immer durch Unachtsamkeit.
   七、禍は懈怠に生ず。 *wazawai wa ketai ni shōzu.*

---

[1] Vgl. Lind 2001:559; *shōtō nijūkun*. Siehe auch Braun 2006:377, Funakoshi 2007 u. Bittmann 1999:130 für teils abweichende Übersetzungen. Japanisch von: http://de.wikipedia.org/wiki/karate (14.01.08).

8. Karate findet nicht nur im Dojo statt.
   八、道場のみの空手と思うな。 *dōjō nomi no karate to omou na.*
9. Die Übung (*shugyō*) des Karate dauert ein ganzes Leben.
   九、空手の修行は一生である。 *karate no shūgyō wa isshō dearu.*
10. Verbinde das Alltägliche mit Karate und du entdeckst das Wunderbare (*myō*).
    十、凡ゆるものを空手化せ其処に妙味あり。
    arayuru mono o karate kase soko ni myōmi ari.
11. Karate ist wie heißes Wasser; es kühlt ab, wenn du es nicht ständig erwärmst.
    十一、空手は湯の如く絶えず熱を与えざれば元の水に返る。
    karate wa yu no gotoku taezu netsu o ataezareba moto no mizu ni kaeru
12. Denke nicht ans Gewinnen, sondern wie du nicht verlierst.
    十二、勝つ考えは持つな、負けぬ考えは必要。 *katsu kangae wa motsu na, makenu kangae wa hitsuyō*
13. Verändere dich dem Gegner entsprechend.
    十三、敵に因って転化せよ。 *teki ni yotte tenka seyo*
14. Der Kampf hängt ab von der Steuerung der Fülle (*kyo*) und der Leere (*jitsu*).
    十四、戦は虚実の操縦如何にあり。
    ikusa wa kyojitsu no sōjū ikan ni ari.
15. Denke dir die Hände und Füße als Schwert.
    十五、人の手足を劔と思え。 *hito no teashi o ken to omoe.*
16. Zahlreiche Gegner findet, wer sich in schlechte Gesellschaft begibt.
    十六、男子門を出づれば百万の敵あり。
    danshimon o izureba hyakuman no teki ari
17. Der Anfänger braucht die Stellung (*kamae*) bis er sich natürlich bewegen kann (*shizentai*).
    十七、構えは初心者に、あとは自然体。
    kamae wa shoshinsha ni, ato wa shizentai.

18. Die Kata muss korrekt ausgeführt werden – der Kampf ist eine andere Sache.
    十八、型は正しく、実戦は別もの。
    kata wa tadashiku, jissen wa betsu mono.

19. Bedenke harte und weiche Kraft, ausdehnen und Zusammenziehen des Körpers und die angemessene Technik.
    十九、力の強弱、体の伸縮、技の緩急を忘るな。
    chikara no kyōjaku, karada no shinshuku, waza no kankyū o wasuru na.

20. Denke immer an den Geist des Karate
    二十、常に思念工夫せよ。 *tsune ni shinen kufū seyo.*

9.3 Idealisierter Stammbaum des „Karate" und der Religionen

Eine idealisierte Darstellung der Einflüsse der Religionen (Daoismus, Shintōismus, Hinduismus, Buddhismus, Konfuzianismus, s. Kap. 5) sowie religiöser Wege der Samurai (*bushidō, budō,* s. Kap.5) in der Entwicklung des Karatedō von China (innere und äußere Schule) über Okinawa (Te, Shōrinryū, Shōreiryū), welche in die vier großen japanischen Karate-Stile mündet (Shōtōkanryū, Shitōryū, Wadōryū, Gōjūryū; s. Kap. 2).

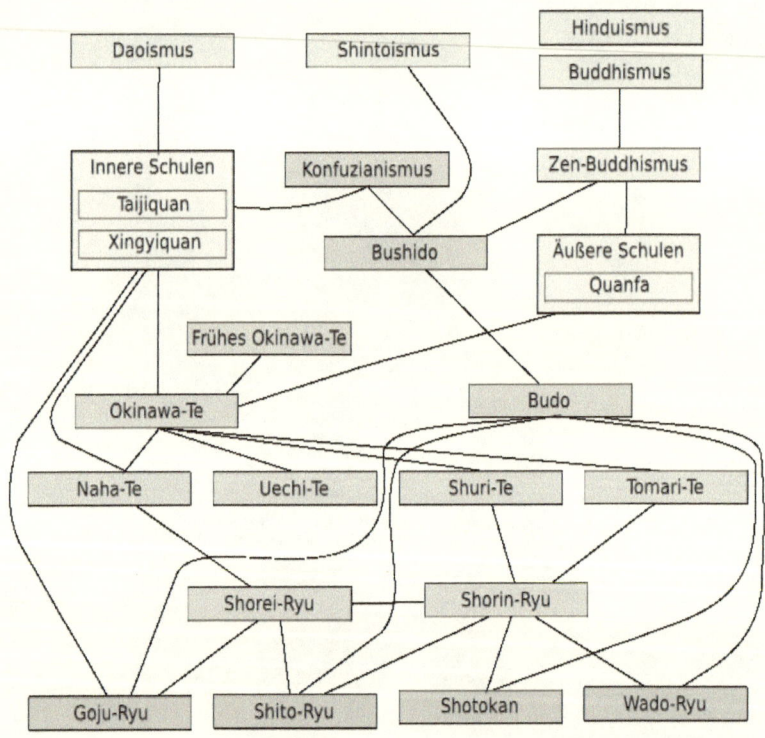

Quelle:
http://de.wikipedia.org/wiki/Bild:KarateStammbaum.svg (14.01.08).

9.4 Übersicht über die wichtigsten behandelten in Deutschland vertretenen Lehrerpersönlichkeiten und ihre Stilrichtungen des Karatedō

Gōjūryū 剛柔流: „Schule des Harten und Weichen".
Nöpel, Fritz (9. Dan)
Lebte 13 Jahre in Japan. Mitbegründer des Deutschen Karateverbandes (DKV).
Lebt und lehrt in Kamen (http://www.yushinkan.com).

Kobayashiryū
(**Okinawa Shōrinryū** 小林流: „Schule des jungen Waldes").
Laupp, Joachim (8. Dan)
Vertritt traditionelles okinawanisches Kobayashi Shōrinryū in der Interpretation Mihahira Katsuyas (10. Dan, Hanshi) (Shidōkan), in Deutschland. Ehrenmitglied im Budō Studien Kreis (BSK, Werner Lind). Honbudōjō (Shidōkan Shirasagi Dōjō) in Düsseldorf, ehem. Trier (http://www.shorinryu.de).

Shōtōkanryū 松濤館流: "Haus/Schule der Kiefernwoge".
Karamitsos, Eftimios (6. Dan)
Mehrmaliger Karateeuropameister, ausgezeichnet durch das silberne Lorbeerblatt durch den ehem. Bundespräsidenten Richard v. Weizäcker, langjähriger Karatebundestrainer des Deutschen Karateverbandes (DKV). Dōjō in Frankfurt am Main.
(http://www.budocenter-karamitsos.de).
Pflüger, Albrecht (7. Dan)
Mitglied im Budō Studien Kreis (BSK, s. Werner Lind). Unterrichtet in seinem *dōjō* im TSG Leonberg neben Karatedō auch *taijíquán* (Tai Chi) und *aikidō* (http://www.karate-in-leonberg.de).
Seydel, Jürgen (*1917)
„Vater des Karate in Deutschland" (s. Kap. 3.1).

Shōtōkan Kempō Karatedō 松濤館拳法空手道: Shōtōkanryū mit Bestrebungen der Rekonstruktion und Rückbindung an verschiedene chinesische Systeme inkl. *qìgōng*. Jap. *kempō*, chin. *quánfǎ* („Methode der Faust") als Überbegriff der ostasiatischen Kampfkünste.
Lind, Werner (8. Dan)
Gründer des Budō Studien Kreises; Bensheim.
(BSK; http://www.budostudienkreis.de).

9.5 Internetquellen: Innenperspektive und Selbstdarstellungen des Karatedō-Verständnisses – zwei Beispiele (Pflüger u. Laupp)

9.5.1 Albrecht Pflüger, 7. DAN Karate:

Das Profil des Karate in der TSG Leonberg
(Grundregeln, die beachtet und geachtet werden müssen)

Karate wird hier seit über 30 Jahren nicht in erster Linie als Sport betrieben, bei dem es vorrangig darum geht, äußerlich sichtbare, messbare Leistungen und Erfolge über andere zu erzielen (z.b. Wettkampferfolg, aber auch das Streben nach dem nächsten Gürtel nur als äußerliches "Erfolgs" -Symbol – "Gürteljägerei").

Karate wird hier vielmehr als WEG (jap. DO) verstanden, seine Gesamtpersönlichkeit womöglich lebenslang körperlich und geistig weiterzuentwickeln. Im KARATE-DO ist das Üben also *nach innen* gerichtet und dient so nicht der egoistischen Selbstdarstellung *nach außen*, wie es oft bei Wettkämpfen und auch Gürtelprüfungen zu beobachten ist.

KARATE-DO als ein Weg zur körperlichen und geistigen Meisterung des ICH schließt den Wettkampfsport nicht aus. Zu beachten ist nur, dass das Streben nach solchen äußeren Erfolgen nicht zur wichtigsten Antriebsfeder wird! Fortschritte auf dem *inneren Weg* sind nicht messbar und nicht sichtbar. Deshalb ist KARATE-DO (Karate als WEG-Lehre) viel mühsamer, weil "Erfolge" sich nicht kurzfristig einstellen. Das Reifen einer Persönlichkeit beruht nicht nur auf äußerem *Können* (Techniken), sondern vielmehr auf einem *inneren Werden* (Reifungsprozess). Das braucht Zeit und Anleitung eines Meisters (SENSEI).

Im Sportkarate ist die vorrangige Aufgabe des Lehrers, Wettkampferfolge zu produzieren. Deshalb ist der Übungsleiter im *Sportkarate* ein *Trainer*.

Im KARATE-DO ist die Aufgabe des Lehrers, dem Schüler bei seinem *Werden* auf dem Weg zu helfen. Das geschieht nach ganz anderen Gesichtspunkten und völlig anderen Prioritäten als im Sportkarate, weil das Ziel ein völlig anderes ist. Der *Lehrer im KARATE-DO* ist ein *SENSEI* (=Meister, Lehrer). SENSEI kann deshalb nur jemand sein, der KARATE als WEG – Lehre begreift und bejaht und der auf diesem Weg schon weiter vorangeschritten ist (nicht nur technisch betrachtet, sondern vor allem geistig im Sinne eines Reifeprozesses, eines Werdens).

Lehren und Lernen ist immer eine zweiseitige Sache und kann im Sinne des BUDO (= Sammelbegriff für alle japanischen Kampfkünste wie z.B. JUDO, AIKIDO, KENDO, KYUDO, KARATE-DO) nur funktionieren, wenn eine *Ausgewogenheit von Nehmen und Geben* besteht.

In unserer modernen Leistungsgesellschaft mit ihrem Anspruchsdenken hat man gelernt zu fragen: Was bringt das *mir*? – wenn ich bezahlt habe, habe *ich Anspruch* auf guten Unterricht! – *Ich* entscheide, was mir Vorteile bringt usw. –

Diese einseitige Betrachtungsweise, die nur nach dem eigenen Vorteil zielt, ist im BUDO völlig fehl am Platze! Die alten, aus Jahrhunderten der Erfahrung gewachsenen Regeln betonen vor allem, dass es das Wichtigste auf dem Weg zur wahren Meisterschaft einer Kampfkunst ist (und hier ist selbstverständlich nicht der Wettkampferfolg gemeint), sein Ego dauernd zu bekämpfen!

Im BUDO lernt man nicht andere zu besiegen, sondern immer wieder sich selbst.

Das ichsüchtige Streben nach äußerem Erfolg steht einem wahren Fortschritt tatsächlich im Wege. Wahre Bescheidenheit erwächst nur aus der immer wiederkehrenden Erkenntnis und Einsicht, dass man noch einen weiten Weg zurückzulegen hat, dass andere noch besser sind usw. Nur so entsteht auch eine Spannung (Motivation), die einen unermüdlich und fleißig weiterüben lässt.

Von KARATE-DO kann man also nur sprechen, wenn die innere Einstellung stimmt, wenn man Karate als WEG - Lehre begreift und bejaht!

Wer sich nun bewusst dafür entscheidet, den schwierigen Weg zu gehen (KARATE-DO), muss gewisse Regeln und Bedingungen kennen, deren Einhaltung und Befolgung sehr wichtig sind:

Jedes Lehrer - Schüler – Verhältnis ist eine zweiseitige Sache

Shitei (Lehrer - Schüler - Verhältnis)

Es gründet auf Vertrauen. Vertrauen der Schüler in den Sensei, dass dieser, weil er auf dem Weg schon viel weiter ist, viele Schwierigkeiten kennt. Seine Anordnungen und Hilfen sind deshalb nicht in Frage zu stellen und zu diskutieren, denn das bedeutet automatisch, dass man in den Sensei kein Vertrauen setzt.

Vertrauen auch des Sensei in die Schüler, dass sie den WEG bejahen und sich bemühen, den Regeln des Weges zu folgen.

Ein richtiger Sensei wird je nach Einschätzung manchen Schülern Prüfungen auferlegen, deren Sinn diesen oft nicht klar ist. Meistens dienen solche durch den Sensei auferlegten Prüfungen dazu, den schlimmsten Feind, den es gibt, zu bekämpfen: das Ego. Wenn man aus gekränktem Stolz (=verletztem Ego) dann nicht mehr in der Lage ist, sich selbst zu besiegen, wenn man im Gegenteil (um nicht mit sich selbst kämpfen zu müssen und sich womöglich eine Niederlage beizubringen) den Spieß herumdreht und Kritik am Sensei übt, hat man die Prüfung nicht bestanden, und es wird Zeit zu gehen.

Wenn man das nicht selbst tut (was aber die meisten aus gekränktem Stolz tun), wird der Sensei von sich aus das Lehrer - Schüler - Verhältnis lösen.

Die meisten Schüler erwarten von ihrem Lehrer, dass er immer "gut drauf" ist, dass er einem was beibringt, dass er sich immer was Neues einfallen lässt usw.

Dieses Anspruchsdenken ist im BUDO völlig fehl am Platze! Eine solche Einstellung ist nämlich nur auf Nehmen aufgebaut; der Eigennutz steht bei dieser Betrachtungsweise im Vordergrund.

Wenn wir weiter vorne schon gehört haben, dass dieses Ich - süchtige Streben einem wahren Fortschritt im Wege steht, so kommt hier aber noch etwas anderes hinzu:

Auch ein Sensei verfügt über keinen unerschöpflichen Kraftquell!

Er ist darauf angewiesen, dass die Schüler nicht nur immer zu ihrem Eigennutz von ihm nehmen, sondern dass auch etwas zurückkommt, was geeignet ist, auch ihm wieder Kraft zu geben! Dazu muss der Schüler diese schon mehrfach angesprochene innere Betrachtungsweise entwickeln, die nicht nur auf das eigene Ego, den eigenen Vorteil zielt, sondern bewusst und dauernd diese Ich-Sucht bekämpft und überwindet.

Verhaltensweisen der Schüler, die dem Sensei Kraft geben – GIRI (Verpflichtung):

Regelmäßige Trainingsteilnahme, Trainingsfleiß
Arbeit, Streben im Sinne des KARATE-DO
Achtung, Respekt und Vertrauen
Dank und Anerkennung

Solidarität und Loyalität ...gegenüber dem Meister und gegenüber der Gemeinschaft

Verhaltensweisen der Schüler untereinander

Das Streben nach eigenem Erfolg ist meist geprägt von starken Konkurrenzgefühlen. Nun mag das ja im Sine unserer modernen Leistungsgesellschaft durchaus wünschenswert sein ("Konkurrenz belebt das Geschäft"); im Sinne des KARATE-DO als eines inneren Reifungsprozesses (Werden) der Gesamtpersönlichkeit steht es diesem Ziel aber im Wege. Außerdem kommt noch hinzu, dass das Besserwerden (auch rein technisch gesehen) viel besser im Miteinander funktioniert als im Gegeneinander: Bei vielen Partnerübungen, Kampfübungen ist man auf ein richtig verstandenes "Geschehen - lassen" angewiesen, kann und soll sich gegenseitig korrigieren usw. Das reine Konkurrenzdenken ("Ich bin besser als Du!") sollte, wenn überhaupt, nur Raum haben im Wettkampf (Shiai) oder im Ernstfall auf der Strasse.

Deshalb: Geduld und Güte.

Die fortgeschrittenen Schüler Schüler (Sempai) helfen den niederen Gürtelgraden (Kohai) bei ihrer Entwicklung. (Zurückstellen der eigenen Interessen)

Eine Aufforderung zu einer Übung oder einem Übungskampf geht immer vom Höher-Graduierten aus; genauso hat kein Anfänger einen Fortgeschrittenen zu kritisieren. (Bekämpfung der eigenen Überheblichkeit, Erziehung zur Bescheidenheit).Der Umgangston im Dojo ist freundschaftlich, zumindest freundlich.

Verhaltensweisen der Schüler nach Außen

Wer diese Einstellung begriffen hat, die KARATE-DO von ihm fordert, wird selbstverständlich folgende Dinge unterlassen:

Mit Karate angeben

Sich zu Schlägereien provozieren lassen

Andere schlecht machen und von anderen schlecht reden. (=das eigene Ego über andere erheben)

→Demut
→Bescheidenheit
→Zurückhaltung

Schlussbetrachtung:

Diese Regeln sind Idealvorstellungen, d.h., niemand verlangt, dass man sie gleich und 100%ig von der ersten Stunde der Karate-Laufbahn an erfüllen kann. Es sind ideale Zielvorstellungen.

Wichtig ist nur, dass die Einstellung stimmt, dass man sich bemüht und dass man sich auf dem Weg zu diesem Ziel befindet nach dem Motto:

"Der WEG ist das Ziel"

Wenn jeder sich ständig bemüht, nach diesen Regeln zu handeln, entsteht eine Gemeinschaft, die getragen ist vom konstruktiven MITEINANDER, eine echte Kameradschaft, das Gefühl, dass sich jeder auf den anderen verlassen kann, eine gegenseitige Offenheit und ein Vertrauen, das keiner falschen Beteuerungen bedarf. Eine echte Lebensgemeinschaft, deren Basis sich nicht auf falsche Worte gründet, sondern die sich durch das rechte und echte Handeln trägt. Nur in einer solchen intensiven Verbindung zur Gemeinschaft ist ein Fortschritt im Sinne des KARATE-DO möglich.

Kennzeichen einer solchen unverkrampften, echten Einstellung ist auch immer, dass sie auch besonders außerhalb des Unterrichts von einem von Herzen kommenden Humor mitgetragen wird.

Albrecht Pflüger, 7. DAN Karate

Quelle:
http://www.karate-in-leonberg.de/karateinleonberg/start_home.htm (13.12.07).

9.5.2 BUDO - Von der Bezwingung des Gegners zur Bezwingung des Selbst

von Sensei Laupp 8. Dan Kyoshi [s. Kap. 3.5]
und Manuel Schmitz 2. Dan

Im Okinawa Shorinryu Shidokan wird Karatedo als Kampfkunst betrieben. Wir üben den Weg der Leeren Hand im Geiste des Budo.

Der Begriff Budo bezeichnet die Philosophie der japanischen Kampfkünste. Übersetzt bedeutet Budo der Weg des Kriegers. Ziel dieses Weges ist es, sich selbst zu bezwingen. Der Sieg über andere ist zweitrangig. Budo ist mehr als eine Kampfmethode (Bujutsu), als ein Kampfsport. Es geht nicht darum, höher zu treten oder schneller zu schlagen als ein anderer. Wer dem Weg des Kriegers folgt, tut dies nicht, um Pokale zu erringen, sondern um sich selbst zu erkennen.

Auf dem Weg des traditionellen Karatedo wird der Schüler konfrontiert mit den eigenen Schwächen und lernt, sie zu überwinden. Karatedo wird zu einem Prozeß der Selbsterfahrung. Schritt für Schritt verbessern sich die Reaktion, die Atmung und die Körperhaltung. Die Selbstdizyplin und die Konzentration steigen, das Selbstbewußtsein wächst. Wer beständig übt wird psychisch und physisch stark. Wer stark ist muß nicht mehr gegen andere kämpfen, er muß nichts mehr beweisen. So ist traditionelles Karatedo ein Weg zu einem ausgeglichen und friedfertigen Geist.

Ein Karateka sollte die Hand eines Teufels und das Herz eines Buddhas haben.

Wer andere erkennt, ist klug.
Wer sich selbst erkennt, ist erleuchtet.
Wer andere überwindet, hat Kraft;
wer sich selbst überwindet, ist stark.

Laotse

Der Weg des traditionellen Karatedo ist gekennzeichnet durch ständiges Üben, denn Karate-do ist ein Weg der Erfahrung, nicht des Intellekts. Durch exakte und ständige Wiederholung der Übungen schult der Karateka seinen Geist und seinen Willen. In der Annäherung an ein Ideal lernt der Schüler Geduld mit sich selbst und somit auch mit anderen zu haben. Es gilt, sich immer vor Augen zu halten, daß Budo nicht das Sein lehrt, sondern das Werden. Ein ganz grundlegender Punkt beim Üben des Karatedo ist das rechte Verhalten. Karatedo beginnt und endet mit Respekt.

Ein Karateka ist kein Einzelkämpfer, denn er beschreitet den Weg des Karatedo nicht alleine. Erst unter Anleitung eines Meisters (Sensei) und in Gemeinschaft mit den anderen Übenden entwickelt er sich. Durch die gemeinsame Übung wird soziales Verhalten innerhalb einer Gruppe und im übertragenen Sinne innerhalb einer Gesellschaft gefördert. In allen Dojos der Okinawa Shorinryu Shidokan Schule spielen deshalb die von Großmeister Miyahira Katsuya 10.Dan Hanshi, besonders betonten Tugenden wie Aufrichtigkeit, Ehrenhaftigkeit, Gerechtigkeit und Solidarität eine große Rolle. Wird der Schüler unter der Leitung eines Meisters (Sensei) an die Kampfkunst heran geführt, so wird ein wirklicher Lehrer des Weges, jeden Bewerber zunächst auf sein inneres Potential hin zum Weg prüfen. Der angehende Schüler durchläuft daher von Anfang an, die von seiner Budo-Disziplin vorgegebene Schülerstufen des jeweiligen Graduierungssystem (Kyudan) der Mudansha-Ebene. Bis der Bewerber sich zum tatsächlichen Wegschüler des Budo entwickelt hat, vergehen einige Jahre des gegenseitigen kennenlernens in der Shu-Form, vom weißen Gürtel (Obi) bis zum braunen Gürtel. Diese Zeit der Vorbereitung besteht darin, den Übenden hin zur entsprechenden körperlichen und geistigen Form, wie sie der Weg meint, zu führen und ihn auf den Weg des Budo vorzubereiten. Hier erlernt der Übende zunächst die Grundtechniken (Kihon/Omote) des jeweiligen Stils und die dazu erforderliche innere Haltung, die eine wirkliche, wegorientierte Lehre erst möglich macht.

Die innere Lehre, verbunden mit der technischen Verfeinerung des jeweiligen Systems (Okuden) erfordert eine vom Übenden ausgehende Budo-Beziehung zu seinem Lehrer und zu der Kunst, in der er sich übt, um die Herausforderungen des Weges zu bestehen. Nimmt ein Übender die Herausforderungen des Weges an, und zeigt dies nicht nur durch seine gute Technik, sondern vor allem durch sein vorbildliches Verhalten, in all seinen Handlungen, wird der Lehrer ihn als Weg-Schüler annehmen. Ein wahrer Budo-Lehrer wird ohne eine echte Lehrer/Schüler-Beziehung (Shitei) den wahren Weg des Budo nicht lehren.

Nun wird der Lehrer seinen künftigen Schüler vernünftig an die Kampfkunst heran führen. Ein Bewerber für die Budo-Kunst ist nicht mit dem Eintritt in ein Karate-Dojo von Beginn an automatisch Schüler dessen, der darin den Weg des Budo lehrt. Nein, das wirkliche Schülersein beginnt erst mit dem Eintritt in die Ha-Form, dann also, wenn der Übende nach jahrelanger harter Übung seine Prüfung zum 1.Dan (Shodan) bestanden hat, und jetzt sehen kann, wo und was der Weg ist. Oft wird das Erreichen des Shodans mit einer

Meisterschaft in einer Budo-Disziplin verwechselt. Das Erreichen einer echten Budo-Meisterschaft erfordert vom Weg-Schüler eine jahrelange Budo-Erfahrung und natürlich auch Lebenserfahrung. Man kann Budo nicht im Crash-Kurs erlernen, so wie manche modernen Kampfsportarten mit ihren Methoden dem Neuling glauben machen wollen, denn der Weg des Budo erfordert mehr als nur körperliche Technik.

"Budo beginnt dort, wo die Technik aufhört", sagt man und meint damit, dass Budo eine Kunst ist, die man sein ganzes Leben lang übt, wodurch man im Budo und durch Budo die Selbstperfektion sucht. Zur wahren inneren Meisterschaft, also zur echten Budo-Meisterschaft, gelangen nur sehr wenige Schüler nach langer Zeit des harten Übens erst, mit Bestehen der Prüfung zum 5.Dan (Godan-Renshi).

Der ideale Budoka zeichnet sich dadurch aus, indem er mit der Hand eines Teufels, aber dem Herz eines Buddhas den Weg des Budo beschreitet.

Er steht dem Leben mit der Haltung eines Menschen mit wachem Geist in einem gesunden Körper gegenüber, und achtet dieses in der ganzen Vielfalt seiner Formen.

Ein echter Budoka steht für das Leben und für Harmonie, und nicht für Tod und Zerstörung.

geschrieben von Sensei Laupp 8. Dan Kyoshi und Manuel Schmitz 2. Dan

Quelle:
http://www.shorinryu.de; *Tradition; Philosophie* (14.12.2007).
http://www.shiorinryu-marburg.de/content/view/28/43 (14.12.2007).

9.6 Impressionen und beispielhafte Einblicke in ein deutsches Karate-dōjō (vgl. Kap. 4.4)

Shidōkan Shirasagi Honbu Dōjō Düsseldorf (klassisches okinawanisches Shōrinryū Karatedō, Sensei Joachim Laupp; s. Kap. 3.5); (Quelle: Eigene Bilder).

Blick von der Eingangstür auf das *shōmen*.

Shōmen mit Buddhastatue und Ahnengalerie des Stils: (o. Reihe v. l. n. r.: Sakugawa Shungo (~1733-1815), Matsumura Sōkon (1792-1896), Itosu Ankō (1832-1916), Chibana Chōshin (1885-1969), Miyahira Katsuya (1918-?), links neben der Buddhastatue Joachim Laupp (*1957). Näheres zu den Namen und Daten siehe Lind 1997a u. 2001.

www.ingramcontent.com/pod-product-compliance
Lightning Source LLC
Chambersburg PA
CBHW020107020526
44112CB00033B/1087